大学生通识精品系列教材

新媒体概论

（修订版）

主　编　李淮芝
副主编　陆　丹　林书兵　张林明

西安交通大学出版社
XI'AN JIAOTONG UNIVERSITY PRESS

图书在版编目(CIP)数据

新媒体概论/李淮芝主编. —修订本. —西安:西安
交通大学出版社,2016.12(2023.8 重印)
大学通识精品系列教材
ISBN 978 - 7 - 5605 - 9354 - 8

Ⅰ.①新… Ⅱ.①李… Ⅲ.①传播媒介-高等学校-
教材 Ⅳ.①G206.2

中国版本图书馆 CIP 数据核字(2017)第 006952 号

书　　名	新媒体概论(修订本)
主　　编	李淮芝
责任编辑	雒海宁

出版发行	西安交通大学出版社
	(西安市兴庆南路 1 号　邮政编码 710048)
网　　址	http://www.xjtupress.com
电　　话	(029)82668357　82667874(市场营销中心)
	(029)82668315(总编办)
传　　真	(029)82668280
印　　刷	西安日报社印务中心

开　　本	720 mm×1000 mm　1/16　印张 18.375　字数 270 千字
版次印次	2017 年 2 月第 1 版　2023 年 8 月第 7 次印刷
书　　号	ISBN 978 - 7 - 5605 - 9354 - 8
定　　价	49.00 元

如发现印装质量问题,请与本社市场营销中心联系。
订购热线:(029)82665248　(029)82667874
投稿热线:(029)82668525

作者简介：

李淮芝：女，高级编辑、教授、硕士研究生导师。先后任职（教）于北京师范大学、中国教育电视台等，现为北京师范大学珠海分校教授。近年来出版专著3部，发表学术论文多篇，编导制作多个大型电视栏目或电视节目，其中《走向明天》《你好宝贝》等先后获教育部优秀教材奖、中国教育电视一等奖等多种国家级奖项。

张林明：男，博士，北京师范大学珠海分校艺术与传播学院副教授、硕士生导师。近年来参编著作两部，发表论文10余篇。

林书兵：男，北京师范大学珠海分校副教授。近年来参与多项省部级课题和多部学术著作编写，发表论文10余篇。

陆丹：女，博士、硕士生导师，北京师范大学珠海分校副教授。近年来发表论文多篇，主持多项研究课题，曾获广东省社会科学学术论文奖。

前　言

随着网络和多媒体技术的飞速发展,互联网、手机等新兴媒体如雨后春笋般不断涌现,它们借助强大的技术优势迅速占领了信息传播的高地。新媒体为什么能够迅速成长? 新媒体带来了哪些社会影响? 传统媒体将如何应对? 新媒体将何去何从? 在这个新旧媒体变革的关键时期,本书对当前新媒体的发展动向进行准确把脉,对其本质特点、文化背景、受众特征、技术基础、应用形式、发展趋向和未来展望等关键性问题进行了深入探讨。本书第一章从媒体的发展演变历程来探讨新媒体的主要特征;第二章从技术与文化融合的角度探讨新媒体诞生的技术基础、文化背景和社会影响;第三章主要探讨新媒体受众的演变以及当前传受角色模糊的现状;第四章主要对新媒体发展中的核心技术特别是互联网技术的发展进程进行了全面概括;第五章则具体从现状、问题和趋势等层面介绍了出现的各种新媒体形态,力求展现当前新媒体发展的全貌;第六章从新媒体发展的战略入手探讨新媒体发展和运营的一些基本策略,以及对新媒体未来的发展趋势进行展望。本书主要面对的是大学生和青年读者,他们是新媒体发展的主力军,在为传媒学子提供新媒体相关知识的同时,也希望能为新媒体的实践者和研究者提供借鉴。

目 录

第 1 章 | 新媒体概述

相对于传统媒体而言,"新媒体"是一个不断变化和发展的概念。关于新媒体的确切定义,目前业界和学界还没有达成共识,但各界普遍认为"新媒体"应包括在新技术条件下出现的多种媒体形态,如数字杂志、数字报纸、电子书、数字广播、手机短信、手机视频、移动电视、网络、桌面视窗、数字电视、数字电影等等。从技术层面看,"新媒体"的本质特征就是数字化。简单地说,数字化就是把大千世界中纷繁复杂的信息,都转为 0 和 1 组成的数字编码来进行存储和传输。从传播特征看,新媒体具有高度的互动性特征。新媒体的数字化特征为其承载的信息飞速传递奠定了技术基础,而它的互动性实现了传统媒体无法实现的、几乎像面对面那样双向互动、却又超越时空的信息与情感交流的可能。数字化和互动性共同构成新媒体的两个本质特征,使其区别于以往任何的传统媒体。

1.1 媒体的发展历程

中国最早的报纸是 2000 多年前西汉初期的《邸报》,是官府主办的、封建王朝的机关报,内容都是定期发布有关于皇帝的谕旨、诏书以及大臣的一些奏议与官方文书,其阅读者都是各地的郡守官员。西方最早的报纸是《每日记闻》,公元前 59 年,古罗马的统治者就命人把罗马城每天发生的大事要闻书写在白色的木板上,告示罗马城中的市民,并由书记抄写多份,传送到罗马各省加以张贴,这是世界上最古老的报纸。无论是中国的《邸报》还是西方的《每日记闻》,这些最早的报纸都以官方告知的形式出现,其阅读对象离普通大众还比较遥远,这一阶段的媒体只能被称之为媒体的告知阶段。

1450 年,德国人谷登堡发明了金属活字印刷技术,于是印刷的报纸开始发行。作为工业革命产物的报纸带来了工业化的信息传播方式：定时、定向、定量传递经过选择、分类的新闻和商业信息。定期提供定量信息这一工业化的信息提供方式，实际上确立了工业化的信息传递方式的标准。17世纪开始，西方的资产阶级逐渐兴起，他们致力于把报纸这种小众化、贵族化的工具推广成为大众化、平民化的武器，报纸作为一种重要的宣传政治主张、推广理念的工具逐渐走向平民阶层，这一阶段的媒体也走入了其传播思想、控制舆论的诉求发展阶段。

1906年，随着无线电广播技术的诞生，媒体开始进入电子时代。无线电广播技术在传递信息的快捷、便利方面远远超过了报纸，人们在前广播时代深以为憾的时间差距与地理阻隔，在广播面前似乎都消散了。1940年8月，英国记者爱德华·默罗的现场广播节目《这里是伦敦》播出，空袭最猛烈的时候，默罗站在BBC(British Broadcasting Corporation,英国广播公司)广播大楼的楼顶上做现场报道，他边观察，边叙述，将现场解说、现场效果融为了一体。战地现场报道使人们领略了广播跨越时空的魅力。

1933年，俄裔美国科学家兹沃里金[①]发明了"摄像管"[②]和"显像管"[③]，完成了使电视摄像与显像完全电子化的过程。电子技术在电视上的应用，使电视开始走出实验室，进入公众生活之中。电视机改变了人类的生活、信息传播和思维方式，人类开始步入了电视时代。1954年，第一台全晶体管电视接收机出现；1966年，集成电路电视机出现；3年后，具有电子调谐装置的彩色电视接收机诞生。其后，电视便以其多媒体组合的魅力走上了媒体的中心舞台。

广播电视出现之后，节目内容广泛，包罗万象，受到社会各阶段人士的喜爱。至此，媒体不再受限于社会中的某一特定阶层和特定人群，真正地从"精英时代"走向了"大众时代"，大众传媒的影响力与日俱增，媒体从业人员也被称为"无冕之王"，没有人可以不重视媒体，也没有人敢忽视媒体，媒体在这一阶段也就真正进入到其发展的成熟和具有影响的阶段。

---

① 兹沃里金(Владимир Козьмич Зворыкин) 俄国-美国物理学家。1889年7月30日生于苏联莫罗姆。1938年，他制成了第一台实用的电视摄像机，他把它叫做光电析像管。

② 摄像管：是电视摄像机中将光的图像转换成电视信号的专用电子束管，是摄像机中的主要元件。

③ 显像管：是一种电子(阴极)射线管，是电视接收机监视器重现图像的关键器件。它的主要作用是将发送端(电视台)摄像机摄取转换的电信号(图像信号)在接收端以亮度变化的形式重现在荧光屏上。

随着计算机的问世,数字化生存的现实使得数字传播技术得以迅速发展和广泛应用。1946 年,世界上第一台通用数字计算机的问世揭开了数字传播的序幕。计算机的出现,大大提高了人类的信息处理、存储和交换能力。随着计算机网络的出现和普及,人类的信息交流空间在很大程度上得到了拓展。

1973 年,著名社会学者丹·贝尔在《后工业社会的来临》中提出了著名的"信息化社会"和"信息时代"理论,他把科技对社会发展的影响视为关键,认为以知识和科学技术为核心的产业即将兴起,信息技术会把美国带入一个"信息时代",贝尔的理论在其后来的畅销书《第三次浪潮》和《大趋势》中得到了广泛认知,并且引发了传播学界对传播科技更多的关注和研究。1995 年,美国麻省理工学院教授兼媒体实验室主任尼古拉斯·尼葛洛庞帝推出的著作《数字化生存》更是将数字化传播提到了前所未有的高度。

进入 21 世纪,数字技术在社会各个领域的普遍应用,尤其在传播领域的深入应用,带来了传媒产业的巨大变革。一方面,传统媒体的数字化进程加速,报纸、杂志、图书等平面媒体需要以数字化的形式进行重现,以适应新的传播环境的要求;另一方面,数字传播技术也催生了以互联网、数字广播电视和移动媒体为代表的多种崭新的媒体形态。

我们今天所说的新媒体,则主要是指以互联网、电视和移动终端为代表的数字化媒体。互联网迅速发展,如今已成为人们生活的重要组成部分和人类文明传播发展的重要载体。网络传播形成一个影响巨大的新型媒介系统,渗透到经济、政治、文化、社会生活各个方面,改变着人们的交往方式和思维方式。

以互联网为代表的新媒体,在形式上不断突破,以受众为中心,注重收集受众的需求,以受众的满意为主要目标,这种传受关系的变化打破了以往媒体在传播当中的主动地位,也引领了媒体发展的变革。至此,我们可以认为媒体已经进入突破发展的新媒体阶段了,一个不断感知用户需求和不断创新突破的新阶段。

1.2 新媒体的概念辨析

当我们提出一个概念时,必须明确它的内涵和外延。所谓的内涵,是要回答它"是什么"的问题;而外延,是要界定它的适用范围问题。关于"新媒体"的定义有很多,根据不同的分类标准,我们也能够找出种种不同的解释。就在几年前,与传统的纸媒体、电波媒体相比较,"新媒体"所指的范围很简单也很容易理解,那就是改变了受众阅读习惯,让人类真正走进信息交互世界的互联网。因此,厘清"新媒体"的概念,回答什么是"新媒体",这是我们首先要做的事。

1.2.1 新媒体的相关定义

"新媒体"(new media)一词最早源于1967年美国哥伦比亚广播公司(CBS)技术研究所所长 P. 戈尔德马克(P. Goldmark)的一项商品开发计划,之后,时任美国传播政策总统特别委员会主席的 E. 罗斯托(E. Rostow)在向尼克松总统提交的报告书中多处使用了"new media"一词。由此,"新媒体"一词开始从美国向全世界扩散。关于新媒体的定义,国内外众多专家都对此做过相关论述。早期,联合国教科文组织给新媒体下的定义是:新媒体就是网络媒体,认为新媒体就是以数字技术为基础、以网络为载体进行信息传播的媒介。

美国《连线》杂志给新媒体下的定义是:"新媒体是由所有人面向所有人进行的传播。"清华大学熊澄宇教授指出:"今天我们所说的新媒体通常是指在计算机信息处理技术基础之上出现和影响的媒体形态。这里有两个概念,一个是出现,是指以前没有出现的;一个是影响,所谓影响就是受计算机信息技术影响而产生变化的,这两种媒体形态是我们现在说的新媒体。新媒体是在不断的发展过程中的,新媒体这个词儿不变,但它的内涵是在不断发生变化的。科学技术是促使其发展变化的一个主要因素"。新传媒产业联盟秘书长王斌说:"新媒体是以数字信息技术为基础,以互动传播为特点、具有创新形态的媒体"。中国传媒大学黄升民则强调:构成新媒体的基本要素是基于网络和数字技术所构筑的三个无限,即需求无限、传输无限和生产无限。中国人民大学匡文波教授认为,新媒体是利用数字技术、网络技术,通过互联网、宽带局域网、无线互联网、卫星等渠道,以及电脑、手机、数字电视机等终端,向用户提供信息和娱乐服务的传播形态。中国传媒大学教授宫承波认为,新媒体在内涵上就是指"依托数字技术、互联网技术、移动通信技术等新技术向受众提供服务的新兴媒体"。

1.2.2　概念辨析

由于站在不同角度,学界学者对新媒体概念及内涵的界定不尽相同,导致当前有关新媒体的外延分类上存在很多差异,如中国传媒大学黄升民教授等将网络电视、地面移动电视、手机电视视为新媒体的三大部分。中国传媒大学宫承波教授则认为,门户网站、搜索引擎、虚拟社区、电子邮件、网络文学、网络游戏属于新媒体。还有人认为,近十年内基于科学技术出现的一些新的传播形态,或一直存在但长期未被社会发现传播价值的渠道、载体统称为新媒体,它包括手机电视、网络电视、网络广播、博客、播客、楼宇电视、车载移动电视、光纤电缆通信网、都市型双向传播有线电视网、高清晰度电视、互联网、手机短信、数字杂志、数字报纸、数字广播、数字电视、数字电影、触摸媒体等均列入新媒体范畴[1],相关定义在此不一一列举。当前很多学者对新媒体的定义归纳大致可分为"传承论"、"相对论"、"凡数字论"、"互联论"、"媒体定义回归论"、"规模论"、"多维论"和"一言难尽论"等等说法[2],关于新媒体的分类界线和关键属性也各执一词,虽然新媒体的定义未达成共识,但笔者认为,要真正理解新媒体这其中有一些关键的问题需要澄清:

一是新出现的媒体是否就可以称为新媒体?

新媒体指的是区别于传统旧媒体而言的一种新的承载信息的工具,所以"新"是其重要的特征。从媒体发生和发展的过程来看,我们需要注意到,新媒体所谓的"新"是相对于"旧"而言的。新媒体的内涵是伴随着媒介技术的发生和发展在不断变化的。举例来说,广播相对报纸是新媒体,电视相对广播是新媒体,互联网相对电视是新媒体,移动智能终端相对于固定电脑终端也是新媒体。但新旧是一个相对概念,昨日之新并非当代之新,我们也无法预测明日之新,因此,理解新媒体一定是基于某一个时代、一个时期的认知,同时也要考虑到不同地区经济发展原因所导致的媒体出现顺序上的先后问题,匡文波教授认为车载移动电视、户外电视和楼宇电视等之类媒体在国外发达国家早已出现,不能称之为"新"了,因为其缺乏互动性,因此就不应划入当代新媒体的范畴。与此同时,还应考虑媒体形式的问题,如有人用

① 匡文波."新媒体"概念辨析[J]. 国际新闻界,2008(06):66-69.
② 杨继红. 谁是新媒体[M]. 北京:清华大学出版社,2008:15-21.

自行车身或者某些身体部位作为广告媒体,这些媒体形式虽然很新,但缺乏数字化的支撑技术,也不能称为新媒体,仍旧属于传统媒体这一范畴,只能被称为"新出现的传统媒体"。

二是基于数字化的媒体是否就可以称为新媒体?

新媒体在技术形式上是以数字化的形式实现信息传递的,但是并非以数字化形式进行传播的媒体就是新媒体。当前,诸多传统媒体,特别是平面媒体,受到信息技术特别是网络技术的冲击,纷纷改版变革走数字化的传播道路,但是具体在实施过程中,很多传统媒体仅仅是将原有的平面内容原封不动照搬入网络数字化空间,既不注重用户意见的收集,也不关注网民的反馈,这种空洞的"数字化媒体"也仅仅是套上了数字化的"马甲"而已,其基本运营思路仍旧是传统的线性封闭的传播思维,这类媒体也不能称之为新媒体。

此外,虽然部分媒体采用了数字化的形式进行传播,也增加了相应的交互功能,如数字电视,人们可以按照自己的需求获取各种网络服务,包括视频点播、网上购物、远程教学等等,但由于相应功能业务仍然停留在试行和逐步推广阶段,普及面比较窄,如现阶段国内所推广的数字电视大部分只是增加了电视频道,提高了清晰度,互动性依然无法体现,因此也不应划到新媒体这一范畴当中。

三是新媒体的核心特征如何描述?

匡文波教授认为新媒体只是一种通俗的说法,它完整的表述应该是"数字化互动式新媒体"。从技术上看,新媒体是数字化的;从传播特征看,新媒体具有高度的互动性。因此数字化和互动性应是新媒体的本质特征。喻国明教授认为由科学技术进步带来的数字化传播方式是新媒体最重要的特征。周艳认为新媒体跟传统媒体一样,仍然是信息的载体,信息仍然是新媒体运营的核心要素,新媒体时代下信息的量以及信息的传播方式都在发生变化。熊澄宇教授给新媒体下的定义当中强调了一个"新"字,即新媒体是一个相对的、动态的概念,每个时代都有其所谓的新媒体,每一种新媒体也都终将成为旧媒体。此外,还有从即时性、交互性、个性化、虚拟化、多媒体化、分众化和全球化等角度去描述新媒体的主要特征,以上这些定义和总结有的是从新媒体的具体表现形式上去归纳的,缺乏核心属性提炼,有的是从相对的角度去分析的,回避了正式定义,有的则是从技术层面去做的总结,缺乏人文学科的分析。在众多的比较分析中,笔者比较赞同中国传媒大学林刚副教授所阐述的新媒体本质属性,他认为新媒体是因需要而生,为需要而发展,即新媒体是以满足受众"需要"为根本目的,"需要"是区别新旧媒体的最根本点,判断一个媒体是否称得上新媒体,要看它是否是以用户为中心,是否以创造需要、适应需要为目的。无论曾经是何种媒体,只要其一切的表现手段、表现方法都是为中心目的服务的,只要理念能够向前发展,技术能够突破,哪怕是曾经传统的报纸、广播、电视,都可以与互联网一样成为新媒体的某种表现手段。

四是有无必要给新媒体下一个准确定义?

有学者认为,严格意义上,新媒体本身并非一个科学的概念,因为"新"是相对于"旧"来说的,任何事物在诞生之始都是以新面目出现,但随着时间的流逝,"新"、"旧"之间的界限会逐渐模糊,直至消失,这也是到目前为止学界对新媒体没有一个统一的界定的主要原因。因此,有人质疑专门针对新媒体去下一个全体公认的定义是否有其必要,在某种意义上理解新媒体比定义新媒体可能更重要,但是也有学者提出反对意见,认为以上说法无法解释为何"新媒体"这个概念没有在更早的时期出现。从这一点上反推,我们认为一定是当前所出现的新媒体具备了以往所有媒体所不具备的独特特质。以上这些观点不无道理,面对众说纷纭的新媒体界定,也许人们短时间内无法达成共识,但笔者认为,试图对新媒体进行整体界定的过程本身就是探寻新媒体独特内涵的过程,因此仍十分有必要。

总之,比较以上各种观点不难发现,人们对新媒体的认识还是有很多共识的,存在的分歧主要在于是从广义还是从狭义去界定。就狭义而言,与传统媒体相对应的"新媒体"概念只是一种时间维度上的更新和信息通路上的改变。如与传统的纸媒体、电波媒体相对应,网络可被称作是新媒体,网络视频、数字电视、无线网络等也都可被称作新媒体。从这个层面上讲,狭义的新媒体只是通过技术手段改变了信息传送的通路,只是一种信息载体的变化。而广义的新媒体应该是指信息传递过程的改变。传统媒体的传播过程主要是信源(信息源头)、信道(信息通路)、信众(信息受众)三个信息传递环节的一种规律作用链,即通过信源找到信息,通过信道释放信息,再由信众接受信息。而新媒体的出现则改变了这种作用链条,或者改变了这个链条中各种角色的定位。如博客让广大的"信众"成为了"信源",实现了"所有人"对"所有人"的传播;搜索引擎的出现甚至可以让信源直接面对信众,省略了信道采集和发布信息的过程。所以,广义的新媒体又可概括为:形成于二战以后,依托于数字化、网络化信息处理技术和通信网络的新型信息媒介的总称。

1.3　新媒体的发展现状

新媒体虽然起步较晚,但发展速度惊人。1998 年,联合国秘书长安南在联合国新闻委员会年会上提出并呼吁使用传统媒体之外的"第四媒体",当时就有中外专家预言,以因特网和信息高速公路为主体的"第四媒体"的影响力在 10 年到 20 年之内将可能超过报刊、广播和电视①。如今,这一预言早已成为现实,作为一种全新的现代化传播方式,新媒体只用了短短不到十年时间就接近了报纸、广播和电视需要用数十年甚至上百年才拥有的受众群。

在这十年的新媒体发展历程当中,有一些重要的节点值得铭记。从本世纪初起,我国迎来了网络媒体新时代,一些主流权威媒体纷纷创建自己的官方网站,如《人民日报》网络版荣提为人民网,新华社网站改为新华网,中央电视台网站则从投资到体制进行了全面调整,等等。电信部门开始成立信息服务网站,如北京的"263 首都在线"等;国家信息中心组建了"中经网";地方省市开始了股份制联合办网,如北京的千龙网、上海的东方网等等。与此同时,有线网络的数字化在 2001 年随着广电布局有线网络的数字电视技术试验初步显现,我国在 2003 年启动了有线电视数字化试点工作,2003 年也因此被国家广电总局确定为我国的"网络发展年"和"广播发展年"。

2004 年 7 月 18 日,我国第一家手机报《中国妇女报·彩信版》正式开通后,手机被看成继报纸、广播、电视和网络之后的又一种新媒体,又被称为第五媒体。手机报较传统的报业互动性更强,较电视和互联网又具有更便携、更普及的优势。

---

① 陶芮. 我国新媒体发展的现状及未来发展战略的研究. [EB/OL]. (2010 - 06 - 25). http://www.gmw.cn/content/2010 - 06/25/content_1161101.html.

2005 年底,科技部火炬中心正式批复成立了国家新媒体产业基地。新媒体产业基地是国家火炬计划批复的、全国目前仅有的以新媒体产业为主的专业集聚区,也是北京市首批认定的十个文化创意产业集聚区之一,企业类型包括媒体传播、广告发布、动画动漫、网络科技等。

2005 年也是中国的"博客元年"。全国人大代表最早设立的"程贻举博客"之后,"小丫跑两会"、"柴静观察"等陆续出现,一时间,"代表委员博客"、"记者博客"、"博客写两会"成为互联网的新宠。

2006 年,国家先后公布了"十一五"经济社会发展规划、科学技术发展规划和文化发展规划纲要,在这三个重要的国家规划中,都将发展新媒体列入科技创新的重点。其中,文化发展纲要中特别指出:"发展新兴传播媒体,充分发挥国家主流媒体在信息、人才等方面的资源优势,发展手机网站、手机报刊、IP 电视、移动数字电视、网络广播、网络电视等新兴传播载体,丰富内容,创立品牌,不断提高市场占有率"。

2006 年 10 月 24 日,广电总局正式发布中国移动多媒体广播(CMMB)行业标准,结束了标准领域与电信系统的不同步,自此 CMMB 加快了发展步伐,在标准体系建立、关键技术研发、产业化推进、覆盖网络建设、业务需求开发等方面取得了重大进展。

2007 年末,由主流媒体及新媒体的领军人物组成了一个开放式的平台——新传媒产业联盟,希望可以实现资源整合、集成技术、流程再造、资本运作、资讯共享的全新合作模式,建立新传媒产业链合作发展平台。同年,以其联盟成员中国经济报刊协会的 200 多家主流媒体为主体,建立了中国首个新媒体行业门户,快速报道中外新媒体产业领域的最新资讯,宣传推介新媒体创新品牌,总结和推广新媒体先进典型与先进经验。至此,很多媒体已经认识到了掌握"最新媒体"的迫切要求。

2008 年 1 月 1 日,国务院办公厅印发了国家发改委、科技部、财政部、信产部、税务总局和广电总局联合下发的《关于鼓励数字电视产业发展的若干政策》,从国家层面正式明确了积极推进中国电视数字化改革进程的决心。

2008 年 1 月 23 日,广电总局在其官方网站上推出了中国移动多媒体广播(CMMB)标准体系中的又一项重要标准——《移动多媒体广播第 5 部分:数据广播》,随后在全国 37 个城市展开大规模的 CMMB 网络建设工程。此后,手机开始加入到"新媒体"的行列中。2008 年,利用北京奥运会的转播契机,中央电视台强力推出了手机奥运电视频道,并利用电视与网络媒体的互动,先后为 28 个大类的奥运赛事提供了音、视频直播、轮播服务。

2009 年 1 月 7 日,国家工业和信息化部向中国移动、中国电信和中国联通发放 3G 牌照,中国的移动通信正式迈入 3G 时代,手机作为大众传播媒体的前景越发令人瞩目,手机电视、手机报以及 3G 技术深刻地改变着传统媒介的格局。

2013 年 12 月 4 日,工信部正式向中国的三大移动通信运营商颁发了 TD-LTE 制式的 4G 牌照,这标志着中国电子通信行业正式进入了 4G 时代。TD-LTE 标准是由中国主导的 4G 国际移动通信标准。作为国际上另一个常见的 4G 标准 FDD-LTE,工信部表示"将在条件成熟后,发放 FDD-LTE 牌照"。对于普通用户而言,4G 可以带来更快的网速,其网速是 3G 网络的 10 倍以上,在 4G 时代,快速的网络传输能支持很多高清视频和更多应用。

2014 年 8 月 18 日,中央全面深化改革领导小组第四次会议审议通过了《关于推动传统媒体和新兴媒体融合发展的指导意见》。习近平总书记强调,传统媒体和新兴媒体要优势互补、一体发展,坚持先进技术为支撑、内容建设为根本推动传统媒体和新兴媒体在内容、渠道、平台、经营、管理等方面的深度整合。这标志着传统媒体和新兴媒体融合发展已经成为国家战略,对于全面深化改革、推进宣传文化领域改革创新具有重要指导意义。全国各地新闻单位纷纷展开了从指导思想到具体操作的多层次讨论,新媒体业界人士也在内容、传播、营销、服务方面做出多种尝试,互联网思维成为推进媒体融合的核心思想,中国步入"媒体融合"时代。

CNNIC 发布的 2016 年中国互联网络发展状况统计报告显示,截至 2015 年 12 月,我国手机网民规模达 6.9 亿,全年共计新增网民 3951 万人,增长率为 6.1%,较 2014 年提升 1.1 个百分点。我国互联网普及率达到 50.3%,超过全球平均水平 3.9 个百分点,超过亚洲平均水平 10.1 个百分点。同时,移动互联网经过多年发展已经进入相对成熟阶段,移动网民增速远超过整体网民增速,中国整体网民的增长已经由 PC 网民增长转移到移动网民的增长。相对于无法实时随身携带的 PC 电脑,用户对于移动端的依赖性越来越高①。

中国行业研究网在《2014 年新媒体行业十大发展趋势分析》中提到,移动新媒体将进入发展年,个人电脑用户加速向移动互联网环境下的"智能移动终端＋APP"的移动新媒体模式迁移,各家移动新闻客户端将进入全面深度整合期,与自有微博、微信和视频平台等打通互联,构建全媒体发展战略;传统媒体也将进入深刻转型期,未来的两到三年,传统媒体尤其是市场化运作的媒体再不抓住移动化、数字化和网络化的大趋势,必将丧失最后的优势和资源,面临生死存亡的大问题。新媒体发展带来的新营销思路和传播方式将改变传统营销格局,依托当今中国智能手机用户,微信、微博、App 三驾马车领跑新营销②。

2015 年,中国新媒体发展报告阐述了中国新媒体未来发展十大展望,报告中提到未来几年"互联网＋"效应更加显著,新媒体的经济引擎作用更为突出,新媒体将加速向全行业渗透,创造更多的就业机会,新媒体经济占 GDP 的比重会进一步加大。媒介融合趋势加快,传统媒体不断采用新技术。为了顺应互联网传播移动化、社交化和视频化的趋势,传统媒体积极运用大数据、云计算等新技术,发展移动客户端、手机网站等新应用、新业态,以新技术引领媒体融合发展。新媒体法治进入常态化和精细化发展阶段。移动金融、移动教育、移动医疗、移动出行等移动行业成为热点,智能产业进一步兴起,社交应用平台进一步整合,微视频成为网络消费金矿,广告进一步从传统媒体转向新媒体。新媒体资本市场仍将激战不止。2015 年,中国新媒体市场仍然是最具活力的市场,随着新媒体向各个行业的扩散,新媒体巨头加速向多个行业布局,新媒体领域将掀起新一轮资本大战③。

到目前为止,新媒体形成了包括门户网站、搜索引擎、虚拟社区、RSS、电子邮件、即时通讯工具、博客/播客、维客、网络文学、网络动画、网络游戏、电子书、网络杂志/电子杂志、网络广播、网络电视、手机短信/彩信、手机报纸/出版、手机电视/广播、数字电视、IPTV、移动电视和楼宇电视等多个种

---

① 中国互联网络信息中心. 第 37 次中国互联网络发展状况统计报告[DB/OL]. http://tech. sina. com. cn/i/2016 – 01 – 22/doc – ifxnuvxh5133709. shtml.
② 2014 年新媒体行业十大发展趋势分析 [DB/OL]. http://www. chinairn. com/news/20140121/160754723. html.
③ 唐绪军. 中国新媒体发展报告[M]. 北京:社会科学文献出版社,2015.

类的发展格局。其中,融合的宽带信息网络是各种新媒体形态依托的共性基础;终端移动性是新媒体发展的重要趋势;数字技术是各类新媒体产生和发展的源动力。新媒体的载体、新形态与新材料不断出现,尤其是移动新媒体发展势头最为迅猛,而每个媒介又可以与动画、广告、新闻等领域结合,媒介的发展又涉及相应技术产业的发展,可以说"新媒体"联动了政治、经济、文化等各个领域。

1.4 新媒体的传播特性

当前,业界普遍认为新媒体具有信息量大,成本低,使用方便,检索快速便捷,图文声像并茂,互动性强,信息通过计算机网络高速传播,信息获取快、传播快、更新快,信息易检索等明显特征。此外,新媒体还具有以下典型特征。

BlogBus(博客大巴)副总裁兼首席运营官魏武挥认为,新媒体在信息传播过程具有内容偶发性和碎片化特征,对于大多数传统媒体而言,内容出版是有时间设置的,所以电台、电视台节目都被称为 Program(节目单),一种可以事先设定的程序,但新媒体不是。其次是内容具有去中心性特征,有人形象地称为"微内容",并非整块的内容,而是一片一片的内容。但"微内容"的说法只是形容了量上的特性,没有涉及"质"。碎片是更好地表达出新媒体特性的词组,看上去很多内容只是零碎地堆砌在一起,而没有得到有效的整合。

再者,传播过程具有连续的议程设置(continuous agenda-setting)特征。议程设置是传播学中的经典理论。关于这个理论的讨论和补充汗牛充栋,简单概括而言就是媒介不仅可以告诉我们想什么,还可以告诉我们如何想。传统媒体很少对一个议程进行连续的设置,如 a 电视台就 b 电台的内容进行跟踪,然后 c 报再跟进。但新媒体却不然,它们喜欢连续式地进行议程设置,可称之为"链式传播"。媒体的议程设置效果是得到实证支持的。每一个节点的影响力都有限,但合起来的力量却是巨大的。典型的例子就是 Blog 的话题接龙游戏。如果这个新媒体还有很强的个人化特征的话,自我便介入了。媒体拟人化后,使得可信度增高,议程设置力量会更具有穿透性。

传统媒体的受众对信息缺少选择权和发言权,新媒体则表现出明显的个性化特征。新媒体的个性化具体表现在用户在使用各种新媒体平台的过程中都能享受得到个性化的服务,譬如 SNS 网站、博客、微博等,从主页装饰、页面排版、好友管理到图片视频的分享等等,新媒体传受方式的异步性,也给所有受众提供了个性化的选择空间,人们可以在任意时间接收信息,而对于有兴趣的信息可以通过收藏、下载等反复浏览。更进一步,受众不仅对信息有选择权和控制权,还可以创造信息的内容、改变信息传播的方式。这种根据自己喜好在网络上与不同的人群讨论兴趣相投的话题,逐渐就形成了一个个"小圈子",譬如 BBS 论坛、QQ 群,微信群、贴吧,等等。这种以个性化服务所产生的"集群"式的小众化传播方式是当前各大新媒体平台最为显著的特征[①]。

按照传统的传播学人际传播和大众传播的划分方式,以上这些新媒体的传播特征已经很难将其简单地划分到人际传播或大众传播的框架中去了。特别是网络、手机和无线终端设备等新媒体技术的应用,已经打破了传统的传播类型界限,越来越多的新媒体信息传播过程,已经无法再把大众传播和人际传播明显地区分开来。这是由于在一些信息传递过程中,这两种传播方式往往会交叉同步进行。此外,这两种传播方式之间还会相互影响,新媒体已经将人际传播和大众传播融为一体,形成新的混合式传播方式,即人际化的大众传播和大众化的人际传播,使得新媒体能够综合利用这两种传播模式的优势,从而发挥最大的传播效果[②]。

1.4.1 人际化的大众传播

大众传播具有信息传递及时、迅速有效的特点,但它往往忽视了受众对于信息的接收的程度和反馈,而以互动反馈见长的人际传播理念开始影响到大众传播。随着计算机和互联网技术在大众传播手段中的全面应用,新媒体将人际传播的优点吸收利用进来,形成信息的复合性传播模式,使其传播更加具有广泛性和有效性。

人际化的大众传播特性首先体现在它对受众需求的关注,新媒体最大

---

① 严三九. 新媒体概论[M]. 北京:化学工业出版社,2011:12-13.
② 林刚. 新媒体概论[M]. 北京:中国传媒大学出版社,2014.

的特点就是以受众的需求为中心,针对不同的受众形成自身的传播特色,从而形成个性化的媒体面孔,Blog(Web log,中文意思是"网络日志",后来缩写为 Blog)是最显著的例子。一个提供博客架站的程序 Wordpress(一种使用 PHP 语言和 MySQL 数据库开发的 Blog 引擎),由于开放其代码架构,使得网上有成千上万数不清的模板可供使用。于是,每一个 Blog 都显得与众不同。如果 Blogger(指撰写 Blog 的人)自身还有模板开发能力的话,还可以造就全世界独一无二的个性化模板。当然,不是所有的新媒体都有很强烈的个人化色彩(例如 BBS,Bulletin Board System,电子公告牌系统),但的确有相当多的新媒体形式赋予了用户以尽可能展示自己的工具。这种个人化的特征,直接拷问着"互联网上没人知道你是条狗"的句式。换言之,互联网重心开始由数据(信息)向人转变。

其次,新媒体人际化的大众传播特性还体现在更加注重信息的反馈。互联网技术的发展,将人类社会中人与人之间的对话和交流搬到了虚拟的网络空间之中,这也是目前传播学研究的一个重要内容。传播过程中的信息如何被受众认知?对受众的行为产生了什么影响?到底有什么效果?在当前的媒体环境中,如何让信息传播真正引起人们的关注,产生积极效果,已经成为所有传播者最关心的问题。人们常说,现在一方面做事没有传播等于没做,另一方面是做了事,传播了,没有效果同样等于没传播。如何以技术手段在信息与受众之间建立一个快速、直达的通道,以便更好地实现新媒体的媒介作用? 这是从技术角度深入研究新媒体传播的根本目的。

1.4.2 大众化的人际传播

在互联网时代,借助于新兴技术工具,人际传播获得了前所未有的普及与兴盛。通过电话、手机、电子邮件和即时通讯软件等传播工具,这些网络人际传播模式在微观上,似乎与过去的人际传播并无两样。但从宏观上来讲,却有着非常明显的大众传播特点。譬如当前我们较为熟悉的微信朋友圈转发模式,虽然我们通常在进行微信交流的时候开展的是与自己的熟人或朋友之间少数几个个体之间的点对点的信息交换,但由于微信本身的无限量转发机制,促使这个看似封闭的人际交流圈存在着隐含的相互作用和链接,使得这个人际圈无限扩大,著名的六度空间理论①就是对这种传播模式的经典描述。

目前,大众化的人际传播主要有三种表现形态,一是个人通过大众传播渠道实现人际传播。个人在大众媒介平台传播信息,各类面向大众节目的主持人、电视电话会议的演说者等个人传播主体通过不同类别的大众传播渠道实现了和阅听者直接或间接"面对面"的沟通交流。二是个人通过人际传播渠道实现大众传播。手机短信的群发功能让一个传播者同时对多个人发送信息成为可能,通过手机短信群发,个人传播主体实现了面对较广泛大众的传播。互联网的博客、微博、微信等传播平台也为个人通过人际传播渠道实现大众传播提供了机会和舞台。三是个人同时参与人际传播与大众传播。如近年来在网络上成长起来的传播"大V",动辄拥有几十万、上百万、上千万的"粉丝",在一些公共话题讨论中,大 V 一边和小部分粉丝进行双向互动的人际传播,一边向数以万计的大部分粉丝进行大众传播②。

总之,新媒体的时代,并不是简单地发展大众传播或人际传播,而是利用现代科技的发展,促进了这两种传播形式的进一步融合。新媒体技术的发展给人际间的交往和信息传播带来了便利,同时也让人们进一步思考,在信息传播过程中传播效果是如何实现的,亦即传播是怎样引起人们意识和行为变化的。

新媒体不断推陈出新,越来越多的人开始关注通过网络呈现出的丰富内容和不同媒体形态。新媒体打破了传媒业和通信业、信息技术业的界限,打破了有线网、无线网、通信网、电视网的界限,兼容整合各种媒体形态,塑造了新的传播格局,也对传媒业带来了巨大的冲击。在新的交流环境里面,信息传播空间发生了变化,传受双方的界限也模糊了,人人既是信息的接收者,同时也都有可能成为传播者,这也就是所谓的"自媒体"的出现③。随着网络通信的进一步发展,传播者和受众的距离被消除了,"地球村"进一步变成现实。在新媒体时代,由于传播主体的多元化,受众分化将更加明显,舆论引导难度明显增大,既有的信息传播秩序受到强烈冲击,原有的传播格局

① 六度空间理论可以通俗地表述为:你和任何一个陌生人之间所间隔的人不会超过六个,也就是说,最多通过六个人,你就能认识地球上的任何一个陌生人。
② 童兵. 正确研判舆情是协商民主成功的基础[J]. 当代传播,2014(04):31-33.
③ 黄芙蓉. 对新媒体概念(定义)的再思考[J]. 十堰职业技术学院学报,2013(06):49-51.

将出现重大变化,部分传统媒体的覆盖面和影响力将受到前所未有的挑战,主流舆论阵地面临着巨大压力。当前,新媒体和传统媒体并不是一种取代和被取代的关系,他们彼此将在生存和发展的比较竞争中相互融合,共同锻造媒体传播的新纪元——全媒体时代。"全媒体"的"全",不仅包括报纸、杂志、广播、电视、音像、电影、出版、网络、电信、卫星通讯在内的各类传播工具,涵盖视听、形象、触觉等人们接受资讯的全部感官,而且针对受众的不同需求,选择最适合的媒体形式和管道,深度融合,提供超细分的服务,以实现对受众的全面覆盖及最佳传播效果①。

总之,新媒体从本质上是信息传播者和接受者双方平等的新传播方式的构建,是媒体旧格局的结构与重聚,是信息内容生产流程再造与管理的创新,是信息传输网络融合与博弈的产物,更是以个人、家庭、行业和政府的信息需求为动力所构建的崭新的信息生产、消费与交流平台②。

思考题:

1. 新媒体与传统媒体的最根本区别在哪里?
2. 新媒体的本质特征是什么?
3. 新媒体的传播特性是什么?
4. 尝试给新媒体下一个定义,并说明缘由。
5. 列举一个新媒体热点事件,描述其传播过程并分析其传播特点。

---

① 罗晓川. 传统媒体与新媒体的现状和发展趋势[J]. 西部广播电视,2014(06):18-22.
② 黄升民. 数字传播技术与传媒产业发展研究[M]. 北京:经济科学出版社,2012.

第 2 章　新媒体的社会及文化意义

在经历了现代主义时期技术与文化的对抗之后,新媒体的出现,意味着科学技术进入了"返魅"①的"后现代科学"时代,并由此造成了客观外部世界和主观心理世界的巨大改变,造成了对世界完全不同的看法。新媒体极大地改变了人类交往的环境,也让这个世界变得越来越小,越来越精致,越来越易于沟通。更重要的是,它改变了以往传播过程中信源(信息源头)、信道(信息通路)、信众(信息受众)三个传递环节的作用链条,或者说改变了这个信息链条中各个角色的定位。在新媒体环境下,大众传媒不可能再长久地作为单向灌输工具继续存在,它正一步步演变为个人化的双向交流的工具。人们借助新媒体的"超级"交流功能,成功地实现了从大众到个体,从受众到"用户",从"博客"到"播客"的身份转换三级跳,获得了充分的自由空间和技术能力,将成为媒体乃至社会的主人。由此,个人网络化,网络社会化,以往的精英和草根相互交融,共同构建着日益丰富多彩的文化新格局,造就着知识社会和民主社会的真正基础。

2.1　技术与文化的关系

当代以来,人们面临着一个高度技术化的文化时代。技术的本质,尤其

---

① 作为对自然认识的科学曾被一些"后现代主义思想家"区分为"附魅"(enchantment)、"祛魅"(disenchant-ment)和"返魅"(reenchantment)的阶段,与人认识自然相关的改造自然的技术大致也可以进行这样的区分,附魅的技术、祛魅的技术和返魅的技术,分别对应于前现代技术(以手工工具为标志)、现代技术(以机器为标志)和后现代技术(以数字技术、网络技术等"高新"技术为标志)。前现代的附魅技术是高情感、低效益的技术,现代性的祛魅技术是高效益、低情感的技术,而后现代的返魅技术应该走向高效益、高情感。参见[美]大卫·格里芬编,马季方译:《后现代科学——科学魅力的再现》,北京:中央编译出版社,1995年,第2页。

是技术在文化领域中的地位发生了根本性的改变。它不再是一种辅助性的工具,不再是一种对主体及其表现没有任何实质性影响的力量。在某种意义上,技术已经从一种手段逐渐成为了文化的目的和主题,成为了直接关涉文化"如何可能"的最基本的方面。现代科学与技术每时每刻都在酝酿着新的突破,它必将引发人类未来生产方式、生活方式和社会结构等发生重大变革。在这样一种新的结构方式中,技术和技术力量的存在,技术与文化的融合,不仅成了当代文化的具体原则,而且在一定程度上成了文化存在形式的本身。

现代以来,文化和技术的关系日益微妙,文化一方面需要技术的介入,从而为它增添新的助力和血液,另一方面又力图摆脱技术,以确保自身的纯粹和独立。然而,随着新媒体的蓬勃兴起,文化和技术的融合与互动,已成为未来发展的背景前提和基本趋势。

2.1.1　技术是人类的实践能力

几乎所有的造物都是技术的产物。制造和使用工具使人类文明迈出了关键的一步,从此,也就使技术进入了人类文明的历程。制作工具、使用工具使人真正超越纯粹的动物性成为可能。

一般来说,技术代表着一种达到目的的中性手段,一种工具或人的活动。《辞海》上的解释:"技术,一种是泛指根据生产实践经验和自然科学原理而发展成的各种工艺操作方法与技能。如电工技术、焊接技术、木工技术、激光技术、作物栽培技术、育种技术等;另一种是指除操作技能外,广义的还包括相应的生产工具及其他物质设备,以及生产的工艺过程或作业程序、方法"。[①]

自人类诞生以来,就一直不断地进行着各类造物活动,其范围包括"人类用以应付物质世界,方便社会交流,实现幻想,满足娱乐以及创造具有意义的象征符号"的一切东西。一种新的物品从产生到进入人类生活涉及许多不同的因素,其中技术与文化是造物诞生、发展并广为接受的两大重要因素。

人类最初的技术是石器制造。石器技术一直延续了几百万年的历史,

---

① 夏征农. 辞海[M]. 上海:上海辞书出版社,1999:769.

直到制陶、冶金技术的发明,金属生产普遍进行的时候,石器技术仍然有着巨大的影响。接着的技术发明是陶器制造术,这是造物史上甚至人类史上具有划时代意义的技术发明。在工业革命之前技术表现为手工劳动者的手艺,这是世代相传的经验技能,有着独特的传承方法和发展途径。随着欧洲近代大工业的兴起和自然科学的快速发展,技术领域发生了一场革命,过去依靠经验传承下来的手工艺技术被现代的、机械化的工程技术所替代。从20世纪40年代末起,以电子计算机、原子能、航天空间技术为标志的第三次科学技术革命开始了。这场震撼人心的新科技革命发源于美国,尔后迅速扩展到西欧、日本、大洋洲和世界其他地区,涉及科学技术各个重要领域和国民经济的一切重要部门。从20世纪70年代初开始,又出现了以微电子技术、生物工程技术、新型材料技术为标志的新技术革命,其规模之大、速度之快、内容之丰富、影响之深远,在人类历史上都是空前的。

技术的进步推动着造物速度、功能及标准化的实现与完善,直接加速了文明的发展和物质、社会文化以及精神生活的改善。

技术是有目的性的。技术的产生源于人类的需求和愿望。技术进步的后果体现在日常生活领域,就是形成了生活必需品的可靠供应,它满足人的生存需要,保障我们的生活质量。就像卡尔·雅斯贝斯(Karl Theodor Jaspers)所说:"今天,人们把这样一点看作是理所当然的,即人类生活就是在技术进步的帮助下由合理化的生产来满足大众需求"[①]。技术通过产业化生产出丰富多样的生活物品,使人类的生活需要得到极大的满足,现代社会大量的吃、穿、住、行的各种产品,包括文化和娱乐产品,在不断提高人们生活水平的同时,也刺激和引发了人们无限的欲望。这样,技术在带给人们极大物质需求满足的同时,也一步步重塑了人们的生活。

同样,新媒体也是建立在技术发展的基础之上的。它是以数字技术、网络技术、信息技术为基础,以有别于传统的传播方式实现传播的新型媒体。相对于报刊、广播、电视等传统媒体,新媒体具有许多技术优势:可以实现双向互动、自由点播,受众既是信息的接受者,又是信息的发布者;能够多渠道传播、多方式接收;传播渠道从无线、有线网扩大到通信网、互联网、物联网;传播载体从广播、电视扩大到电脑、手机等;能够即时传播、任意转载、海量

---

① [德]卡尔·雅斯贝斯. 时代的精神状况. 王德峰,译. 上海:上海译文出版社,2003:34.

收播,受众可以随时随地将信息传送出去,等等。新媒体的出现,让人们摆脱了必须按固定节目表收看电视、收听广播的束缚,在任何时候都能从新媒体中获得自己想要得到的信息。这就深刻改变了人们的信息接受方式和习惯,极大地增强了媒体的传播力和影响力。

与此同时,新媒体也以锐不可当之势,给传媒业带来巨大而深刻的变革。早前,由于技术的进步,广播超过了报纸,电视超过了广播;今天,同样由于技术的进步,新媒体正在大步超越传统媒体。

2.1.2 技术器物是文化传播的媒介

文化作为人类认识世界和认识自身的符号系统,它是人类社会实践的集成,是人类所创造的物质财富和精神财富的总和。

据英国文化史学者威廉斯(Raymond Williams)考证,从 18 世纪末开始,西方语言中的"Culture(文化)"一词的词义与用法发生了重大变化。他说:"在这个时期以前,文化一词主要指'自然成长的倾向'以及根据类比人的培养过程。但是到了 19 世纪,后面这种文化作为培养某种东西的用法发生了变化,文化本身变成了某种相对独立的存在。它首先是用来指'心灵的某种状态或习惯',与人类完善的思想具有密切的关系。其后又用来指'一个社会整体中知识发展的一般状态'。再后是表示'各类艺术的总体'。最后,到 19 世纪末,文化开始指'一种物质上、知识上和精神上的整体生活方式'"[①]。

著名人类学学者泰勒(Edward Burnett Tylor)强调:"文化或者文明就是由作为社会成员的人所获得的包括知识、信念、艺术、道德法则、法律、风俗以及其他能力和习惯的复杂整体"[②]。泰勒将文化定义为特定的生活方式的整体,它包括观念形态和行为方式,提供道德的和理智的规范;它是学习而得的行为方式,并非源于生物学,而且为社会成员所共有。泰勒认为,文化作为信息、知识和工具的载体,它是社会生活环境的映照;文化作为制度(Institution)、器物与精神产品,它给予我们历史感、自豪感,人们据此理解

---

① 韦森. 文化与制序[M]. 上海:上海人民出版社,2003:9.
② 马文·哈里斯. 文化·人·自然——普通人类学导引[M]. 顾建光,高云霞,译. 杭州:浙江人民出版社,1992:136.

人的生命存在、意义和人在宇宙中的地位。

1952 年,美国文化学家克罗伯(A. L. Kroeber)和克拉克洪(Clyde Kluckhohn)在对西方自 1871 年至 1951 年期间关于文化的 160 多种定义作了清理与评析的基础上给文化下了一个综合定义:"文化由外显的和内隐的行为模式构成;这种行为模式通过象征符号而获致和传递;文化代表了人类群体的显著成就,包括他们在人造器物中的体现;文化的核心部分是传统的(即历史的获得和选择的)观念,尤其是他们所带来的价值;文化体系一方面可以看作活动的产物,另一方面则是进一步活动的决定因素"。这一文化的定义有着广泛的影响,也基本为东西方的学术界所认可。

如果从现象层面给文化中的技术一个定位,那么,文化中的技术首先就是技术器物。它不仅是文化的载体,也是文化的生成手段和传播媒介。正是技术器物的发展,使文化形式日趋多样化、完善化。文化发展史上的一个基本事实是文化的形式日益完善和多样化,而每一种新的文化形式的出现,每一种文化形式的完善又都和技术器物的发展息息相关。一定的文化形式总有其一定的物质载体,而所有的物质载体都需要技术器物的支持。

技术器物与文化的关系还表现在技术器物对文化传播的影响上。文化如果不被传播便没有意义,技术器物则是文化传播的媒介。从口语传播、结绳记事到文字符号,从刻写符号、印刷技术到电子传播,每一次传播媒介的发展都带来了文化形态的革命。如今,我们正在走进一个信息化、数字化的时代,高科技的发展,电子计算机的发明和运用,多媒体网络的逐渐普及,信息高速公路的建立,使一个拥有 60 亿人口的世界逐渐变成了一个"地球村"[①]。在这个"地球村"中,物理的距离正在消失,"天涯若比邻"不再是诗人的艺术夸张,全新的技术把人类整合在一种奇特的文化体系中,对人类的生活形态及历史进程产生了深刻影响。

今天,随着人类文明的发展和文化的积累,仅仅从"技术器物"的角度来理解技术已使许多问题难以解释,因此,有必要突破技术概念中"物"的层面,来深入研究技术进入人的生活进而影响文化的机制。

除了在现象层面上即技术器物层面上的作用,技术对文化的影响还发

---

① 地球村:加拿大传播学家 M. 麦克卢汉 1967 年在他的《理解媒介:人的延伸》一书中首次提出。随着广播、电视和其他电子媒介的出现,人与人之间的时空距离骤然缩短,使整个世界紧缩成一个"村落"。

生在技术方式的层面和技术观念的层面上。技术方式是指由技术提供的某种生活程序或行为方式,它通过技术的应用,形成一种人们已经习惯、却又是技术时代特有的生活方式、工作方式、教育方式和消费方式。美国学者尼葛洛庞蒂(Nicholas Negroponte)早就预言,作为信息的 DNA(Deoxyribonucleic acid,脱氧核糖核酸,有时被称为"遗传微粒"),"比特"(BIT,信息量单位)正迅速取代原子而成为人类社会的基本要素,人类将进入"数字化生存"(Being Digital)①。数字化生存意味着"比特"把人类的智慧从"原子"的重重围困中解放了出来,意味着人类有了一个新的、虚拟的、数字化的生存活动空间,意味着生存、活动于现实社会的人可以借助于"数字化"在"虚拟空间"进行信息传播和交流。虚拟的比特取代现实中物质的原子,数字化的信息信号取代原来的模拟信号对事物进行表达和操控,从这层意义上来看,数字化将会改变人类社会文化的整个发展态势。

计算机网络以其便捷、快速、操作简单的特点征服了人类。数字技术、网络技术的出现带来了人类感悟方式的革命,从而也引发了文化领域划时代的变革。技术作为一种器物对文化产生影响,作为人类进行制作活动的手段对文化产生影响,还都是表层的现象。更重要的是技术通过物品和手段透露出一种观念,这观念是技术赖以理解世界,并改造制作活动的出发点。技术观念表明了人类通过科技对人与世界关系的一种理解,它对人的精神生活产生着一种支撑其感悟方式的作用。

从文化中所包含的感悟方式来看,作为人类理解自身存在状态和一般意识交流的形式,文化从技术那里领受的影响大多发生在有关生命形态和人际交流的技术观念范围内。所以,美国学者大卫·格里芬(David R. Griffin)在《后现代科学》中提出,在今天,"祛魅"的科学已经开始"返魅"。经历了现代主义时期技术与文化的对抗之后,科学技术进入了"后现代科学"时代。量子力学和微电子技术的产业化形成了电子信息技术,基因学说形成了生物工程技术,这使后现代文化以全新的面貌呈现。就像杰姆逊(Fredric Jameson)所说:"后现代的技术已经完全不同于现代的技术,昔日的电能和内燃机已经被今天的核能和计算机所取代,这一技术不仅在表现形式方面提出了新的问题,而且引发了对世界完全不同的看法,造成客观外

---

① 尼葛洛庞蒂. 数字化生存[M]. 胡冰,范海燕,译. 海口:海南出版社,1997:7.

部世界和主观心理世界的巨大改变"①。

2.1.3 媒介文化为技术先导

20 世纪中叶以来,在迅猛发展的现代科学技术的推动下,出现了一场史无前例的以信息传播技术为主导的文化产业革命。这场革命正在努力把人类数千年创造和正在创造的文化,转化为利用高新技术广为传播的、大批量的文化产品,并由此极大启发了人类的思维和创造力,推进了文化、经济和社会的发展。文化产业不是一种简单的行业区分,而是当代科技融入文化生产过程所带来的相应的生产关系和生产方式变化的必然结果。文化产业的勃兴对原有的经济和文化格局都产生了强大冲击。对于引领这一变革的传媒界而言,任何一种重大媒介技术的形成和发展,都同样意味着相当大程度上的媒介利益、媒介关系和传播格局的重构与再造。

"媒介"一词,最早见于《旧唐书·张行成传》②:"观古今用人,必因媒介。"在这里,"媒介"是指使双方发生关系的人或事物。其中,"媒"字在先秦时期是指媒人,后引申为事物发生的诱因。"介"字则一直是指居于两者之间的中介体或工具。德弗勒(Melvin L. Defleur)从广义的层面定义媒介:"媒介可以是任何一种用来传播人类意识的载体或一组安排有序的载体"。总之,媒介是承载并传递信息的物理形式,包括物质实体和物理能。前者如文字、各种印刷品、记号、有象征意义的物体、信息、传播器材等;后者如声波、光、电波等。

媒介对社会发展及对人的观念、行为、生活方式等方面的作用和影响无疑是巨大的。但是,社会的变革,特别是技术的更新,对传媒发展的作用和影响同样巨大,二者之间是一种互动关系。这个过程,特别是大众传播产生的过程,是一个人类使用的传播媒介不断丰富发展的历史。媒介和社会、媒介和技术是互相依赖、互相促进、互动发展的。

从起源来看,媒介是信息传播的中介,它是随着人类对信息传播的需求而产生的。根据媒介产生和发展的脉络,我们可以把迄今为止的人类的传

---

① [美]詹明信. 晚期资本主义的文化逻辑[M]. 张旭东,陈清侨,译. 北京:三联书店,1997:293.
② 《旧唐书》:原名《唐书》,宋代欧阳修、宋祁等编写的《新唐书》问世后,才改称《旧唐书》。《旧唐书》共二百卷,包括本纪二十卷,志三十卷,列传一百五十卷。

播活动区分为以下几个发展阶段,即口语传播时代、文字传播时代、印刷传播时代和电子传播时代。不过,这个历史过程并不是媒介依次取代的过程,而是一个依次叠加的进程。

口语最初仅仅是一种将声音与周围事物或环境联系起来的符号。人类在认识世界和改造世界的社会实践中,逐渐提高了它的抽象能力,成了一种能够表达复杂含义的音声符号系统。口语的产生大大加速了人类社会进化和发展的进程。

文字是人类传播发展史上第二个重大里程碑,文字的产生使人类传播在时间和空间两个领域都发生了重大变革。文字作为人类掌握的第一套体外化符号系统,它的产生大大加速了人类利用体外化媒介系统的进程。

印刷术的发明标志着人类已经掌握了复制文字信息的技术原理,有了对信息进行批量生产的观念。印刷术的发明和使用,促进了教育的普及,提高了社会文化水准,增加了社会文明流动的机会。几乎现代文明的每一进展,都或多或少地与印刷术的应用和传播发生着关联,书籍、报纸、杂志等出版物至今仍是人们每天获得各类信息的重要渠道之一。

如果说印刷媒介的传播实现了文字信息的快速生产和大量复制,那么电子传播最重要的贡献就是实现了信息的远距离即时传输。电子传播媒介可以分为有线和无线两种系统。有线系统起源于莫尔斯(Samuel Finley Breese Morse)发明的有线电报[①]和贝尔等人在 19 世纪 70 年代研制的电话系统[②],后来发展到有线广播、有线电视和今天的计算机通信网络。无线系统的出现以意大利人马可尼[③] 1895 年的无线电通信实验获得成功为标志,其后发展成为无线电报、无线广播、无线电视以及无线电话。

电子媒介为人类带来的变革并不仅仅是空间距离和速度上的突破。从

---

① 1837 年,莫尔斯设计出了著名且简单的电码,称为莫尔斯电码,它是利用"点"、"划"和"间隔"(实际上就是时间长短不一的电脉冲信号)的不同组合来表示字母、数字、标点和符号。1844 年 5 月 24 日,在华盛顿国会大厦联邦最高法院会议厅里,一批科学家和政府官员聚精会神地注视着莫尔斯,只见他亲手操纵着电报机,随着一连串的"点"、"划"信号的发出,远在 64 公里外的巴尔的摩城收到由"嘀"、"嗒"声组成的世界上第一份电报。

② 贝尔:亚历山大·格雷厄姆·贝尔(AlexanderGrahamBell,1847—1922),美国(英国裔)发明家和企业家。他发明了世界上第一台可用的电话机,创建了贝尔电话公司,他被世界誉为"电话之父"。

③ 马尼可:1895 年,意大利人马可尼(Guglielmo Marconi,1874—1937)制造了第一个无线电系统。1901 年,他成功地发射无线电讯号横越大西洋。

人类社会信息系统的发展角度来看,电子媒介还在另外两个方面具有里程碑的意义:过去无论是声音还是形象,其本身都不具备复制性,而电子媒介形成了人类体外化的声音信息系统和体外化的影像信息系统。这两个体外化系统的形成,使人类文化的传承内容更加丰富,感觉更加直观,依据更加可靠,它们使人类知识经验的积累和文化传承的效率和质量产生了新的飞跃。

电子技术的发展还推动了计算机的诞生,"电脑"开始执行人脑的部分功能,它兼具信息处理、记忆和传输功能,并且具有信息处理速度快、精度高、记忆牢固等特点,这意味着人的大脑这一信息处理中枢也开始了体外化的进程。美国国际商业机器公司(IBM)在 1981 年 8 月 12 日推出该公司的第一部个人电脑 IBM 5150 后,个人电脑为各行各业包括传媒业带来了革命性的变化。

媒介的诞生与不断发展无不得益于现代科学技术的发展,媒介发展史的每一次转折,媒介文化的每一次进步,无论是从报纸、广播、电视到网络,都与科学技术的发展有着密切的关系。今天的数字电视、因特网、卫星广播及其他领域的科技工具都在日新月异地发展,正是由于有了这些先进的科技,新媒体大众传播才能够得以确立。

2.1.4　文化与技术交相辉映

人类及社会进化的核心因素可概括为"文化"的发展。而技术创新能力的形成在本质上正是一个文化的发展过程,一个科技文化价值观逐步产生和发生作用的过程。

随着人类社会进化机制的转变,社会发展的主要推动力已经由过去的"物质性"资源,转变为"技术与文化"的资源。1998 年,联合国教科文组织在一份《文化政策促进发展行动计划》中指出,"发展可以最终以文化概念来定义,文化的繁荣是发展的最高目标","文化的创造性是人类进步的源泉。文化多样性是人类最宝贵的财富"。

今天,科技文化的价值观已广泛渗透到技术创新的过程之中,科技文化价值观的冲突时常会以潜移默化的方式制约着技术创新的发展。技术发展和经济发展都是以人类的需求为内驱动力的。科技文化价值观正向作用的发挥,很大程度上取决于对技术创新中科技和文化价值观冲突的有效调适。

因为技术在本质上是一种开放式的演进,这使技术活动成为人的一种内在向度。技术既是人自我创造、自我展现的过程,也是使自然和人的创造物被再造、被展现的过程。总之,人建构了技术,技术也是人的本质的对象化,它反映着人的开放性的本质力量。

以互联网为代表的新媒体的崛起和迅猛发展,不仅意味着传播技术的提高,更体现了传播理念的革新。随着数字技术、计算机技术、互联网和信息传播技术的日臻成熟与完善,新闻传播手段的更新速度将会越来越快,间隔将会越来越短,其互动性和时移性、便携性和伴随性、强制性和随机性,从多方面颠覆了传统的信息生产和传播方式。全息成像、电脑音乐、人工智能、人机交流、交互式电视、虚拟现实等技术的开发,创造了新的信息活动空间。丰富多彩的电子游戏、多媒体电子出版物、网上杂志、虚拟音乐会、虚拟画廊和艺术博物馆、交互式小说、网上自由文艺沙龙以及数字电视和广播等等,为人们所广泛接触和接受。

20世纪末,美国在刚刚兴建的"信息高速公路"的基础上,又提出了"数字地球"①的计划。所谓"数字地球"是指以地球为载体的信息集成和整体化战略,借助于它,人们无论走到哪里,都可以按照地理坐标了解地球上任何地方、任何方面的信息,从而真正实现全球信息传递的数字化和网络化。"数字地球"比"地球村"前进了一大步。后者是指传媒打破了时空界限,使此地发生的事情彼地很快就能知晓;"数字地球"则是指无论你想要了解世界上哪个地区哪一方面的情况,只需一个指令就能办到。

"对时间、空间的破除"是媒介产生以来的最具有变革意义的突破,今天的电子科技将一切知识型态统合整理,构筑起多种表达方式和存取方式的数据库,数字终端媒体让人们在任何时候、任何地点索要自己所需要的信息成为了可能。新媒体的功能不仅满足人们单纯的信息消费,更重要的是通过不受时空限制的信息流动,使人类进入了一个信息功能得以完全释放的崭新历史发展阶段。人们不再只是被动地接受传媒灌输的信息,他们获得

---

① 数字地球是美国副总统戈尔于1998年1月在加利福尼亚科学中心开幕典礼上发表的题为《数字地球——新世纪人类星球之认识》演说时提出的一个与GIS、网络、虚拟现实等高新技术密切相关的概念。在戈尔的文章内,他将数字地球看成是"对地球的三维多分辨率表示,它能够放入大量的地理数据"。在接下来对数字地球的直观实例解释中可以发现,戈尔的数字地球学是关于整个地球、全方位的GIS与虚拟现实技术、网络技术相结合的产物。

了更大的自由空间和技术能力去选择信息、创造信息、传播信息。

可以说,新媒体是人类在技术和文化发展的作用下的一次划时代的变革。以数码化信息传播为技术特征的新媒体浪潮,推动着世界经济的高速发展,也迅速改变着以往一切习以为常的传媒环境、生活环境和社会环境,进而改变着整个世界。随着现代技术的不断发展,媒介的形态还会不断地改变,随之而来的媒介的功能也会不断地变化,其发展是一个让人类不断认识世界、改造世界,不断从未被认知所造成的束缚中解放出来,并不断向自由迈进的无限的运动过程。

2.2　新媒体对文化的重构

新媒体传播的创新活力主要来自个人网络化的崛起。互联网力量回归个人,形成了以网络为基础,以个人为中心的知识共同体,构成了真正的知识社会和民主社会的基础。在这样一个社会中,无论是以往的精英,还是以往的草根,都在发生着意味深长的变化。精英和草根相互牵手,相互转化,相互融合,共同构建着更加多彩的社会文化和传媒新格局。由此,也为网络时代新民主意识的培养和新思想的产生,提供了一个更为自由和广阔的空间。

2.2.1　草根文化崛起

所谓"草根文化",就是相对于宫廷文化、御用文化、殿堂文化而言的平民文化、大众文化。在国外,草根文化主要指业余文化,属于非主流的文化。它生于民间,长于民间,没有经过主流意识的疏导和规范,没有经过文化精英的加工改造,充满着乡土气息。健康积极的"草根文化"形成了对主流文化的重要补充。当然,无可否认的是,"草根文化"愚昧落后的一面也会对传统意义上的主流精英文化带来一定的腐蚀和冲击。

草根,直译自英文的 Grass Roots。陆谷孙主编的《英汉大辞典》把Grass Roots 单列为一个词条,释义是:群众的,基层的;乡村地区的;基础的;根本的。一般认为它有两层含义:一是指同政府或决策者相对的势力;一是指同主流、精英文化或精英阶层相对应的弱势阶层。草根一说始于 19世纪的美国,当时美国正处于淘金的狂潮中,盛传在草根生长茂盛的地下就会蕴藏着黄金。后来"草根"一说引入社会学领域,就被赋予了"基层民众"的内涵。阳光、水和土壤共同创造了野草的生命,野草虽然平凡,却具有顽强的生命力;野草看似散乱渺小,却生生不息;野草不会长成参天大树,却因植根于大地而获得永生。野草赋有普遍民众的精神,它不乏顽固的人性弱点,但具有强大的凝聚力、生命力和独立性。

从古至今,话语权一直是人们孜孜以求的东西。群众话语权是民主政治中一个不可或缺的组成部分。没有话语权的民主政治犹如无本之木、无花之果。在互联网出现之前,只有精英的话语才能够进入公共领域。传统媒介的准入制度必然使得话语权掌握在少数媒介精英手中,言论的发布首先要经过编辑(编导)的过滤、审核,不宜大众传播的言论被删除。普通百姓有再多的真知灼见,只要不合精英的胃口,就不可能进入公共领域,而只能口口相传,或者在私人信件及日记里发泄一番,发表则是要经过精英的许可的。"精英们原来的优势地位,主要是靠信息不对称获得的。那时他们可以根据自身利益的需要,刻意遮蔽一部分信息,裁剪一部分信息,放大一部分信息。但现在,他们不可能再这样一手遮天了。在网络信息传播的过程中,这种过滤、审核的过程是被后置的,所有的信息产生之后立即被发布,然后网站的编辑才可能加以筛选。传统媒介中由记者、编辑扮演的意见领袖角色在网络中被分散,动态地由不同的网友来承担,而不是像传统媒介那样较为长期地集中由专人担当。借助互联网的帮助,草根网民们也打破了精英对话语权的垄断"①。

媒介在人们追逐公众话语权的过程中起着非常重要的作用。互联网的诞生让不少苦于没有话语权的人欣喜若狂。网络媒介的零门槛使得以往那种垄断性的信息传播权回归至广泛的社会个体,每一个人都可以成为大众信息传播的发布者。对一个网民来说,你甚至不必拥有一台电脑,只要能付得起每小时几元钱的上网费,就可以在随便一个网吧检索你想要的信息,获得信息的成本趋近于零。网络技术的发展使得普通人可以随意地发表自己的言论,自由地表达自己的观点。你几乎无需任何成本,也不需要经过什么人的特许,就不仅可以随时获得需要的信息,还可以让自己的话语直接进入

---

① 李东升,姜晓宁.互联网对公众话语权的影响——一个基于公共领域理论的初步分析[J].哈尔滨学院
学报,2006,27(11):20-23.

公共领域。比如,个人博客就相当于一份集记者、编辑、总编辑于一身的小型报纸,只要作者有独到见解,就可以成为当之无愧的"意见领袖"①。《时代》周刊将信息时代称为"新数字时代民主社会"。

反过来,精英的话语也要在互联网上经受民意的考验,如果他们的言论有误,就会被批驳,被嘲笑,被解构,精英不仅不再是当然的"意见领袖",而且还常常会成为被批判的靶垛。在网民成了时代主角的今天,精英们究竟应该如何面对网民,他们的选择其实是不多的。因为技术进步的成果不可逆转,精英们唯一能做的就是检讨自己的立场和感情,放弃特殊利益的追求,只有这样,才能作为网民的一员,重新回归舞台。否则,只能是自我放逐,自我边缘化。

网络空间信息流通的全面开禁,使民主社会需要的多元的、独立的信息来源有可能得以实现。在互联网的世界里,客观垄断因素对话语权的影响被减弱。在 BBS 等公众交流场所里,话语权仍是其成员最为重视的权力。在长期以来缺乏独立话语空间的生存环境下,普通公众也终于找到了一个说话的平台,找到了自己不被约束的话语自由。在网络空间这一没有疆界的巨大的信息海洋,任何垄断和封锁信息的企图几乎都不可能。即便对部分境外网址实行封杀,四通八达的网络空间还是可以通过其他代理服务器登录。

2009 年 5 月 17 日下午 16 时 30 分左右,湖南省株洲市区红旗路一高架桥发生坍塌事故,现场 24 台车被压,包括一辆公交车,当时已知 9 人死亡 16 人受伤。个人手机拍到的现场记录,比新华社通稿更快地传到了网上,18 点 24 分——在事发一个多小时后,"饭否"(一种微博客)出现了第一条现场直播消息,一位名叫"火烨.RPG"的用户,通过用手机绑定"饭否"的方式,称"湖南株洲即将爆破的高架桥突然垮塌,最少砸了 9 辆车",此后,他又爬上附近最高的酒店,用尼康 D80 相机拍下了清晰可见的大桥断层。尽管株洲在线论坛当下删除了所有即时报道,但新媒体的传播却无孔不入地持续着,事发两小时后,一名叫"洛水沉烟"的用户在豆瓣公布"紧急招募志愿者

---

① 意见领袖:是指在人际传播网络中经常为他人提供信息,同时对他人施加影响的"活跃分子",他们在大众传播效果的形成过程中起着重要的中介或过滤的作用,由他们将信息扩散给受众,形成信息传递的两级传播。

进行现场维护及抢救"的通知及联系方式,另一套现场照片也以"分享"的功能发散于网络。据不完全统计,截至株洲市政府当晚 10 时 40 分举行新闻发布会前的 5 小时内,约有 1500 条与该事件相关的直播消息在新媒体上涌现。

大众参与社会事务主动性的提高,是草根文化一个重要的特征。比如众所周知的"周老虎事件"。所谓的"华南虎"照片一经发布,几个小时之内就有网友产生疑问,初期因有虎照和陕西省林业厅的支持,"挺虎派"占了上风,但不久即有网民在网上指证"周老虎"原型乃自家墙上的年画,当天各大网站均在醒目的位置报道并展开追踪,这成为事件的转折点。门户网站网易及时跟进,寻找华南虎年画及作者,当天下午即有网友在"网易搜索"上指出该年画来自义乌小商品市场。网易迅即第一时间独家采访该厂商,将"周老虎事件"的信息最快、最准确地传递给网民。民间组织了包括中国摄影家协会数码影像鉴定中心、神探李昌钰①等在内的六方进行鉴定,全国各大小媒体争相报道,在越来越多的传统媒体提供的信息中,网友的议论、观点也成为一个重要的组成部分。历时四个多月后,国家林业部召开新闻发布会,陕西省林业厅发表道歉声明。

网易在对这一事件的处理上,一方面快速反应,满足了广大网络受众对热点信息的需求,及时跟踪报道,横向链接和纵向深入挖掘,图文并茂,满足复杂受众结构的多层次需求;另一方面,在网络这个"一呼千万应"的空间积极引导广大受众共同探寻事实真相,使受众不仅有"知情权",更有了"话语权"。在这场旷日持久的争论中,草根网友们成功地完成了民间话语权的构建,其中也不乏植物学家、摄影发烧友、动物学家、计算机爱好者、数学家等专业人士的参与。

信息传播的个人化,是网络传播另一个让人津津乐道的特点。网络最令人激动的地方,莫过于个体获取、发出信息的自由性和交流的互动性,世界似乎尽在你点击鼠标和敲打键盘的手中。与此同时,网络匿名技术也使得信息的传播更加随意和非理性。署名,意味着责任和后果,使人三思而后

---

① 李昌钰:以精湛独到的刑事侦查与鉴识技术享誉国际的李昌钰博士(Dr. Henry Lee),因屡破奇案而被新闻媒体冠以"当代福尔摩斯"、"物证鉴识大师"、"科学神探"与"犯罪克星"等封号。在美国家喻户晓,也是各国争相聘请前往讲学的专家。迄今已获八百多个荣誉奖项。是一位从台湾走向全球的传奇人物。

行。而匿名让人解除了束缚,激发了人性中隐藏的"我"。在现实生活中难以言说的秘密、无处发泄的积郁,在匿名的保护下爆发了。因此,网上爆料不断、斯打一片。因为匿名,可以不顾及自身的身份所必需的伪装;因为匿名,可以不考虑传播对象的感受;传播者的心态变得前所未有的轻盈。一方面,这种自由使得信息来源更加丰富,整个信息层次立体化了;另一方面,匿名制也催生了语言暴力,在无所顾忌的心理驱动之下,网络上肆意开骂,粗话连篇,说者从中泄愤,观者私下偷乐,整个网络由此而热火朝天。

与集体参与意识提高并行出现的,是民众对集体娱乐需求的增长。现代生活的节奏与方式似乎对理性有着天生的消解功能。人们追求一种简单的生存方式,拒斥高尚和深刻。于是,对任何事件的解读都趋于娱乐化。在网络的支持之下,大众也获得了集体娱乐的能力。在今天,从政治热点、社会动态,到明星绯闻、闺房私语,女明星不为人知的背景、网络红人的出入境证件、新闻人物的求学经历,都可以通过网络成为公共信息并成为人们议论的话题。近年来,民生新闻的兴起、选秀节目的火爆、博客的风靡等等,无一不表明着新的时代特征:平民自主意识增强,草根文化展露锋芒。

《美国偶像》之所以能在美国风行数年,得益于一个美国梦的说法。一夜成名不仅是美国人的理想,对于任何一个中国人来说,同样具有强大的吸引力。因此,借鉴《美国偶像》的《超级女声》引发了中国的选秀热潮。在观摩他人之中,普通的观众也获得了认同感并积极参与其中。

从普通人中诞生的草根英雄,是民众话语权的代表性象征。"史上最牛钉子户"的照片在网上流传,"钉子户"的主人顿时成为英雄,引起全国关注。当《梦想中国》2007 年度总冠军杨光身着休闲装,在 2008 春晚与章子怡一身华服的相对演唱之时,舆论的天平轻易地偏向了那个质朴的民间小伙。身处社会氛围改变中的人不由自主或主动地参与到他所接触到的每一个社会事件中,并在此过程中完成了对权威的瓦解和草根文化的建构。

美国《时代》周刊曾将全世界的网民评为"2006 年年度人物"。这与其说是西方主流精英对草根网民的一次褒奖,还不如说是一次投降来得更恰当。因为这实际上是对现状的一种为时稍晚的承认。这个"现状"就是主导舆论的权柄已从精英手中漂移到了网民手中。《时代》杂志封面上的一个白色键盘,一个计算机显示屏,以及一个黑体字——You,明白地告诉世人,谁才是这个世界真正的主角。向大众投降并不可耻,相反,这给了精英们一次认真反思的机会,《时代》这才叫识时务者为俊杰。然而,适时国内却有人发出了"要顶住互联网压力","不能让网上的民意左右决策"之类的呼吁。他们充满焦虑的声音难免会让人生出种种意味深长的联想。《时代》周刊的"颁奖辞"说:互联网"不仅改变了世界,而且还改变了世界改变的方式"。

2.2.2 从精英文化到大众文化

现代以来,我国出现过新文化运动时期以文化精英为主导的精英文化,其后也出现过以政治精英为主导的精英文化,现在大行其道的则是经济精英主导的精英文化。以往的大众媒体名为"大众",实际是精英的媒体,是精英主办和控制的媒体,是由精英供稿和把关,向大众发布和灌输信息的媒体。在媒体精英的背后,实际的控制者往往是国家,或者是资本。

"精英"一词在《辞海》中的解释为:"指社会上具有卓越才能或身居上层地位并有影响作用的杰出人物。与一般天才和优秀人物不同,他们在一定社会里得到高度的评价和合法化的地位,并与整个社会的发展方向有联系"。顺理成章,精英文化自然是知识分子及其精英们创造及传播的文化。西方社会评论家列维斯认为,精英文化以受教育程度或文化素质较高的少数知识分子或文化人为受众,旨在表达他们的审美趣味、价值判断和社会责任。精英文化就是代表正统的、由主导一个国家或民族的那一部分精英所创造并欣赏的文化。精英文化不屑于嘈杂的物质社会,它是与大众文化、平民文化、草根文化、山寨文化相对的文化现象。在相当长的传播历史中,精英一直以其先天优势引导着草根。

精英所控制的传统媒体对于新媒体的心态是比较复杂的,网民"重回江湖"在几年前就指出:就大多数传统媒体的精英而言,他们最初对于新媒体基本上是一种不屑和拒斥的态度,之所以如此,不外乎四个原因:

一是媒体的基本功能是通过提供内容来实现的。相较于新媒体,传统媒体的文化积淀依然是最深厚的,所谓内功最好。新媒体包括初始时的网络媒体,最欠缺的就是内容。而且,传统媒体至今依然是社会最主流的媒体型态,是"严肃的和负责任的",不像新媒体一样充斥着八卦和无厘头,所以为传统精英们所"不屑"。

二是长期以来形成的媒体的"载道"和社会责任的"公器"功能,在新媒体中被商业化消解了。很多新媒体根本就是服务于商业利益,绝大多数的新媒体首先也是有赖于商业上的成功,比如获得风险资金的支持,上市成功等等。这与媒体不受商业资本控制的追求是背道而驰的。"君子喻于义",所以拒斥。当然,目前而言,即便是传统的媒体其实也无法保持真正的独立。

三是传统和惯性。传统媒体从业精英的年龄结构、知识阅历甚至生活圈子均与新媒体的操作者有着天壤之别,类似成年人和"小毛头"之间的差距,心理感受也是一样的:有不屑,自然也有暗生的妒意。当然,新媒体的互动文化导致的阿狗阿猫们对精英文化的颠覆,无疑也是传统媒体精英所痛恨的。

四是新媒体所需的知识和体制往往是传统媒体精英所不具备的,很多人也难以放下身段学习——从自身所熟悉的领域尤其是权威的领域,向一个陌生的充满不确定性的领域转移,是需要极大勇气并付出代价的。所以,也有一些人以"不屑"和"拒斥"来掩盖自身的缺陷。

作为文化研究中的一个重要领域,大众文化与精英文化的关系是众多学者研究的对象。然而,在今天这样一个消费时代,大众文化与精英文化这一划分本身是否存在合理性,已经成了有待探讨的问题。其实,精英文化和大众文化的相互影响、相互渗透和相互融合已是一种必然的趋势。精英文化走下神圣的殿堂,借鉴和利用大众文化的形式,以老百姓喜闻乐见的形式进行传播,无疑是有利于精英文化的普及和对大众文化的引导的。随着新媒体的快速发展,尤其是网络和手机的发展,一些传统媒体的精英已从不屑和拒斥变成恐惧,自己给自己唱起了挽歌;更多的人则快速向新媒体"投诚"。传统媒体普遍开始变革和创新,学习和利用新的传播技术,探讨如何在新的市场环境下使传统媒体与时俱进。应该说,这些变化都是新媒体的挑战带来的。这种挑战快速消解了阻碍传统媒体发展的一些理念和制度,推动着传统媒体的变革和发展。

随着互联网技术功能的不断增强,网络已成为不同国家、不同民族、不同观念的人们之间共享信息、开展文化交流最便捷的场所。互联网的繁荣带来了大众文化的新一轮勃兴。在功能强大、令人目眩神迷的新媒体面前,本已"星河渐隐月落西"的精英文化几欲迷失,"网络就是新生活"的口号渐入人心。越来越多的人成为网民,并习惯以上网的方式交流、学习、购物和娱乐。

然而,随着网络公司创造的经济神话,文化生态也随着发生了变化。

首先,互联网上知识性文化消费与娱乐性文化消费严重失调。美国国防部开发阿帕网(ARPAN ET)的初衷是科学应用,未曾想互联网后来却成为游戏的天堂。软件商不遗余力地开发升级,在线功能不断提高,养宠物、挖泥巴,一些网民(尤其是青少年)夜以继日,乐此不疲。另外,由于现代社会学习工作竞争激烈、压力大,许多网民上网,除了工作都是浏览一些时事社会新闻,要不就是直奔聊天室或打开 QQ,与一帮并不知何许人的网友"神交"一番。更多的人则把多媒体的功能发挥到极致,一边聊天一边听音乐,同时还兼顾着玩视频游戏和看 BBS 上的贴图。网上游戏大厅常常人满为患,而那些知识性和纯文学的网站却门庭冷落,精英文化知音寥寥。

其次,互联网加深了大众文化的泛化程度。大众的普遍参与是互联网存在和发展的基础,在技术经济条件的许可下,网络的参与主体迅速超出了科研机构和大学校园,而商业主体的介入更是加快了网络的扩散速度。"忽如一夜春风来,千树万树梨花开"。在很短的时间内,大量平面、通俗、缺深度、无保留价值但娱乐性极强的大众文化就在互联网上遍地开花。他们恣意地扩张将文化中的精英内涵荡涤得残缺不全,甚而导致精英文化的严重贫血和萎缩。互联网快捷的复制和刷新功能使得大众文化更加泛化,流行歌曲、通俗电影、肥皂剧等几乎唾手可得,可以随取随弃。当人们尽情享受着多媒体带来的快乐,在虚拟世界纵情遨游,四处嚷嚷"我在网上我怕谁"的时候,人文知识分子倡导的真、善、美的精英价值取向,正义、尊严、理想等义正词严的精英理念,在大众文化的喧嚣嘈杂声中被日趋边缘化。

再次,互联网消减了精英文化的话语权。互联网上资源的共享以及信息的互动充分体现了文化上的平等。传统精英文化以"为天地立心,为生民立命,为往圣继绝学,为万世开太平"为标榜,这种旨在教化的文化强势,在网上已逐渐失去其存在的基础。互联网鼓励个性的张扬,鼠标轻点,网民就可以在网上自由地驳斥、抵拒各类强势文化,并且自由地阐述自己的主张。网络的开放性和参与性使精英文化的一元性受到大众文化的多元冲击。精英文化的精致和深刻,明显敌不过大众文化的丰富和敏感,它高高在上的单一纯粹性在网上越来越不受欢迎。在互联网这样一个承载文化的技术平台上,科技精英们焚膏继晷的努力,却使得人文精英们在日趋式微的情状下倍显尴尬。

更值得关注的是精英本身的问题。随着社会公开化程度的不断提高，以往笼罩在"精英"头上的神圣光环正在无可奈何地淡去。甚至继"小姐"和"同志"之后，"精英"似乎也正在成为一个被毁掉的词汇。

在我们的日常语言中，"流氓"一词一般意指几种人，一是指动辄喊砍喊杀、崇尚暴力寻衅滋事的家伙，与"暴徒"同义；二是指性方面的猥琐之徒，与"淫棍"同义；三是指玩世不恭、摒弃道德感的人，与痞子同义。不巧的是，近年来发生的几桩新闻事件，当事人本来是所谓的知识精英群体里的人物，却分别与上述三个特征相吻合。诠释了"暴徒"涵义的是雇凶伤害方舟子的"准中科院院士"肖传国[1]，肖传国认为科普打假作家方舟子通过媒体、网络对其学术"打假"，从而导致其未能入选中国科学院院士，为报复遂指使戴建湘，由戴建湘组织龙光兴等人实施了犯罪行为[2]。2010 年 10 月 10 日，北京市石景山区人民法院一审宣判，认定 5 名被告人寻衅滋事罪名成立，肖传国、戴建湘均被判处拘役 5 个半月，其余 3 名被告人则分别被判处 4 个月至一个半月不等拘役。还有一位痞子类人物是"微博捉奸"的男主角，铅笔社的民间经济学家陈青蓝，在被妻子捉奸在床并在微博直播之后，号称自由主义者的陈青蓝的回应是："道德永远是个人的选择，不存在集体道德。请不要挥舞着道德大棒来打人，因为那是你的道德，不一定是别人的道德"。这些"知识精英"的表现，无疑又在"精英"这个词上添了几个解构的注脚。

值得注意的是，这类事件的曝光都与新媒体直接相关，或者说，没有新媒体就不会有这类事件的大规模传播。"微博捉奸门"更是一桩典型的通过微博直播大肆张扬的捉奸事件，当事人之一是一名微博使用者，2010 年 9 月 8 日，她声称自己推开家门，看到散落一地的男女内衣，还有"裸在床上"的老公与另一名女子，她随后的反应是争吵、打架、发微博——将这一切都以微博的形式记录下来，如她的第一条微博——"早上我回家，看到床上@北京陈青蓝和@爱伺机摸人裸在我的床上。"，这是典型的微博体，其中，"@北

① 肖传国，教授，主任医师，博士生导师。华中科技大学同济医学院泌尿外科研究所所长，华中科技大学同济医学院附属协和医院泌尿外科主任，973 计划项目首席科学家，《临床泌尿外科杂志》主编。美国纽约大学医学院泌尿外科副教授，美国泌尿外科学会和国际脊髓损伤学会会员，美国 NIH 和外科麻醉创伤 (SAT) 组顾问。香港大学医学院荣誉教授。

② 2010 年 8 月 29 日傍晚，被誉为"打假斗士"的科普作家方舟子在北京住所附近遭遇袭击，一人向其面部喷不明液体，另一人持铁锤砸伤他的腰部。9 月 21 日，该案告破。

京陈青蓝"和"@爱伺机摸人"皆为微博用户名,分别是其丈夫和第三者,值得注意的是,其丈夫陈青蓝也是通过微博来进行回应:

2010 年 9 月 8 日 12 点 47 分,陈青蓝通过微博回应:"谢谢各位围观群众的支持! 没什么好看的。请各位朋友不要耽误自己工作。"

15 点 27 分,陈青蓝通过微博再次回应:"关于绯闻事件,声明几点:1. @爱伺机摸人是神赐给我的礼物,是我用半生时间寻找到的最爱,如果她愿意给我机会,我会给她最完整的幸福。2. @爱伺机摸人昨晚在我家住,但我们没有发生性关系。3. 我不是吃软饭的。相反,这个家的开支都是我在承担,房子是用我的钱买的。4. 我和@赵庭景美已闹离婚一年。"

16 时 13 分,陈青蓝再发微博:"道德永远是个人的选择,而不存在什么集体的道德。请不要挥舞着道德大棒来打人,因为那是你的道德,不一定是别人的道德。"

本来是并非公众人物的一个家庭隐私,然而当事人双方却通过微博来昭告天下,互相攻讦,结果却成为大众文化围观评论的八卦。数据显示,陈青蓝发出第一条微博后,该条微博在两小时内被转发 294 次,得到评论 520条,参与围观的微博用户越来越多。其中,一个微博用户"妖中之妖"称,"一点都不耽误! 我每天除了八卦就是等下班了! 今天真有收获!"

2.2.3 自媒体时代的博客文化

"博客"实际有两种含意,一是指一种传播样式,一种以时间为序书写,以网页方式显示和发布,借助于互联网彼此分享,并由此形成一种新型的网络虚拟社群和人际交往方式的"网络日志";二是指一类人群,这些人使用特定的软件,习惯于在网上写日记,发表和张贴个人的文章。而后来的"播客"其实是"博客"的一种新的衍生物。

"播客"是 Podcast 的中文直译。Podcast 是苹果电脑的"iPod"与"Broadcast"的合成词,它又被称作"有声博客"。这种诞生于美国的数字广播技术,后来开始在互联网上流行,并用于发布音频文件。被称为"播客"的人们通常把那些自己录制的广播、视频节目通过网络进行发布。2004 年 8 月 13 日,iPod 的发明者美国人亚当·科利(Adam ClarkCurry)开通了世界上第一个播客网站——"每日源代码"(Daily Source Code),亚当·科利也因此被称为"播客之父"。

同 21 世纪初低调诞生的博客相比,中国的"播客"似乎一问世就受到了人们的特别关注。2005 年 8 月,上海就举办了中国首届"播客"大赛。

早期的播客中音频节目的数量占据绝对优势,这主要还是受技术的限制。但现在视频节目后来居上,显示了超强的影响力和势不可当的发展劲头,丹尼尔·贝尔(Daniel Bell)指出:"目前占统治地位的是视觉观念。声音和影像,尤其是后者组织了美学,统率了观众"。从报刊到广播再到电视、网络,从文字到声音再到图片、影像。播客的风行,再次说明我们的传播文化已经开始了由文字中心向视觉中心的转向。今天的视频以更加直观、更加形象的效果,引领着新时代的传播潮流。

播客的形式有播客门户网站、播客频道、播客目录和资讯网站四种类型,并且已经形成了层级分明、联系紧密的播客矩阵。播客的节目类型主要有音频、视频、少量以 Video(视频)格式出现的 Flash,也有些播客网站具备发布日志的功能。有人认为,"如果说博客是新一代的报纸,那么播客就是新一代的广播"。也可以说,"播客"是新一代的、更高层次的"博客",它让用户实现了全方位、立体化的互动式传播。就文化的意义来讲,"播客"和"博客"显然是一致的。为叙述的方便,下面将其统称为博客文化。

就传播者来说,博客是一种近乎"零门槛进入"的网上个人出版方式。博客不需要任何"技术含量",网民只要上相关网站注册、申请免费空间,几分钟之内就可以拥有自己的网上天地,从而随意写作,随时发表,整个过程非常简单。"播客"的制作和观看同样不复杂,各种网站为播客提供了免费的发布平台和存储空间,任何有一定电脑操作水平的人,只要有一台电脑、一个摄像头和一个麦克风,就可以开始制作和发布播客。

就受传者来说,受众是信息的接受者和反应者。博客或播客的传播一般有两部分受众:传播者希望信息达到的人和在网络中偶然接触的人。因此,受传者既有指定性又有随意性。受传者在传播中具有极大的灵活性和主动性。传播者和受传者在网络空间里实现了真正意义上的互动。整个博客或播客传播的过程最终达到传受主客体的合一。

就传播内容来说,博客和播客的传播是"多元化"的:几乎覆盖了所有的领域,不仅内容广泛,数量丰富,形式也是多样性的,包括文字、图片及音频、视频等多媒体元素;它更新速度快,没有固定的周期,甚至每时每刻都在出版发表,而且也没有出版形式和格式的限制。

就传播渠道来说,它们的传播是自由而直接的,实现了一种多对多的互动传播。博客文化代表着一种新的学习方式、生活方式和工作方式。这种方式让每个个人都可以成为互联网中自主的主体,随时、随地、随意地呈现自己、表达自己并且与网络世界建立全面的交流沟通。

博客和播客的出现极大地激发了人们的话语热情。互联网出现带来的是草根言论可以自由上网,这是人类有史以来最伟大的一次传播革命。所有的草民,都可以通过网络直接向全世界发表言论和作品了,这在过去往往只有精英,并且必须要通过大众媒体才可以做到。在博客出现之前,草根的言论已经开始上网,但还是要受大众媒体的制约。而博客和播客是每个草根自己的媒体,每个草根可以直接面向全世界的媒体。博客和播客不再受精英和政府的控制,也远离了资本的影响,它只需要遵循法律和公德就可以了。博客和播客使个人出版自由成为现实。通过个人的网站,你可以把自己对某一问题的见解与读者进行声音、画面上的沟通,不必再经过出版商和报社编辑的"把关"。

博客的出现给更多的民众提供了一个可以自由、便捷地描写事物,表达情感的网络平台。博客所提供的内容大到时事政治、对国家大事的评论,小到一日三餐、服饰打扮、个人心情,具有极高的共享精神和共享价值。据中国互联网络信息中心发布的《2006 年中国博客调查报告》显示,网民建立博客的目的主要包括:记录自己的心情,表达自己的观点,与别人分享自己的资源,结交更多的朋友,备份自己的资料,辅助自我的工作和学习,别人都有我也跟着做一个,成就自己的名气,等等。草根博客的参与动机更多地在于通过表达自己建立自尊并获得承认。这是一个创建自我形象,并自我提高、自我表现、自我实现、自我满足的过程。

"播客"同样是大众话语需求的一种体现。播客真正的魅力所在,是普通大众可以自己制作音频、视频节目,并自由传播。"旧时王谢堂前燕,飞入寻常百姓家"。昔日神秘莫测的视频节目,再也不是遥不可及的事情。亲自动手制作一个视频,客串一下节目主持,播报一段"新闻",甚至搞个电视连续剧、电影,导演、主角随你来定,发到网上之后,坐在电脑前看着扶摇直上的点击率,没准还能接点广告什么。从广播、电视诞生以来,甚至包括网络在内,平民大众对音频、视频往往只有被动接受的资格,制作和传播基本上是精英的专利。播客为大众文化的发展开辟了新的天地。

播客作为网络媒介,具有网络与生俱来的自由、互动、迅捷的特点。播客将受众极端分众化,几乎每个人都可以找到自己感兴趣的播客。随着视频类网站的火爆,播客提供的视频内容,将会像现在的文字、图片内容一样影响广泛。播客网站在播客节目下面常设有投票栏和评论栏,播友可以及时将信息反馈给传播者。播客还区别于传统媒体的线性传播模式,既可以一对多也可以多对一或多对多地进行非线性传播,使传播过程更流畅,互动性更强。播客颠覆了传统的单向"推送"传播模式,使传统的"传播媒介中心"变成了"受众中心"。播客们不仅可以自由发表影音资料,还可以与他人进行交流。这种独具个性的传播形式让自由书写与影像帖子布满了网络世界,伴随着音乐、动漫、图片一起,改变了传统媒介的传播面貌。

从本质上讲,博客和播客都是草根媒体。博客文化也是一种草根文化。由于它们并不是纯粹的技术创新,而是一种逐渐演变的网络应用,所以具有天然的草根性。每一个在自己键盘上坚持更新 Blog 的博客,在普通意义上也可以被视为草根。在这个世界里,人们不看重你的社会身份,人们之间彼此处于平等地位,身处边缘可以转化为中心,弱者可以成为焦点,强者会因放肆或失误而败北。而且,传播者与受众的身份是在不断转化的。没有永远的传播者,也没有永远的受众,此时是传播者,彼时可能就是受众,此时是受众,彼时又可能变成传播者。这种身份的互换在传统媒介中是不可想象的。

所以,博客文化是网络传播领域出现的个性鲜明的传播现象。他们所表述的是一种非主流、非正统、非专业或者说业余爱好的文化形式,但他们有自己独立的声音、独立存在的理由和独特的存在优势。

博客文化的形成与发展既有自身内部的动力,也有外部的推动力量。其中,个人诉求是博客文化发展的原动力,互动交流是博客文化发展的助推力,网络技术等是博客文化发展的支持力。当今的社会是一个寻找、坚持、伸张话语权的时代。人们行为的动力在于满足他们从基本生存需求到自我实现需求的渴望。博客文化是在后现代社会中发展起来的文化形态,具有不同于现代性的特征:多元性、众声喧哗性、非权威性。后现代主义是对现代主义的扬弃,它要消除现代主义的二元对立、霸权主义、中心主义,而将一种傲慢的精英态度还原为一种平等的知识对话。博客和播客比大众媒体更自由、更开放、更鲜活、更富有创造力。它们的发展意味着文化霸权主义、单边主义、独断声音已不再是社会的主角,反之,对话主义、多边主义、多音对话有可能成为常态。

在美国,克林顿绯闻、"9·11"事件、多数党领袖特伦特·洛特(Trent Lott)的垮台、《纽约时报》的丑闻、总统侯选人约翰·克里(John Kerry)的谎言以及哥伦比亚广播公司(CBS)著名节目主持人丹·拉瑟的退休;在我国,从打着"情欲牌"的木子美,到打着"舞蹈牌"的芙蓉姐姐,再到打着"清纯牌"的天仙妹妹和"国学牌"的辣妹白鹿鸣,等等,都在不断地昭示着这种草根媒体的巨大能量。

博客自媒体将网络的各种功能融合于一身,更好地代表和展示了新媒体的发展方向。通过博客等方式实现个人网络化后,可以实现一系列的跨越鸿沟后的变化:从个人层面看,它们成为个人交流沟通中心、个人知识管理中心和个人传播出版中心;从组织机构层面看,基于个人网络化的方式,形成了开放式信息与传统信息的有机"融合",形成了基于个人的开放式知识管理与传统知识管理的互动,形成了基于个人的开放式传播出版与传统传播出版的互补。在今天的网络环境下,博客等已成为网络应用中不可或缺、不可替代的重要组成部分。其所具有的无时空限制、无身份限制、无主题限制、无门槛准入、非实体接触、言论自由、传播面广的特性,以及延时、互动、共享的交流特点,使其成为多元化信息的集散地,为网民提供了表达情感、结识朋友、展示自我、交流思想的空间,从而形成了一道崭新而亮丽的文化景观。

韩寒,很多人愿意称呼他为80后的领军人物,韩寒在2010年4月入选美国《时代周刊》"全球最具影响力100人"。你可以说他是精英,因为他的成功代表了一种文化和力量,更代表了一种社会的进步;你也可以说他是草根,因为他发出的也是草根的声音,他的博客就是证明,四亿的访问量,几十万人的关注,每篇文章几十万甚至上百万的浏览和评论。2006年3月2日,韩寒就文学评论家兼书商白烨的一篇名为《"80后"现状与未来》的博文写了一篇名为《文坛是个屁,谁都别装逼》作为回应。至此,围绕80后是否可称作家,是否已进入文坛等问题的不同见解,演变成为了"韩白之争"。3月4日中午,白烨写了一篇名为《我的声明——回应韩寒》作为回应,宣称韩寒的回应文章不是文学批评,而是已经涉嫌人格侮辱和人身攻击。随后,作家陆天明、其子青年导演陆川,以及大陆著名音乐人高晓松相继介入论战,一时成为网络热点。韩寒在博客中对以上诸人进行了嘲讽,并时有粗口。事件最后以白烨、陆氏父子、高晓松相继关闭个人博客告结。此后,韩寒的博客先后有 2008 年对于抵制家乐福和封杀莎朗斯通的评论,关于爱国主义的讨论,关于汶川地震救援的记录,地震灾后重建中对北川政府奢侈购车的批评,因《零点锋云》节目的对话引发的关于"文学大师"与文化传统的讨论,2010 年对于网评员制度的评论,对于刘谦 2010 年央视春晚"近景魔术"的质疑,对于 2010 年央视春晚节目《亚克西》的评论,对于候选《时代周刊》"全球最具影响力人物"的回应,对于网上流传甚广的托名"韩寒"的《不要再给西南灾区捐钱捐水啦》一文的回应,对于福建三网民被捕事件的评论,对于世博会相关问题的回答,对于泰兴屠童案的评论,关于历史教师袁腾飞"被封杀"传闻的评论,对于富士康公司员工跳楼的评论,对于三年前自己与著名现代诗人论战的反思,等等。这一切都在整个网络和现实社会中引起了巨大的反响和震动,某种意义上来说,韩寒的博客已经可以作为一个国家级的热点事件的互动平台。

"客族文化"的兴盛,是新媒体时代的一大文化景观,在这一现象的背后,既体现着传统受众的角色转变,也反映了精英和大众的相互交融。博客这种自媒体是精英与草根共同分享的个人媒体。其实,精英从工作需要和影响度提升的角度来说,比草根更需要自媒体,甚或今后的精英都将是自媒体人。

2.2.4　新媒体时代的文化融合

百花齐放,百家争鸣,这曾是多少代中国文人的文化理想。在新媒体时代,这一理想将一步步成为文化的常态。新媒体挑战了传统媒体,但两者又相互补充,相互融合,在社会传媒的大舞台上演绎着一出出崭新的剧目。历史证明,新技术带来的变革并不会使传统媒体消亡,广播的出现并没有摧毁报纸图书,电视的出现也没有摧毁广播。传播业的每一次新技术浪潮都推动了行业的整体进步,促使各方面互相借力,优化升级。传统媒体的优势突出体现为理论前沿和公信力强。中国社科院发展研究中心发布的《中国城市互联网使用状况及影响调查报告》和《中国小城市互联网使用状况及影响调查报告》显示,网民今天最信任的还是电视、广播和报纸,信任程度最低的恰恰是网络上的新闻。现在,传统媒体仍然是社会舆论的主导。

平等是新媒体的基本精神,新媒体消解了人们现实中的不平等。新媒体的出现,传统的惟我独尊的精英文化必然会受到草根文化日甚一日的挑战。然而,人们看到的往往是草根与精英的对立,似乎二者之间是天然不能相容的,其实,精英和草根是可以相互转化的。新媒体把传播者和接受者融汇成对等的交流者,无数的交流者相互间可以同时进行个性化的沟通。占人口绝大多数的草根阶层可以参与到文化的创造与享受中,可以自由地发出自己的声音。更为重要的还在于新媒体是培养新精英的摇篮,它开辟了多条通往精英的新通道甚至快车道,许多潜在的精英可以利用新媒体脱颖而出,而这也正是针对中国学术界腐败侵蚀、论资排辈等弊端的一剂良药。

事实上今天的草根也不等于业余。通过自己的博客最先对华南虎照发出质疑的植物学家傅德志说:"谁说网友都是业余的?""草根"两个字所代表的只是言论来源的非权威性、话语权的民间性。某个专业的精英,对于其他专业来说,也许就是草根,精英还是草根,并不取决于其社会地位。挑战精英权威的言论在网络上司空见惯,人们只看重你在网络某个领域中实际的权威和影响力。这样,你只能够在某一个或者几个领域充当精英,在其他的领域只能够算作草根的角色了。从这个意义上讲,新媒体的平等精神也使精英的一般地位草根化了。

草根挑战了精英,但并不排斥精英。其实,作为亿万个人媒体的浩大群体,新媒体说到底还是精英主导的媒体。博客文化由基本文化、时代文化和拓展文化构成。它既是全球同步的文化、全民参与的文化、个性十足的"客"文化,同时也是集大成的文化、强势的文化和增大社会风险的文化。新媒体虽然创造了一个扁平化的虚拟社会,但扁平化不等于平面化。形式平等的新媒体,其内容的影响力和权威性不等,就自然会出现分层。新媒体中的知识精英和政治领袖自然占据了更大影响的上层。系统只有分层才是稳定的,新媒体造就了领域的多样化和动态的扁平化分层结构。

当然,新媒体时代的世界大同是实现精英文化和草根文化的融合共存。草根们敢想、敢说、敢做,积极地尝试和探索,失败了也能一笑而过。很多秉承草根文化的互联网企业就是这样,一个创意就兴起一家公司,最终目标是什么并没有完全想清楚,但是想到做到,一有目标立即下手。要吸引眼球、提高点击量就玩标题党;要拉人气、提升客户黏性就做病毒式营销。为达目的,几乎是无所不用其极,可达到这个目的之后做什么呢?也许并没有想好,甚至连想都没有想。但就是这些让精英们瞠目的"疯狂"、"没章法"的行为,在赚取了眼球的同时,也赚取了钞票。另一方面,草根们表演的舞台和空间,恰恰又正是精英们在制造和保障的。

以通信行业为例,电信行业做事情强调要有规划、有规范。业务到底怎么做,要计算 ROI[1]、做投资评估,要经过很多繁复的手续以后才开始实施。规范的企业运作,虽然看起来动作慢,但是一旦动起来势不可当。越大的事情越要有规范、有计划、有流程。正是这种流程规范、分工明确、各司其职的电信企业,打造了稳定的通信网络,打造出了互联网平台,才得以让互联网企业和个人充分地展现。当草根们指责精英缓慢的工作节奏和含糊不清的表态时,是否意识到正是精英文化打造了整个社会运转的基础? 草根文化倡导想了就做,甚至做了再想;精英文化一定要想清楚再动。草根文化关注效率,第一的作用和价值最重要;精英文化关注整体稳定,在稳定中求发展,在和谐中解决矛盾。草根文化强调快,其次是新;精英文化要求稳,在稳的前提下考虑发展。所以,新媒体时代是传统与现代、精英与草根齐唱共舞,各展风姿的时代。

2.3　新媒体时代的民主建构

新媒体的出现和发展不仅意味着信息传输技术的变化,更重要的是从根本上实现了信息传播形态由"传者中心"向"受者中心"、由单向传递向互动交流的革命性转变。这种转变不仅极大地改变了我们的物质生活形态,同时也在不知不觉间改变了我们的政治文化环境。

2.3.1　"把关人"的退场

在传统的大众媒介中有一个概念——把关人(gatekeeper)。1947 年,美国社会心理学家库尔特·卢因(Kurt Zadek Lewin)[2]在《群体生活的渠道》一文中首次提出"把关人"概念。他认为:"在群体传播过程中存在着一些把关人,只有符合群体规范或把关人价值标准的信息内容才能进入传播

---

[1]　ROI(Return On Investment)投资报酬率,计算公式为:ROI =(1 + g)* n / PER。其中,g 代表企业未来 n 年平均获利成长率。PER 表示本益比。若个别企业的 ROI 大于同业平均投资报酬率,则该企业值得投资。

[2]　库尔特·卢因:传播学四大奠基人之一,他是以人类行为场理论著称的美国社会心理学家。

的渠道"。1950年,传播学者怀特将这个概念进一步引入新闻传播领域,并明确提出新闻筛选过程中的"把关"模式。他指出,社会上存在大量新闻素材,大众传媒的新闻报道不是也不可能是"有闻必录",而必然是一个选择的过程。在这个过程中,媒介组织形成了一道"关口",通过这个"关口"传达到受众那里的新闻只是众多新闻素材中的极少数。在这个过程中,"把关人"可能是特定的个人如记者、编辑、主持人,也可能是媒介组织如报社、广播电台、电视台,甚至是媒介组织后面特定的社会或利益集团,他们是所谓的"精英"阶层。

在这个过程中,"把关人"的职能是对即将发布的信息进行去粗取精、去伪存真、适用乃至实用等等的加工和整理,他们依据的标准,要么是新闻价值的高低,要么是"公正无私"的规定,要么是"把关人"个人的意见等。"把关人"对信息是否可以进入传播渠道或继续在渠道内流动做出决定,并最终把信息传达给受众。大众传播媒介的传播者或"把关人",无论是特定的社会集团还是媒介组织或媒介工作者,都是传播的主体,是传播行为的发起者,是通过发出的信息主动作用于他人的人。他们始终处于传播过程的首端,对信息的内容、流向、流量以及受传者的反应起着重要的控制作用。对于广大的受众来说,在这个过程中只不过是被主体控制的客体,处于传播过程的末端。他们面对丰富的信息资源只能被动地接受。所谓传受双方的互动只能在肤浅的理论层面上徘徊,至于信息的真实性更是只有"把关人"自己知道了。

今天,情况已经发生了变化,各类受众参与传播的意识和自觉程度越来越高。在传统媒体中,印刷媒介的读者可以通过通讯员来稿以及定期组织读者评报等形式参与到传播的过程中;广播听众可以通过热线电话参与节目制作、播出的过程,或者将嘉宾请进直播室,通过主持人的串联,与广大听众进行双向交流;电视节目则是大量地通过邀请嘉宾、有奖竞猜、电话连线、短信支持等形式,让观众更深入地参与到节目中来。新媒体的用户较传统媒介使用者更为主动。数字技术、互联网技术、通信技术迅猛发展和进步,新型媒体不断涌现并推陈出新,特别以互联网为代表的新媒体的普及,极大地拓展了社会舆论空间,为公众的情绪宣泄和意见表达提供了前所未有的自由平台。人们不仅有了自主获取信息的权利,而且有了充分表达意见和观点的权利。用户们已经越来越频繁地同时扮演传者与受众的双重角色,在这里传者与受众的界限正在慢慢消融。

新媒体时代,媒介呈现出多样性和多层次结构,由此形成了舆论及流通渠道的多层次、多元化。当我们在 BBS 上沉迷于聊天所带来的快乐时,博客以其张扬个性的特质出现了;当我们在博客上激扬文字、指点江山的时候,强调图文并茂、音视并举的"播客"出现了。BBS 虽然实现了公众言论的自由上网,但还是受到大众传媒的控制,因为 BBS 都是大众媒体主办的,公众在大众传媒搭建的舞台上充当的仅仅是客串。随着博客、播客的相继出现,公众的这一尴尬身份得以根本改变。它们的出现所带来的公众自主选择权的多样化,使得传统的"把关人"理论遭到了根本性的颠覆。新媒体时代的技术更新瞬息万变,新媒体催生新舆情,也对舆论引导和控制提出了新的挑战。

2.3.2　新媒体时代的舆论场

信息的共享和言论的自由必然带来社会权力的分散和公众参与社会能力的提升,因此无论是托夫勒,还是数字化专家尼葛洛庞蒂(Nicholas Negroponte),都把"分权"视为计算机网络时代的一大特质。他们认为传统的中央集权的观念将随着网络发展成为明日黄花。与报刊、电视、广播等传统媒体相比,网络媒体具有全天候、自由性、交互性等特点,能更迅速、更广泛、更直接、更有针对性地提供相应的意见和事实信息。公众通过网络反映民情、表达民意,就社会热点事务、公共话题发表评论和意见,使互联网成为舆论形成的新型重要大众媒介,也成为民意表达的新的重要平台。

新媒体不仅仅意味着某一种新的技术工具,它为网络时代新民主意识的培养创建了一个可贵的平台,为新思想的产生提供了一个更为宽阔的空间。它们的根本意义在于:这是真正赋予个人以传播、文化、乃至政治力量的工具,是网络社会化的"杀手级应用"。新媒体给普通民众以充分的话语权,每个人都可以发出自己的"声音",这使得多元对话成为可能。新媒体文化应该是整合现代性与后现代性文化的优良因子。平等、自由、开放是新媒体的精髓所在,是新媒体文化的最高精神,这种精神引领了人类传播的崭新时代,也在潜移默化地开辟着人类民主的新时代,其意义远不仅仅在于自身。

国家广电总局发展研究中心副主任庞井君将中国近代以来的社会变革

归结为"三重转型",即从传统农业社会到现代社会的转型、从计划经济主导结构向市场经济主导结构的转型、全球化影响下从工业社会到后工业社会（信息社会）的转型。他认为,中国问题的复杂性也正在于这三重转型的交杂之中,而从传媒事业的角度来看,很多复杂问题也与此密切相关。比如,在三重社会转型的冲击下,"十六大"以后,国家对"文化产业"和"文化事业"的相对性划分模式,现在正面临着需要突破难点问题、及时调整思路的挑战,需要建立新的指导策略。他指出,我国目前所进行的文化体制改革的难点并非在"文化",而在"传媒"。传媒是中国最复杂、最敏感也最艰辛的领域。传媒的改革是否能做得好,将对中国未来社会的转型发展起到关键性的作用。

从政治几何学的角度来看,监督式民主系统的独特之处在于,它是一个由规模各异和或多或少具有独立性的监督实体所组成的复杂网络,该网络的形成要归功于信息自由和大量传播。新媒体的发展,特别是网络的发展有助于实现政府民主决策、民主管理。政治参与主要是指一个国家的公民通过一定的方式与程序,直接或间接地对政府政策的制定和执行表达集体或个人的政治意愿的活动。政治参与是沟通政府与公民信息联系的重要途径,而新媒体网络的发展增加了公民政治参与的机会与途径。网络以其高度开放、多元的特点,缩小了公民与政府的距离,提高了公民参与政治的热情,开辟了一条公民参与政治的新渠道。公民可以通过网络与政府官员对话和向政权机关表达自己的意见,使政府机构能够及时了解民意,发现问题,实现公民与政府之间的直接沟通,也促进了政务公开,便于公民对政府的监督。近几年来,许多违法违纪、腐败残民的事件,都是由于网民的介入和推动,才得以引起广泛的关注和较快的解决。

在今天,一个不懂网络的领导就不是一个合格的领导。过去,一些地方一旦出现引发社会高度关注的恶性事件,有些领导第一反应就是"捂"、"压"、"盖"。殊不知在信息化社会,特别是在互联网得到普及和应用的时代,任何事件在理论上都是捂不住的。"捂"、"压"、"盖"只会让社会公众疑虑丛生,给谣言创造滋生的土壤。一些领导至今还在把网络视为洪水猛兽,看不到互联网已经成为中国民众表达意愿、参政议政的重要平台,看不到网络监督对提升执政能力、促进社会进步的重大作用。如"周老虎"事件发生之后,相关部门一直遮遮掩掩,致使社会公众舆论的质疑一浪高过一浪,使一件本来只是少部分人参与的欺诈事件,变成一场轰动全国、时间长达一年的重大公共事件,最终严重损害了当地政府的形象。

相反的例子是成为"2009 年度网络第一热词"的"躲猫猫"事件。"躲猫猫"事件发生后,云南省相关部门反应迅速,在第一时间对公众做出有效回应,并在引入公众社会监督方面采取了实质性举措。2009 年 1 月 28 日,李荞明因涉嫌盗伐林木,被云南晋宁县公安局刑事拘留,羁押于晋宁县看守所;2 月 12 日,经送医院抢救无效的李荞明死亡。警方通报:2 月 8 日下午放风时,死者与狱友在天井玩"躲猫猫"游戏,最终受伤致死。2 月 19 日,云南省委宣传部发布公告,广泛征集网民参与调查"躲猫猫"事件真相。云南相关部门的做法防止了社会热点事件进一步发酵、升级,加强了调查结果的权威性,压缩了谣言滋生的空间,有效提高了政府的公信力。

再如 2010 年的"我爸是李刚"事件①,该事件原本只是一起普通的交通事故,然而在网络上传播之后却引得民怨沸腾。一场交通事故演变成一个网络公共事件,源于肇事者事发后放出的"我爸是李刚"的狂言。于是,一场讨伐"官二代"并波及"官一代"的行动开始了。李刚父子现身中央电视台新闻频道,声泪俱下地向车祸受害者及家属道歉的行为也被众多网民斥之为做秀,并被冠以"奥斯卡影帝"的称号。"影帝"泪水未干,就有网友爆料,李刚父子在保定有五处房产,其中不乏别墅豪宅。与此同时,网络上对"李刚门"的评论迭出,而以"我爸是李刚"的造句潮更是方兴未艾。在百度贴吧中,类似"醉驾撞人君莫笑,可知我爸是李刚"、"少壮不努力,我爸是李刚"、"我如果爱你,绝不学攀援的凌霄花,借我爸是李刚炫耀自己"等调侃改写层出不穷,调侃的背后反映了公众对实现社会公平与正义的渴望与期盼。

在诸多网络事件的围观中,公众想知道权力到底有没有意愿接受社会监督,以及有没有接受社会监督时应有的谦恭。从"周老虎"到"躲猫猫",再到"我爸是李刚",中国公众通过互联网行使监督权的意识日渐加强,网络民主作为中国公民参政议政、监督政府的一种有效形式,正在逐步走向成熟。

---

① 2010 年 10 月 16 晚 21 时 40 分许,在河北大学新区超市前,一牌照为"冀 FWE420"的黑色轿车,将两名女生撞出数米远。被撞一陈姓女生于 17 日傍晚经抢救无效死亡,另一女生重伤,经紧急救治后,方脱离生命危险,现已转院治疗。肇事者口出狂言:"有本事你们告去,我爸是李刚。"事后查证,肇事者李启铭的父亲李刚的确为保定市公安局某分局的副局长。此后,这句话成为网络流行语。2011 年 1 月 30 日,河北保定李启铭交通肇事案一审宣判,李启铭被判 6 年。

2.3.3　新媒体是民主的推进器

网络社会化就是网络真正形成一个社会,而不仅仅是一种新媒体、新商务和新的交流方式。网络社会化的最大特征就是个人成为互联网的主体。个人过去主要是消费者,未来将成为互联网真正的生产者;个人现在是互联网的用户,未来将成为互联网乃至社会的主人。具体地说,未来的每一个人,除了在现实生活中的自己外,在网络上也有一个自己的代表,每一个人成为互联网的一个"节点"①。在网络上能够体现你的个性、你的思想、你的各种信息,同时也可以随时与世界交流沟通。概括地讲,网络社会化的核心就是个人网络化。在社会层面,网络才能真正构建起强大的公众力量。在互联网世界中,才能够真正形成企业(商业力量)、政府(政治力量)、公众(个人)三足鼎立的格局,由此使互联网乃至整个社会持续、平衡、和谐、健康地发展。当下,新媒体对国内外政治改革的推进主要体现为以下三点:

一是新媒体空前强调决策的民主化。新媒体改变了公众表达和政治参与的方式与机制。使执政环境发生了重要的改变。政府的权力来源于人民的公意达成和公意授权,政府的一切施政措施及其工作人员的一切行为必须以民意作为依据。因此,政府必须与公民进行协商,共同对公共事物做出决策,这样才能最大限度地满足公众的需求、协调各方面的利益冲突,使政府的公共活动取得公民最大限度的认同。新媒体所形成的新型公共领域,为民意提供了重要的表达与交流平台。民意由此获得话语权,并由此聚合成强大舆论力量对政府决策进行干预,使民意在政府决策中得到体现。新媒体民主意志所凸现出的强大决策干预力,将决策民主化推上了一个新的进程,政府决策面临着由单纯的精英式决策向与公民协商共同进行决策的模式转化。政府必须更加重视推进决策民主化的方式与方法。

二是新媒体空前强调政府的责任。服务型政府的基本职责是满足社会的需求,政府活动的主要目的是为社会全体人民提供充足而优质的公共产品,为社会提供公正、公平的公共服务。因此,政府的一切施政措施及其工作人员的一切行为必须对民意负责,必须接受社会公众的监督。由于新媒体为民主监督提供了更为直接、广泛和深入的条件,使政府责任被进一步强

---

① 节点:网络中的任何计算机或其他设备。

调。一方面,新媒体极大地丰富了公民获取信息的渠道,并加快了公民获取信息的速度,人们往往能够在第一时间获得各种来自于一线的原生态信息,能够更多、更快地了解政府及其工作人员的所作所为。新媒体的互动交流性,也极大地提高了公民要求公平、公正以及保障自身权利不受侵犯的民主意识,增强了进行政府监督的责任感、使命感、积极性与自觉性。民众对政府是否公平、公正地履行职责;是否依法行政、合理运用权力等,越来越关注。另一方面,政府责任的强调,使政府及其工作人员对自身工作是否存在不作为行为、是否符合法律和制度的要求、是否规范等方面更为重视,同时也要求政府对加强问责制以及建立受公众社会监督的法律、体制、机制建设等进行新的思考。

三是新媒体空前强调行政的公开性和透明性。公民享有知情权是参与决策与进行政府监督的前提,而政府的公开、透明是公众享有知情权的基础条件。因此,在决策民主化与政府责任被强调的同时,也自然导致了对政府公开性、透明性的强调。政府的权力来自于人民,而其行使权力的目的是为了更好地维护人民的权利。因此,公民有权利获得政府信息,监督政府的行为;政府有义务满足公众的知情权,接受公众的监督。新媒体环境下政府的公开、透明不仅仅意味着对相关文件以及政府部门、职能简单化地公布,而是要主动与公民进行对话与沟通,把社会普遍关心、关乎公众利益、涉及公平正义的政府事项,以公众能够获取、解读和明了的形式与方式向公众公开,以接受社会公众的评议、评价和监督。新媒体对政府公开性、透明性的强调,要求政府必须由封闭型向开放型转化。而且,这种转化是从理念到行动,从被动行为到主动行为,从临时性到常态性的转变。

可以说,网络政治的参与以民主的方式成为政治决策和民意表达沟通的有效平台,成为推动民主化进程和构建社会主义和谐社会的动力源泉。网络化新媒体打破了传统的地缘政治、地缘经济、地缘文化的概念,形成一个全新的以数码信息为中心的跨国界、跨民族、跨文化、跨语言的开放性虚拟空间。网络发展带给人一个全新的交往环境,在网络上同不同国家、不同民族的人际交往,可以让人们了解不同的风土人情,接触千差万别的文化观念。网络的多边平等性既缩短了人与人之间的物质距离,又缩短了心理距离。政治信仰、价值理念、伦理道德、文化传统、生活观念正前所未有地发生着碰撞和融合,这对于文化意义上的"地球村"的构建,无疑也是极大的促进。

思考题：

1. 如何理解媒介技术与文化的关系？
2. 如何理解草根文化与精英文化，二者的关系是什么？
3. 当下，如何理解"把关人"这个概念？
4. 请举例分析当下播客文化的发展现状。
5. 请举例分析当下的网络文化生态。
6. 请举例说明新媒体与民主政治的关系。

第3章 新媒体的受众解析

20世纪30年代,西方的传播学者开始进行系统的受众研究。他们对受众形态做了三种基本的区分:首先是作为社会群体成员的受众,这里强调受众在政治活动中的能动性;其次是作为社会权利主体的受众,这是拥有参与社会管理和社会公共事物的公众的集合体;第三是"市场"主体的受众。作为"市场"主体的受众,他们既是信息产品的消费者,也是大众传媒市场的基础。在大众传媒向企业形态转变的过程中,特别在是大众传媒产业化发展的今天,对作为"市场"主体的受众的理解和关注,显得尤为重要。

在大众传播过程中,受众就是印刷媒介的读者和电子媒介的听众、观众的集合和总称。对报纸、杂志、书籍、广播、电视和电影等传统媒体而言,受众顾名思义就是接受者,大众基本等同于受众。传统媒体时代,从平面(报纸、杂志)到声音(广播),再到影像(电视、电影),虽然媒体形态不断更迭,但受众的被动接受者地位却几乎一成不变。基本上是媒体给什么,受众就看什么,听什么,接受什么。当然,随着时代的发展,受众的信息选择权也逐步得到了关注,个性化的信息需求也开始得到认可和尊重。

新媒体的出现为人们提供了多种个人化的双向交流工具,其革命性贡献就在于使传统媒体中的受众变成自主性"用户"。很显然,在新媒体时代,必须进一步对传媒和受众之间的关系重新定位,必须充分重视受众在传播中的主体地位和主导作用,真正实现从"传播者本位"到"受众本位"的根本性转变。网络社会,受众不再是被动的客体,而是积极的主体。从新媒体的功能和组织形态上来看,无疑可以满足受众平等、民主、参与以及话语权等内在的需求。个人过去是信息的消费者,未来则是互联网真正的生产者;现在是互联网的用户,而未来将成为互联网的主人。

3.1　受众的演化

受众是指"享受各种传播服务及相应的物质保障"的公众(公民、个人或集体),是社会信息传播接受者群体的总称。受众是传播活动的目的地,也是传播内容的归宿。作为是社会化的人,受众的媒介行为本身也是一种社会行为,必然会体现相应的社会结构要求与特点。对于作为人类重要社会实践活动的大众传播来说,受众与传者之间存在着"天然的联系",两者在传播过程中都是缺一不可的。作为传播行为的对象和传播活动中信息流通的目的地,受众是传播活动的产生动因和中心环节之一,本来就应该与传者一样具有主体地位。

人类最早的传播活动是人与人之间口耳相传的信息传播,因为是人与人的直接互动,没有必要十分严格地划分哪一个是受众。随着大众传播的发展,有了信源、信道、信众的界定,不过,对于不同的传播类型来说,受众范围也是不尽相同的。人际传播的受众是谈话的对象、听课的学生、会议的出席者等;引人注目的大众媒体则是一对多、点对面的传播,其受众则包括报纸、杂志、书籍的读者,广播的听众和电影、电视的观众等等。大众化的受众,最明显的例子是报纸、广播和电视的受众。

报纸是以刊载新闻和时事评论为主的、定期向公众发行的印刷出版物,是大众传播的重要载体,具有反映和引导社会舆论的功能。最初的报纸只是在发生引人注目的大事件时才发行。1493 年,罗马发行的报纸上刊登了哥伦布(Kolombo)航海的消息。历史发展到欧洲资产阶级革命时期,报纸已在欧洲各国相继发行,并被越来越多的人们所喜爱和接受。工业革命促进了社会生产力的飞速发展,从而将资产阶级报业带入了一个新的时期——以普通民众为读者对象的"廉价报纸"(亦即"大众化"报纸)时期。报纸实现了从"小众"到"大众"的转变,读者的范围也不断扩大,由过去的政界、工商界等上层人士到中下层人士。这种由量的积累而产生的质的飞跃,宣告了一个时代——大众传播时代的来临。报纸在社会的发展中起到了巨大的作用。然而,随着报纸的进一步"大众化"以及互联网的出现,报纸的发展面临着严峻的考验。如何从其权威高度、思想深度、信息广度和亲切程度入手,走品牌化战略,不断提高自己的影响力,已经成为亟需解决的问题。

相对于报纸、杂志等平面媒体来说,20 世纪 30 年代出现的无线电广播是当时的新媒体。广播的问世,给广大受众带来了一种全新的信息载体——"声音"。广播主要是通过有声语言来传递的,听众不再通过单一的白纸黑字的平媒获取信息。广播在初创阶段充分利用了已往的纸质媒体资源。最早的广播多是由播音员念报纸或通讯社稿件,不少广播新闻工作者也是从报社或通讯社转行,他们不可避免地把自己对印刷媒体的认识和新闻写作习惯带到广播新闻中来。但是随着广播的普及,他们注意到了有声语言和书面语言的区别,并开始探索符合听觉的文字和写作方法。倒金字塔的新闻结构不再被强调,容易引起误解的同音字词被尽量避免使用,各种复杂句、倒装句、双重否定句等不易被听觉理解的句式都被限制使用或不使用。语言的"通俗口语、一听便懂、到耳消饵"逐渐成为广播新闻写作的"金科玉律"。新中国的广播诞生于战争年代,当时新华总社语言广播部制定的工作细则就明确规定,广播新闻"要用普通话的口语,句子要短,用字用词要力求念起来一听就懂,并要注意音韵优美与响亮","电文中有文言或难懂字句,应加注必要的、通俗的口语翻译"。这一切的出发点,显然是受众的"接受"。

电视的问世让芸芸受众真正大开了眼界。与真实世界几乎一模一样的动态影像承载、传递了大部分信息,受众可以直接看到别人在做什么、别的地方在发生什么,甚至直接看到领袖人物和各路明星的言谈举止、音容笑貌。画面语言、蒙太奇成为电视新闻工作者的全新表达方式,而书面语言和有声语言则退居其次。工业社会带来的一大变化是生活节奏的加快,广播电视的发展使新闻报道的时效性大大加强了。重大的突发性事件,受众在几个小时甚至更短时间后就可获悉,再不必等到第二天去读报纸。在广播电视现场直播的条件下,受众甚至可以"身临其境",与新闻事件同步。这一切的最终目的,也是受众更快、更好地"接受"。

新媒体是随着新技术的发展而不断出现的,而网络的出现在很大程度上推动了新媒体飞速发展。纵观整个互联网的发展历史,网络是从最初的军事应用逐渐转为民用的,并逐步在现实生活中展现出广阔的应用前景。这种尖端科技最初只是被少数科研人员、高校里面的教授和大学生所接触,随着应用规模的不断扩大,网络不断铺开,社会化功能和特征不断增多,许多媒体从业者开始关注到互联网并且有意识地使用它,他们也成了互联网应用最早的倡导者。这些最初的引路人大多具有较高的学历背景和较为优越的生活条件,同时掌握着社会生活相对强势的话语权,在他们的推动下,互联网展现了巨大的生机和活力。这一点,可以从新媒体受众惊人的增长速度当中看出,在美国,大众传媒达到 5000 万人使用界限标准,广播用了38 年,电视用了 13 年,有线电视用了 10 年,互联网却只用了 5 年,而当今中国的移动新媒体如微信,注册 5000 万用户的时间不足一年,这足以说明当前新媒体受众发展迅猛的程度。

电子媒介的出现,特别是 20 世纪 90 年代开始广泛运用的互联网,使大众传媒与受众之间的互动在全新的基础上空前加强起来,受众与大众传媒之间的角色关系发生了极大的变化。除了技术因素之外,社会、文化、经济等因素也是变动的重要原因,人们生活方式的变化以及媒体消费习惯的变革,都对受众的变化起着推波助澜的作用。在漫长的媒介发展史上,传播者被赋予了过多的话语主导权和控制权,由此在相当程度上扼杀与窒息了新闻传播中的民主意识和自由平等精神。新媒体网络传播,特别是"客"族的诞生,打破了传统的传者和受者之间的界限,从根本上改变了受众在传播中的地位。媒介是社会与个人的中介,新媒体则是社会与个人的中介与互动。互动既包括了以社会喉舌为责任的下行的新闻传播,也包括了以社会耳目为功能的上行的民意反馈,当然还有大量的个体与个体之间的互动。

在新媒体环境下,传播者和受众不仅处于完全的平等地位,而且在意义上可以互换,实现了传播主体的位移。与此相对应,媒体的概念也成为了一种发放资讯的空间,传媒的内容将被广大受众的主动传讯所覆盖,并成为受众接收信息的基础。当然,专业的新闻机构还会继续存在,但随着博客、播客、维客等个人传播工具的兴起以及"草根新闻"的发展,记者正由过去只有少数人能够从事的专业和专利,逐渐演变为一种普通人也可以掌握的爱好和技能。从理论上讲,每个人都可以成为"公民记者"[1]。

目前,以博客、微博和微信公众平台等为代表的"自媒体"[2]作为一种新

---

[1] 公民记者:生活在社会的各个阶层,是"深入第一现场"的最有发言权的"记者"。"记者"扎根于现实生活的土壤,他们有条件接触到丰富的、第一手的新闻素材,并有机会成为某些突发性事件的现场亲历者或目击者。无论从地域性还是行业性来说,都将极大地扩展"记者"的内涵与外延。

[2] 自媒体:英文名 We Media,是普通大众经由数字科技强化、与全球知识体系相连之后,一种开始理解普通大众如何提供与分享他们本身的事实、他们本身的新闻的途径。

的传播形态正在大行其道。国内外主流媒体中,运用自媒体内容作为新闻素材的做法愈来愈普遍。"自媒体"和"公民记者"已成为主流新闻媒体和专业新闻工作者队伍的重要补充,在传播活动中发挥着日益重要的作用。更重要的是,它所代表的一种自由、平等的传播理念和精神,正改变着传播的格局,并日益深刻地影响着媒体的演进方式。

3.2　从"中心论"到"去中心化"

人类早期的传播活动是人与人之间的直接传播,尽管互动性非常强,但没有借助传媒技术的支持,传播范围有限。印刷术的发明使人类大面积、大规模的传播活动有了技术的支持,大众传播媒体——报刊应运而生。但是由于技术等方面的限制,受众的互动性几乎完全丧失。受众对报刊的反馈相当缓慢,受众反馈对报刊的影响也不大。在那个时代,研究者注意的就是大众传媒对受众的单向传播,认为受众在大众传媒面前是被动的。

第一次世界大战后,西方传播学家提出了所谓的"魔弹论"[①],或"媒介万能论"、"靶子论"、"皮下注射论"、"刺激—反应论",等等。他们认为,大众传播具有子弹打靶那样直接明显的效果。这种理论完全把受众置于从属地位,忽视了受众的主观能动作用。在强势的大众传媒面前,人被"媒介化"了。可以说,随着大众传媒的发达,人单独与世界遭遇的机会逐渐消失,媒介成为人与世界互动的中心环节。一些媒介利用对信息的掌握和表达的话语权力,把世界展现为概念化的图像,受众只有面对图像并且将图像看作世界,沦为了"电视人"[②]、"容器人"[③]。

概括而言,产生这种媒介传播理论的原因主要有以下几点:

---

① 又称"皮下注射理论",这是一种有关媒介具有强大效果的观点。它的核心内容是:传播媒介拥有不可抵抗的强大力量,它们所传递的信息在受传者身上就像子弹击中身体,药剂注入皮肤一样,可以引起直接速效的反应;它们能够左右人们的态度和意见,甚至直接支配他们的行动。[美]德弗勒,丹尼斯. 大众传播通论[M]. 北京:华夏出版社,1989:287.

② 电视人:指的是伴随着电视的普及而诞生和成长的一代,他们在电视画面和音响的感官刺激环境中长大,是注重感觉的"感觉人",与在印刷媒介环境中成长的他们的父辈重理性、重视逻辑思维的行为方式形成鲜明的对比。

③ 容器人:注重自我意志的自由,对任何外部强制和权威都不采取认同的态度,但却很容易接受大众传播媒介的影响,他们的行为也像不断切换镜头的电视画面一样,力图摆脱日常繁琐性的束缚,追求心理空间的移位、物理空间的跳跃。该概念强调电视等大众传播媒介对个人社会化和人格形成过程的影响。

一是信息传播的不对称。传统媒体时代,媒体位于信息链的上游,受众处在下游,不能自主选择信息,不能自主决定以什么样的方式接收信息。媒体掌控着信息资源和传播渠道,按照自己的要求和利益确定传播内容,以强制、半强制的方式向受众灌输信息和思想,受众的真正需求被忽视。二是大众化传播方式对受众个性化需求的压制。大众传播是信息从一点到多点的"全覆盖式"传播,强调发行量、收视率,以一种整齐划一的传播范式,掩盖了受众千差万别的个性化、多元化需求。三是信息失真与信息污染。由于受众和媒体事实上的不对称、不平等地位,在很多时候,面对虚假报道、虚假广告的侵害,受众难以保障和维护自身权益;一些媒体愈演愈烈的低俗之风和信息污染,也使受众饱受"眼球暴力"①之苦。四是受众在商业价值上被划分为主流人群和非主流人群。媒体公共资源越来越多地倾斜于高收入、高学历、高职位、高消费的所谓"四高"人群,而之外的群体则被置于社会注意力的边缘,成为媒体的"缺席者"和"失语者",这实际是受众在传媒面前的不平等乃至传媒歧视。五是大众传媒是特定意识形态和文化价值观的载体,并日益深刻地影响着大众的生活习惯和思维模式以及对世界的认知。

随着技术、媒介文化环境和信息消费模式等因素的变化,受众与大众传媒的关系发生了重大变化,受众在大众传媒前被动的状况正在逐渐消失,"所谓被动的收听者、消费者、接受者或目标对象,这些典型的受众角色将会终止,取而代之的将是下列各种角色中的任何一个:搜寻者、咨询者、浏览者、反馈者、对话者、交谈者。很显然,在大众受众兴起长达一个世纪之后,这样一种变化也许确实堪称革命"②。新媒体时代的媒介生态环境已经发生了变化,受众的参与和转变成为一种不可逆转的时代趋势。

美国网络新闻学创始人、"博客"报道形式的首创者丹·吉尔默曾提出了"新闻媒体3.0"的概念:其中1.0是指报纸、杂志、电视、广播等传统媒体,1.0时代的交互性弱,传播形式单一,媒介是中心,它决定了受众选择的信息;2.0就是人们通常所说的以网络为基础的新媒体,但新闻的传播方式并没有发生实质性改变,仍是集中控制式的传播模式,2.0时代,媒介中心的

① 眼球暴力,意在霸占"眼球"。这种不择手段的喧嚣,强势入侵人们的视听神经,让人失去平衡,难辨方位,价值尺度变得模糊,道德底线难于辨认。
② [荷]丹尼斯·麦奎尔. 受众分析[M]. 刘燕南,李颖,杨振荣,译. 北京:中国人民大学出版社,2006:158.

理念开始淡化,受众与媒介之间开始了互动,受众的声音越来越多地出现在媒体上,而媒体也开始重视这样的声音,并根据受众意见随时调整信息的传送;而媒体 3.0 就是丹·吉尔默所说的 We Media 自媒体时代,在 3.0 时代,传播者和受众之间的界限越来越模糊,媒介不过是聚合受众注意力和需求的平台,信息的发布不再局限于原来的少数特权阶层,每一个人都可以发布信息,参与任何一个新闻事件,并影响事件的进程。受众的主动性及互动性是新媒体环境下的鲜明特征。在这种媒介环境下,"传播者"和"受众"的界限变得模糊,媒介中心逐渐丧失。"去中心化"已成为现今信息传播的一大特点,所有人都可以进行传播,每一个个体都能成为信息传播的中心,每一个个体都可以充分调动自己的积极性并发挥自己的能量。这个时代不再会依靠某一个(类)媒介的强势覆盖而"号令天下"和"唯我独尊",新兴媒体的勃兴,取而代之的是一个个独立的个体和个性的表达,每个人都拥有了话语权[1]。

3.3　新媒体用户的基本特征

在新媒体传播环境下,早期传播学理论,如"魔弹论"等相关理论,已经无法解释信息网络时代的新媒体用户特性,受众并非被动地接收信息,而是具有一定的主观能动性,甚至会借助于各种传播媒介来为自己的目的服务。概括而言,新媒体时代的用户主要具有以下基本特征:

一是身份的隐蔽性与公开性。新媒体用户处于互联网构筑的虚拟世界当中,在网上的所有行为和言论都具有隐蔽性和匿名性,用户可以在论坛、博客、微博或者微信上随手分享一个资源或发布一条言论,特别是许多一开始进入互联网领域的初级用户,对互联网世界的虚拟性和现实意义理解不深,很容易在各种鱼龙混杂的网络娱乐氛围中发表各种不负责任的言论,从事有违道德伦理的网络行为。在网络发展的初级阶段,这种网络行为完全基于一种匿名机制,无从查证也无法追究,在一定程度上滋长了用户的逃避心理。正如很多网友信奉的一条名言:"在互联网上没人知道你是一条狗"。这句话对很多互联网初级用户在很大程度上有一定的误导,也给人一种错

---

① 魏佳. 论新媒体环境下"受众"新特征[J]. 新闻爱好者,2009(06):19-20.

觉:在新媒体网络环境中,即便随意发言也无所谓,绝对安全,因此也可以不必负责任。但事实并非如此,网络环境的安全和匿名都是相对的。目前,互联网环境下的言论自由是基于在不影响他人权益的基本原则下开展的,一旦用户的网络行为涉及侵犯个人隐私或者破坏社会法律规范,就要承担相应的法律责任。目前很多网络平台实行网络实名登记制度,旨在推进用户的信息确认和追查方式。退一步讲,即便个别网络平台没有实名资料,但是通过网上成千上万网友的集体协作,对互联网上海量信息碎片进行拼接比对和调查取证,也很容易查出虚拟网络用户背后的真实身份,如目前很多网络热点事件背后的人肉搜索事件就是这种查验的最直接的案例。因此,从某种意义上来看,新媒体用户在网上的公开性和透明性,并不取决于他自身是否愿意公开,而是取决于社会及他人调查取证的成本大小。

二是人员上的宽泛性和窄众性。新媒体用户数量增长速度惊人,覆盖面极广,几乎覆盖了所有的职业、民族、国家和地区,同时,也涵盖各个阶层和年龄段人群,特别是随着三网加速融合的趋势以及移动互联网的飞速发展,新媒体的覆盖面更是无所不及。在这个多重交叉的媒体网络世界之中,无论你是有意或是无意,主动或是被动,都有可能成为某个媒体的受众,这是新媒体用户在数量上绝对宽泛性的体现。另一方面,新媒体在内容和风格上又积极鲜明地体现出个性化和特质化的特征。为了在激烈的竞争之中占据一席之地,新媒体往往排斥同质化的内容,针对特定的受众群体,策划特定的话题和内容,久而久之,使得这些受众与媒体本身保持较强的用户体验黏着性。这种传播方式表现出精心的准备、精准的定位和精确的投放特征,从原先简单机械的"广告"方式变成灵活的"窄告"方式。此外,新媒体本身的高效搜索技术和高度聚合性内容,也在一定程度上促进了受众的高度细分。各种媒体受众在这种主动表达需求,搜集信息和反馈感受的过程中,成为该种媒体特定的"窄众"群体。

三是信息输出的泛滥性和纠错性。新媒体出现以来的零门槛准入制度,让每一个受众都可以直接全程参与信息的分享、表达和反馈的全过程,由于这种参与的广泛性和人员素质上的参差不齐,新媒体传达出的信息鱼龙混杂,这其中的虚假错误和煽动性的信息经过网络发酵之后会产生极坏的影响,也会对正常渠道传播的真实信息产生极大的干扰。更有甚者,很多不明真相的用户会对这些泛滥的碎片信息不由分说地转发和点评,以至于在网上形成虚假的造势,对信息传播的真伪和价值形成了极大的误导。另一方面,由于新媒体与用户之间极强的互动性,用户在接收到他们感兴趣的资讯之后会不断地将自己的感受、自己的判断和自身所了解的详细情况源源不断地反馈到各种网络平台之中,这些来源于不同渠道的鉴别性信息经过不断聚合、对比、验证和汇集之后,事情的真相往往就很快跃然纸面,这在某种程度上就自动地对泛滥的混杂信息进行了提炼和纠错,展现了新媒体平台强大的"自净"功能,它是通过千万用户的集体力量,不断发现、暴露并纠正其中的错误,最终将真实的信息呈现于大众面前,正如"百度知道"的广告语所说:"在这个世界上,总有一个人知道你问题的答案!"

四是内容表达上的自发性和普遍性。受众在新媒体时代下的新信息环境中,不仅仅是信息的接收者、使用者和消费者,更参与了信息传播的过程,甚至成为信息的生产者和创造者。受众可以采取主动的行动方式,获取自己的意义,创建自己的意义,避免被意识形态俘虏。如当前的追星文化中,各路明星的庞大"粉丝"群在消费的同时,也生产出了属于自己领域的意义、文化和话语空间,他们自称"玉米"、"水滴"、"凉粉"等等,不断地营造着属于自己这个团体的话语和文化空间。相对于报纸、广播、电视等传统媒体的专业记者,新媒体用户的这种乐于分享和表达的传播渠道以自媒体为主,其特征更类似于一个非专业新闻传播人员,但他们同样具备发现线索、记录事件和传播信息三个特点。特别在当前新媒体发挥着巨大影响力和新媒体用户数量巨大的背景下,一半以上的国人都已经和互联网有过亲密接触,"人人都有通讯社,人人都有麦克风"的时代悄然到来。网络新闻、评论跟帖、贴吧、博客、微博和微信等网络新媒体迅速发展,舆论信息随时随地互动传播,中国网民早已不满足于从网上获取资讯,他们已经成为信息的创造者和传播者。新媒体用户不仅扩大了新闻的来源,还体现了大众对新闻、信息及利益的诉求;他们的自发行为影响了新闻采编生产加工,为新闻采集加工带来新元素;他们主动探究的意识促进了民间话语体系的崛起,同时也颠覆了舆论一律性的格局;最重要的是,对于媒介传播而言,它充分体现了受众被赋权的真正意义,是网民大众参与网络监督、网络参政和议政的一种方式。当然,提高这类"受众"的媒介素养,提供他们表达诉求的制度保障等都是需要进一步加以完善的课题。

3.4　国内新媒体用户的特征

在新媒体时代,受众的属性更加复杂多样。理解受众的不同属性,需要从不同地区文化、视角和理论去进行解读。需要特别指出的是,中国新媒体的成长有着极其特殊的背景,最初涌入网吧的大批新生网民是中国最早的新媒体受众,他们对中国新媒体用户的整体文化素质、兴趣走向和关注习惯都产生了极大的影响,使得中国新媒体受众与国外相比,具有很大的差异性。概括而言,国内新媒体受众具有以下几个特点。

一是习惯免费。一定的环境里,人们会对一类产品形成特定的消费习惯,这种消费习惯相对固定化,就形成消费文化,也就形成市场规则。从中国互联网发展的特殊历程来看,由于最早引领大众走向互联网络世界的人群主要是科技人员和知识分子,他们的经济基础不足以支撑高额的网络消费,而随之步入网民大军的草根网友经济上也并不阔绰。因此,不花钱、需求"免费"是他们上网的首要习惯。有学者在谈到新媒体与用户的互动时特别强调,一定不要对抗用户的习惯,中国互联网的发展模式一开始是建立在免费文化的基础上,也顺应了人们的初级产品免费的使用习惯。对互联网产品、移动终端内容产品提供者而言,消费者的消费习惯是最好的朋友,但也是最大的敌人。改变消费者的消费习惯,需要付出巨大努力。而一旦用户形成使用习惯,消费便会延续下去,这时,习惯就成为产品提供者最好的朋友。

二是娱乐需求高于新闻需求。与国外新媒体受众高度关注新闻信息不一样,从国内网吧用户发展而来的中国新媒体受众,首先需要的就是娱乐性需求。当网络处于拨号上网的慢速上网时代时,棋牌游戏和网络聊天室占据了大多数网民的桌面,而当带宽不再是网民上网的主要障碍时,图形化游戏又迅速风靡起来。曾几何时,《石器时代》《千年》《传奇》作为最早的网络游戏一度被网吧网友们十分热衷,并且网游也迅速成为当时互联网的支柱产业,并由此培养出了盛大网络这样的互联网巨头,这也进一步吸引了包括后来的网易、新浪、搜狐和腾讯纷纷调整战略加入网络游戏的蛋糕争夺战中。此外,各大门户和热门站点的网络音乐、网络视频和娱乐新闻等娱乐性内容风行,相对而言,纯粹的新闻版块一直以来不温不火,常常被人忽视。

特别是作为中国新媒体受众主体的新生一代,他们谈论的主要话题和通过互联网形成的各种社交圈子也主要是娱乐性的,对新闻关注的缺失映衬了主流传统媒体和门户站点的尴尬,随着互联网特别是移动互联网的深入发展,如何不断适应用户的使用需求成为摆在面前的难题。

三是恶搞成风。互联网的恶搞历史由来已久,恶搞从本质上来看有网民素质的原因,也有文化解构和社会风气等方面的原因。从胡戈在网上扔下一个"馒头",让成千上万的网民得到了一种别样的娱乐体验后,"恶搞"一词就大放异彩。自此,恶搞的潮水越过影视大片,漫向名人、经典、历史、文化……。在这场波澜壮阔的"恶搞"大潮中,近来出现了一些新的动向:恶搞者已从过去的草根人物,变为现在的专家、教授;"恶搞"的范围也从娱乐圈扩大到学术圈;恶搞对象从娱乐人物、事件转移至传统文化,如以孔子为噱头对优秀传统文化所作的"国学辣妹"式的诠释,正使这场"恶搞"运动,从消遣娱乐演变成文化颠覆。以颠覆的、滑稽的、莫名其妙的无厘头戏说娱乐圈的人和事,博得大家开心一笑,在这个娱乐化时代似乎也无可厚非。但时下恶搞之风正从少部分人的自娱自乐变成了一种集体狂欢。在一个开放、多元、张扬个性的社会,不可避免会有颠覆传统的现象和对权威崇拜的质疑。从某种意义上说,"恶搞"也有重新拆解、解构旧模式的意义,能够为人们提供新的视角,但"恶搞"应该有一个底线。知识分子对传统文化"恶搞"现象的出现,是一种拔自己文化根的行为[①]。因为,"恶搞"损害的绝不仅仅是文化本身,还会影响到人们的价值取向。更有甚者,为一时之乐,肆意抹黑歪曲国家的大政方针,对个人隐私、肖像进行随意诽谤,再通过各种新媒体传播平台进行传播,严重混淆社会视听,造成极其严重的恶劣影响。2016 年 1 月 22 日,广东一名网友使用 PS 软件,将《阳江日报》上原标题为"市政协六届五次会议 1 月 19 日开幕"改为"我市将全面开放二妻政策",出于和同事、朋友开玩笑的目的,他将这张恶搞图片放上微信群里,图片很快被转发、传播。经当地警方核查,该微信内容为虚假信息,因网络谣言转发超 500 次构

---

① 吴学安."恶搞"是在拔文化的根[J].《杂文选刊月刊》,2007(11):35-35.

成诽谤罪①。1月22日,阳江市警方依法对林某和作出行政拘留的处罚。

四是感性有余理性不足。目前,国内网络用户以年轻网民居多,并占据了网络圈的主流地位,他们积极关注社会发展的动态,并踊跃参与公共事件的探讨,但通常很少有人能对事件的过程做全面、细致地了解,难以对事件的趋势与走向做出理性、合理的判断,所以在面对网络上出现的各种喧闹的图片、文字、视频时,常常被自己情绪所控制。正因为他们缺乏对网络事件真实性的感知能力,也就造成了许多年轻网民喜欢散布谣言、跟风唱和的做法,由此产生言论的群体极化效应,即大家一哄而上,某种极端言论被哄抬,从而左右大家视线。在当前的新媒体传播过程中,民意代表的非理性因素较多,其民意代表效度也非常有限,而网民在素养、学识、阅历、辨析力上的限制性因素也让一些人容易在非理性的包围中迷失自我,从而发生个人价值观与现实严重脱轨的现象。此外,当前我国正处于社会转型时期,基于各种复杂背景的、代表各种利益诉求的所谓意见领袖不能站在客观公平的立场上对热点事件进行正确引导和评价,在一定程度上也造成了当前网络舆论氛围复杂混乱的现状。

必须正视的是,还处于网络懵懂时期的中国新媒体用户,对于互联网规范和条规还缺少清醒认识,对涌现的海量碎片化信息缺少深度的鉴别能力,这也是造成当前网络舆论风向经常出现偏差的主要原因。但是,随着互联网不断向前发展,国民与新媒体受众在不断画等号的社会形态结构基础上,中国新媒体受众已经成为中国社会改革和发展的重要基石,他们也将会随着社会文明和法制的不断进步而不断成长。

3.5　新媒体时代受众的需求

起源于20世纪40年代的传播学"使用与满足"理论开始改变了"魔弹论"的观点,他们把受众看作是有着特定"需求"的个人,他们认为不是媒介"运动"受众,而是人们使用媒介做了什么。受众有意识、有目的地利用新闻

---

① 2013年,最高人民法院、最高检察院关于办理利用信息网络实施诽谤等刑事案件的司法解释中规定,利用信息网络诽谤他人,同一诽谤信息实际被点击、浏览次数达到5000次以上,或者被转发次数达到500次以上的,应当认定为刑法第246条第1款规定的"情节严重",可构成诽谤罪。该司法解释通过厘清信息网络发表言论的法律边界,为惩治利用网络实施诽谤等犯罪提供了明确的法律标尺。

媒介来满足自己的不同需求。不管是报纸还是广播电视,受众接触这些媒介的行为都是基于某些特定"需求"之上的。受众的媒介需求表现在两个方面:一是媒体提供的内容产品和服务本身;二是提供的方式及为受众带来的体验。城市化进程和社会分层造成了都市社会结构的变化,新的社会阶层以及新的信息需求不断产生。新媒体的产生和发展也不断更新着人们对传播传受方式、信息消费观念的理解和认识。在社会与技术两种因素的推动下,当下新闻信息传播方式和传播格局正发生着巨大的变化。

今天,人们不再满足于被动地接收安排好的节目,希望可以自主地选择,希望更及时、方便、快捷、低成本、愉悦地获取信息,希望媒体提供信息的方式更加人性化。传媒越能满足受众的现实需要越能吸引受众。受众的现实需要,就是对大众传播中与其现实生存与追求目标直接相关的信息的需要,也包括消遣娱乐、知识学习、解惑释疑、寻求情感上的慰藉等等,这种种需要都要通过受众对传播媒介和传播内容的选择来获得和实现。一般来说,传统媒体都是大众化的,无法满足个性化的需求,而新媒体却可以面向特定受众,面向个人,定制他需要的信息,做到真正的全新意义上的分众化。

传播者和受众分别是信息的出发地和目的地。他们在统一的编码和译码体系里通过传播媒介相联系。传播者将信息进行制作、修改和扩展;受众则对这些信息进行有选择的记忆、归纳和处理,并做出相应的反馈。二者相互制约,相互影响。受众在接受信息的过程中具有一定的能动性,对大众传媒内容是有选择的,并不会全盘照收地接受大众传播中的信息。所以,大众传媒对受众的影响效果并非万能,不是所有的受众在大众传媒面前都毫无主见。受众还受到很多方面的影响。比如,受众还有"成见"的存在,还会受他所在的人际环境的影响,特别是受生活在他周围的具有一定影响力的"意见领袖"的影响,这对人们的意见、行动和态度起着相当重要的作用[1]。

在个性张扬的今天,受众需求已日趋多元化,亿万人民同看一张报纸的时代早已一去不复返了。如今很重要的一点是读者阶层的"分众化",而且同一阶层、同一受众群体也出现了"分众化"。从营销观念上看:大众→分众→个人;从传播功能上看:教化→服务→娱乐;从传播方式上看:固定→移动→双向互动。显而易见,在未来的传媒市场上,互动性高的媒体将有更大的

---

① ［荷］丹尼斯·麦奎尔. 受众分析［M］. 刘燕南,李颖,杨振荣,译. 北京:中国人民大学出版社,2006:11.

发展空间。传统媒体时代,即使某一家报纸对市场进行细分,也不过将读者大致分为"年轻与年老"、"富有和贫穷"、"有文化与没文化"等有限的几类。但在今天,社会阶层日益分化,年龄代沟、性别区分、区域差异、行业壁垒日趋显著,除一般化的信息外,不同人群都有自己特殊的信息需求,这决定了他们会根据个人及所属群体的喜好来加以选择。信息时代的受众更关注自身利益。所以,媒介是否代表了受众的利益,反映了他们的呼声,是受众是否接受和关注该媒介的首要因素。受众的多元化表现还体现为,除了与自己利益切身相关的经济、政治上的需求之外,他们还有个人兴趣、性格和情感喜爱等等需要。正因如此,一些与群众基本生活并不十分密切相关的社会新闻、体育新闻、文艺新闻乃至花边新闻,同样也有一定的受众群。

受众不仅会根据各自的利益与兴趣选择不同的媒介,从而形成相对稳定的关系,而且,对信息从注意到理解到记忆的每一步过程,其实都渗透了受众自主选择的痕迹。人们总是希望接受与自己原有倾向相一致的信息;对所接受的同一信息,不同的受众就可能有不同的理解;对于自己接受并理解的信息,受众也只选择那些自己愿意记住的信息,进而内化为自己的认知。从传播来讲,只有被受众接受、理解并记住的信息,才达到真正意义上的传播目的,而其他信息对非相应的受众来说则是无效和无意义的。今天的受众变得越来越"挑剔",越来越有批判性。受众常常要站在自己的文化立场上对传媒的文本进行自己的解读,这使得传播者难以把握受众的需求,难以得知自己传播的效果究竟如何。因此,传播者一方面要了解受众的需求,进而研究如何使自己成为受众文化的一部分;另一方面,传媒还要了解受众如何解读传媒的符号,如何表达他们对传媒文本的解读,传媒还要完成传播过程当中的一个重要环节——反馈。也就是说,传媒先是受众的传播者,然后又是受众的"受众"。如今,受众被称为传播者的"上帝",从对受众选择条件的不断改进,到给受众制造一个良好的选择环境;从对受众种种需要的了解,到分析受众的选择心理,这都是传播者所要认真研究的课题。只有认真研究"上帝"的需求和心理,传播媒介才能"对症下药",才能让受众心甘情愿地选择自己,才能获得理想的传播效果。

随着社会和媒体的进步,受众需求越来越呈现多样化、多层次化和高层次化。根据马斯洛的"需求层次论",人的需求依次分为较低层次的生理需求、安全需求,以及较高层次的社交需求、尊重需求和自我实现需求。低层次的需要得到满足后,它的激励作用就会大大降低,较高层次的需要成为推动人的行为的主要动因。并且越高层的需求,其激励性越大越持久。从社会发展的角度看,自由与平等是人类向往与追求的两大基本价值取向,媒介发展的历史也是人们在传播领域追求自由与平等的过程。不同媒介间的高层次竞争,实质上就是满足人的这两种内在需求能力的竞争。对自由与平等的追求作为一种新的传播理念,已越来越清晰地呈现在人们面前。随着媒介的日益发达,受众在通过大众媒介满足获取信息、接收知识、了解社会等基本需求后,高层次的归属感、信任、尊重、审美、娱乐、自我实现等需求进一步凸显。

因此,今后媒介竞争的重点,会逐步转向较高层次的"自我"、"超我"需求的开发与满足上,而不是仅仅停留在较低层次的"本我"层面。在对受众"本我"需求的满足上,也不能曲意迎合不健康的感官刺激和低级趣味,陷入"低俗化"的误区。当然,受众需求层次的"上移",并不是要媒体放弃对其基本需求的满足。媒体只是应该以更加人性化地满足受众深层次需求为中心,不仅要满足受众较低层次的需求,更要满足其较高层次的精神与心理需求;不仅要在传播内容的丰富性上满足受众的需求,更要在传播方式的人性化上满足受众的需求;不仅要满足受众作为信息接受者"受"的需求,还要满足其作为信息创作者、传播者"传"的需求。

"需求层次论"还表明,越往下层的需求越具有相近性,而越往上层的需求越带有独特性。受众由共性的、普遍性的需求向个性化的、分众化的需求转变,既是媒体面临的挑战,也是新的发展机遇。传统的一对多、点对面的单向传播方式必须改变,媒体要根据受众需求的差异性,面向特定的受众群体或大众的某种特定需求,提供特定的信息与服务。

新媒体的内容可以根据受众的反馈不断地调整、修改。新媒体提升了大众传播学的"长尾理论",把长尾巴中不为大多数受众所关注的内容展现给了分众,使其得以跳出"必读"而实现"偏爱"。在技术形态方面,新媒体借助于网络技术和检索技术的进步,在特定的信源与信宿系统中发挥信息的聚合作用,将"必读"与"偏爱"相统一,以比传统媒体更为定向的传播方式,实现了实时与准实时的交互服务。新媒体的互动性还包含用户的自由进出。传统媒体那种不请自入,随便进入私人空间的不速之客式的内容,当然被排除在新媒体之外。与报纸、广播、电视相比,只有新媒体才真正具备可以随时发布的可能。新媒体无时间限制,随时可以加工发布。通过新媒体,受众可以在第一时间得到信息,又可以随时调看。黄金时段的概念被弱化,人们可以随时、随地、随心地满足信息需求。新媒体满足了分众化的内在需求,使人们在获取信息和沟通交流中做到了省时、省力、省钱、省事、省心。它改变了传统媒体"我写你看"、"我播你看"的被动、甚至强迫的单向传播关系,使人们在信息传播中的主动性、选择性、参与性、互动性大大提高。

　　新媒体的典型代表是网络媒体,网络媒体是计算机和现代通信技术结合的产物,它更符合人们快速获取和加工信息的要求。在计算机网络发展的初始阶段,人们通过网络传递文件,远程登录到其他主机或数据库检索信息,相互交流信息,或就共同关心的问题展开讨论。20世纪90年代中期开始,将全世界各种计算机网络联成一体的因特网开始发挥大众传媒的作用。网络媒体以大容量、超时空、多媒体、交互性等为特色。它的受众已经不称为受众而是统称为"用户",用户不同于传统媒体的受众。他们不是处于接收端被动地接受信息,而是上网主动搜寻自己需要的或感兴趣的信息。面对计算机屏幕,类似于面对电视屏幕,受众的目光是呈"之"字形的扫描,而不是面对印刷媒体时的逐行扫描。用户手中的鼠标又类似于电视频道遥控器,可以随时点击其他链接,跳到其他页面或站点。现在,新闻定制已成为各大网站必不可少的竞争法宝。同样一个网站,用户面对的内容可能不同。用户定制、或者网站根据用户的操作习惯,通过新技术,给予不同的内容呈现,这是新媒体受众的重要特征。

　　以凤凰新媒体为例,作为凤凰卫视传媒集团全资拥有的跨平台网络传媒,融合了互联网、无线网和网络电视(IPTV)三大网络平台。以凤凰网为旗舰,以各类图文资讯、音视频流媒体以及丰富的无线产品组成多媒体门户平台;以博客、辩论、社区等Web2.0互动板块为用户提供互动与共动交流空间;以图文及音视频搜索、RSS、Tag、个性化定制等新一代互联网及无线技术满足用户的个性化需求,并为凤凰卫视中文台、资讯台、欧洲台、美洲台、电影台以及《凤凰周刊》开设专栏介绍。中国移动对凤凰卫视的战略投资,给凤凰新媒体带来巨大的渠道与市场优势,大力推动了图文音视频内容向广大手机终端用户的传播。凤凰卫视董事局主席、行政总裁刘长乐先生曾经对于凤凰新媒体给予过这样的描述:"我们把凤凰网的建设看成凤凰生存发展的一件大事。传统媒体在近期、中期的权威性和影响力新媒体取代不了,但新媒体的发展速度会大大超越传统媒体。未来传统媒体和新媒体会在一个价值链上相互融合,形成最佳互动"。

作为网络媒体传播者,为了照顾受众的有限耐心,必须对自己文件的大小加以限制。这就不难理解为什么目前网络新闻使用最多并为绝大多数受众接受的是文本形式了。而且,同样是文本形式,网络新闻的文本也有别于印刷媒体的文本。网络除了要求新闻的文本更为短小精悍、通俗易懂、条理清晰、一目了然,不少新闻网站也将最主要的新闻内容放置在第一屏,每条新闻的最主要、最吸引人的部分也放在这条新闻的第一屏。有的网站,比如上海东方网,要求新闻编辑对所有的新闻进行改写,有的要重新组合,每条新闻不过寥寥数百字,读者不用下拉条,就可以读完一条新闻。

从大众传播到分众传播是媒体和社会发展的巨大进步。新媒体对传统媒体的整合乃至某种程度的取代,又是技术文化和社会发展的必然趋势。这个多元化的新媒体传播平台将打破原来的传统格局,它要把社会的一切都包容进去。在信息时代,每个人既是主体,也是客体,人人都有权获得属于自己的专有信息。从某种意义上说,信息时代是新媒体崭露头角的时代,也是分众、大众传媒大繁荣、大发展的时代。

3.6　新媒体的受众调查

受众调查是以读者,听众,观众为对象,了解他们对信息传播的需求、态度、意见和建议而进行的社会调查活动的总称。受众调查是媒体机构了解受众的基本情况、观点、态度、反应和征询受众意见的活动,也是考察信息传播社会效果的一种方法,属于信息反馈的研究范围。作为信息传播的策划者、组织者和执行者,必须了解受众对于这种传播与流动的看法、意见和建议。作为传播者自身,在进行传播之前也有必要了解自己受众的基本情况;在传播过程中,也需要及时了解受众对已传播信息的观点、态度和反应,及时调整相关的传播方法和策略;在传播的深入发展阶段,传播者也需要通过进行受众调查来搜集用户信息和反馈,作为深入报道和后续报道的主要手段。

受众调查是社会调查的一种。一般根据调查形式可以分为两类:直接调查和间接调查。直接调查就是由专门的调查机构或者组织人员,直接向受调查的对象进行问题询问和交流谈话，并从中获取相应的各种数据与结果。其中，访问法是被广泛使用的对直接资料的收集方法。它是指通过询问的方式向调查者了解市场资料的一种方法。访问既可在备有正式问卷的情况下，也可在没有问卷的情况下进行。有正式问卷的访问，调查者通常要设计一种结构严谨的问卷，在访问过程中严格遵循问卷预备的问题顺序进行提问，这样可以方便今后资料处理。没有问卷的访问，在访问过程中没有标准的询问问题的格式，调查者仅仅按照一些预定的调查目标，自由发挥提出问题进行询问。被调查者回答这些问题，同样有充分的自由。访问法根据调查者同被调查者接触方式的不同，主要有面谈访问法、邮寄访问法、电话访问法和留置调查法。

间接调查则是调查者与被调查对象不直接见面，借助于各种媒介工具，通过电话访问、邮寄印刷品或直接进行网络调查来搜集和整理资料。间接调查成本低，耗时短范围广，是目前各类媒体主要采用的调查方式。

其次，从调查对象的范围来看，受众调查可以分为全面调查和非全面调查。全面调查对人员技术和财力要求较高，实际中较难实施，因此目前开展的各类调查都只能算是不同程度上的非全面调查。

1935 年 10 月，从事新闻学研究的 G. H. 盖洛普创立美国舆论研究所，采用抽样方法开展民意测验，定期向新闻界提供社会舆论动向，并影响美国政府的决策。1936 年 12 月至 1937 年 3 月，上海民治新闻专科学校组织的《上海读者和上海报纸》调查，是中国新闻界最早的一次社会调查。1938 年 2 月，中国共产党创办的《新华日报》创刊一个月后，在报上刊出读者意见表，征询读者意见。以后每年一次，并将读者意见和编辑部的改进措施在报上公布，接受读者监督。新中国成立之后，各新闻机构设专人进行定期或不定期的读者调查。20 世纪 50 年代初期，新华通讯社还曾向中共中央和中央人民政府领导人员寄送调查表，毛泽东填写了对该社稿件的评价意见。真正意义上的受众调查是 1982 年由北京新闻学会、中国社会科学院新闻研究所进行的"北京市读者、听众观念调查"。但一直以来，由于传统媒体对受众并不重视，再加上受众调查方法较为单一，过程较为繁杂，因此调查效果往往不太理想。

进入新媒体时代，受众调查的方式和方法发生了革命性的变化。首先，新媒体可以利用自身的网络连接和数据记录统计功能，随时开展受众调查，而无需像传统媒体那样,经常性开展受众调查需要耗费大量人力、物力和财力;其次,新媒体的受众调查会更客观,因为通过网络平台传播的各种数据和统计都是通过数字化的方式去实现的,在这个过程中不存在任何人为的干扰因素,因此,往往能够获得比较准确的调查结果;此外,新媒体的调查会更加有效率,通过现有的计算机技术和工具软件,可以根据最新的调查数据和结果,自动生成各种调查报告和分析,完全摒弃了传统的人力方式的统计分析和判断过程。而且,这种调查对于任何一个网络技术平台而言,都是非常容易开展的。特别是通过分析存在于网络服务器端的用户访问日志,调查者不仅可以掌握在一定时间范围内前来访问网站的人数、次数和来源区域,还可以准确地记录每一个用户的访问时长、频率和访问轨迹,进而还能记录下他们访问时使用的电脑系统、语言、浏览器种类、显示器屏幕甚至更精确的各种用户信息,可以说用户访问日志就是无时无刻都在搜集的天然的用户调查报告。

思考题:

1. 何谓媒介中心论? 其产生的媒介环境是什么?
2. 如何理解媒介"去中心化"的理论?
3. 新媒体用户的基本特征是什么?
4. 我国新媒体用户的特性是什么?
5. 新媒体时代受众地位发生了怎样的变化?
6. 传统媒体如何应对新媒体时代受众心理的变化?
7. 请举例分析网络文化中的恶搞现象。

第4章 新媒体技术

新媒体是人类文明的重要成果,是推动科技进步的重要武器。新媒体的技术是伴随着互联网的发展而不断向前推进的,是时代的产物。新媒体技术出现于20世纪中后期,它以数字技术作为支撑,以计算机的发明和网络技术的应用为主要标志。数字技术是当前电话、电脑、电视走向融合的技术基础;随着网络技术的不断更迭,又不断涌现出更加丰富多彩的新媒体载体。在新媒体时代,一方面是各类传统媒体纷纷数字化,另一方面,是基于数字技术的新型传播工具层出不穷,并且随着网络技术的不断革新和技术应用空间的不断拓展,新媒体技术也将有更加广阔的发展前景。

4.1 媒体技术的革新历程

媒体的革新总是伴随着技术的不断进步而进行的。大约在公元600年前后的隋朝,人们从刻印章中得到启发,在人类历史上最早发明了雕版印刷术。雕版印刷是中国古代劳动人民经过长期实践和研究才发明的。自从汉朝发明纸以后,书写材料比起过去用的甲骨、简牍、金石和缣帛要轻便经济多了,但是抄写书籍还是非常费工的。大约在公元1041到1049年间,北宋的布衣工匠毕昇发明了泥制活字印刷术,活字印刷术是先制成单字的阳文反文字模,然后按照稿件把单字挑选出来,排列在字盘内,涂墨印刷,印完后再将字模拆出,留待下次排印时再次使用。在西方,公元1455年,古登堡发明了世上首台可以商业应用的铅活字凸版机械印刷机;1812年,德国的柯尼希发明了蒸汽动力印刷机;1847年,美国的霍伊发明了转轮印刷机;1863年,美国人布洛克发明了滚筒印刷机;1900年,美国的霍伊制成六色轮转印刷机;1904年,美国的鲁贝尔发明胶版印刷机。这些由机械操作的印刷机,使作为大众传播媒体的报纸得以大量印刷,从而真正地拉开了大众传播的序幕,因此具有划时代的意义。

印刷术还只是让传播在文字的世界里畅游,无线电的发明则让传媒突破了文字的局限,声音和影像开始进入大众传媒视野。1893 年,尼古拉·特斯拉展示了无线电的基本原理。1906 年圣诞前夜,雷吉纳德·菲森登在美国马萨诸塞州采用外差法实现了历史上首次无线电广播。菲森登广播了他自己用小提琴演奏的"平安夜"和朗诵《圣经》片段。而位于英格兰切尔姆斯福德的马可尼研究中心,在 1922 年开播世界上第一个定期播出的无线电广播娱乐节目。这些无线电研究者就是在这些方面不断推动技术的进步。正因为他们的作用,无线电的发展才会逐步推进。1922 年 11 月 14 日,伦敦ZLO 广播站正式开始在英国广播每日节目,该站在 1927 年改为英国广播公司,也就是后来大名鼎鼎的 BBC。1922 年法国埃菲尔铁塔的无线电台正式开始播音。1927 年,美国国内已有 737 个广播站。随后,广播电台犹如雨后春笋般在各国相继涌现。

无线电经历了从电子管到晶体管,再到集成电路,从短波到超短波,再到微波,从模拟方式到数字方式,从固定使用到移动使用等各个发展阶段,无线电技术已成为现代信息社会的重要支柱。它所传输的内容也从电波、声音开始升级到图像、视频以及多媒体等综合信息。

1925 年,英国人贝尔德成功通过无线电波传输了一位年轻店员的脸庞。1928 年,贝尔德开始正式播送电视系统,同时开始研究和实验彩色电视。1929 年,英国广播公司(BBC)与贝尔德签订许可合同,试验性播出电视。1936 年,BBC 利用无线电,在世界上首次实现了定时电视节目的播放。二战之后,微波通信技术让电视信号传输得更远、更迅捷。1962 年,前苏联实现了利用人造地球卫星传输电视节目信号,电视从而可以在更大范围内进行传播。1973 年,数字技术开始应用于电视广播。1979 年,有线电视问世,电视信息可以在地面更长距离且不受干扰、不失真地传输,这为之后的电视双向互动奠定了技术基础。1991 年,日本索尼公式开始试播高清电视。

技术的不断突破和发展,使得电视屏幕从黑白走向彩色,从模糊走向清晰,从往事回顾到即时直播再到双向互动。在传统媒体时代,电视是第一个整合了文字、图像和声音信息的传播工具,它不仅是一种技术代表,更是一个国家传播文化的重要载体。在网络媒体没有出现之前,电视一度被视为传媒之王也就不足为奇了。当然,随着互联网的诞生,媒体技术进入数字化发展阶段,电视也首当其冲成为了最主要的受冲击的对象。

4.2　传统媒体的数字化发展历程

报刊、书籍等印刷媒体,尽管目前还是以纸质形态为主,但其制作全过程早已经数字化,基于电子计算机技术的电子书刊也已经日益风靡。它将一定的文字、图片、声音、影像等信息,通过数码方式记录在以光、电、磁为介质的设备中,借助于特定的设备来读取、复制、传输,方便了存储、运输和传播,极大地改变了人类目前的阅读模式。

传统摄影正在向数字摄影发展,数字摄影立拍立现,减少了洗印时间和费用,并且可以利用电脑技术进行修改调整,它打破了传统的时空概念,极大地释放了人类的想象力。

传统电影正在向数字电影发展,数字电影革新了制作方式,提高了制作水准,节约了制作费用;通过高清摄像技术,实现了与高清时代的接轨;用数字介质存储,可以永远保持质量稳定,不会出现任何磨损、老化等现象,更不会出现抖动和闪烁;传送发行不需要洗映胶片,发行成本大大降低,传输过程中也不会出现质量损失。

广播在经历了调幅、调频两个技术阶段后,正进入数字音频广播新阶段。数字广播音质纯净,抗干扰能力强,收听效果可与 CD(Compact Disc,小型镭射盘)媲美,适合于固定、便携和移动收听,快速移动时接收效果稳定。除了音频节目,还可以提供数字多媒体广播和数据服务。

电视正全面迈向数字高清晰度及数字压缩卫星直播电视。数字电视是一个从节目采集、节目制作、节目传输直到用户端都以数字方式处理信号的端到端的系统。与模拟电视相比,数字电视具有图像质量高、节目容量大(是模拟电视传输通道节目容量的 10 倍以上)和伴音效果好的特点。基于DVB(Digital Video Broadcasting,数字视频广播)技术标准的广播式和"交互式"数字电视,能为用户带来更多的节目选择和更好的质量效果。

在各类传统媒体纷纷数字化的同时,基于数字技术的新型传播工具不断问世。如数字照相机、数字摄录机、数码录音笔、PDA(Personal Digital

Assistant,掌上电脑）、eBook（Electronic Book,电子书）、MP3（Moving Picture Experts Group Audio Layer 3)播放器、摄像头、扫描仪、DVD（Digital Versatile Disc,数字多功能光盘）、光盘刻录机、4G（4rd-generation,第四代移动通信技术)手机,等等。

4.3　网络技术的更迭历程

新媒体的基础是"网络媒体"。"网络媒体"就是借助国际互联网这个信息平台,以电脑、电视机以及移动电话等作为终端,以文字、声音、图像等形式来传播信息的一种数字化、多媒体的传播媒介。

互联网是一种全球性的信息传播系统,它打破了地域和国家疆界,不但能统一处理文字、声音、图形、影像等各种符号形式,而且能包容从人际传播到群体及组织传播乃至大众传播的各种层次、各种类型,成为涉及各个领域的传播活动。随着宽带的发展和无线接入的普及,基于互联网的新媒体形态不断涌现,网上信息的获取、发布、利用日益便捷。

Web2.0是互联网发展的杰出代表,其前身 BBS 诞生于 20 世纪 70 年代末,那时还没有浏览器和搜索引擎,甚至没有个人网站。我们在 BBS 上可以做四件事:发布新闻,发布交易信息,发布个人感想、心情描述,互动式问答。在 Web 之前,互联网相当数量的文档资源是存放在 BBS 上的。Web 时代的内容服务网站主要是从 BBS 的功能中演化而来的。以下对 Web2.0（Web,英文全称为"World Wide Web",亦作"WWW"、"W3",万维网)为代表的基于互联网传输技术、以用户为核心的、互动性的新媒体类型做一举例式的说明。

World Wide Web,简称 WWW,是英国人蒂姆·伯纳斯·李 1989 年在欧洲共同体的一个大型科研机构任职时发明的。通过 Web,互联网上的资源可以在一个网页里比较直观地显示出来,而且资源在网页上可以链来链去。在 Web1.0 上做出巨大贡献的公司有 Netscape（网景）、Yahoo（雅虎）和 Google（谷歌）。Netscape 研发出第一个大规模商用的浏览器,Yahoo 的杨致远提出了互联网黄页,而 Google 后来居上,推出了大受欢迎的搜索服务,其最大的贡献,是把互联网上海量的信息用机器初步分了个线索。

但是,只知道网页里有哪些关键字,只解决了人浏览网页的需求。所以,伯纳斯·李在提出 WWW 不久,即开始推介语义网(Semantic Web)的概念。因为互联网上的内容机器不能理解,所以他的理想是,网页制作和架构数据库时,大家都用一种语义的方式,将网页里的内容表述成机器可以理解的格式。这样,整个互联网就成了一个结构严谨的知识库。从理想的角度,这是很诱人的,因为科学家和机器都喜欢有秩序的东西。伯纳斯·李关心的是,互联网上数据能否被所有的互联网应用者重复引用。可以举一个例子来说明标准数据库的魅力。有个产品叫 LiberyLink,装了它后,到 Amazon(亚马逊)上去浏览时,它会自动告诉你某一本书在用户当地的图书馆能否找到,书号是多少等。因为一本书有统一的书号和书名,两个不同的互联网服务(Amazon 和当地图书馆数据库检索)可以共享数据,给用户提供全新服务。但是,语义网提出之后,曲高和寡,响应的人不多。因为要指望网页的制作者提供这么多额外的信息去让机器理解一个网页太难。人给机器打工,这违反了人们能偷懒就偷懒的本性。

我们再看看 Google 的成功。Google 有个 PageRank(网页排名,又称网页级别、Google 左侧排名或佩奇排名)技术,将网页之间互相链接的关系,用来作为结果排序的一个依据,变相利用了网页制作人的判断力。想一想网页的制作者们,从数量来说,比纯浏览者的数量少得多。但 Google 的这一革新,利用网页制作者的一部份力量,就已将其推上了互联网的顶峰。所以互联网下一步是要让所有的人都忙起来,全民织网,然后用软件、机器的力量使这些信息更容易被所需要的人找到和浏览。

如果说 Web1.0 是以数据为核心的网,那么 Web2.0 就是以人为出发点的互联网。Web2.0 的信息是由每个人贡献出来的,所有人共同组成互联网信息源。Web2.0 的灵魂是人。在 Web1.0 里,互联网内容是由少数编辑人员或站长定制的;而在 Web2.0 中,每个人都是内容的生产与获取者,信息个性化定制的自由度大,内容更多元化,如标签(Tag)、多媒体、在线协作等等,长尾效应①明显。在 Web1.0 里,互联网是"阅读式互联网",而 Web2.0 是"可读可写互联网",每个人都参与信息供稿。虽然从当前来看,还是小

---

① 长尾理论:长尾理论是网络时代兴起的一种新理论,由美国人克里斯·安德森提出。长尾理论认为,由于成本和效率的因素,过去人们只能关注重要的人或重要的事,如果用正态分布曲线来描绘这些人或事,人们只能关注曲线的"头部",而将处于曲线"尾部"、需要更多的精力和成本才能关注到的大多数人或事忽略。

部分的人贡献了大部分内容,但这会发生变化。Web2.0 太过丰富:博客、播客、维基、P2P 下载、社区、视频、音频、电子杂志、分享服务等等。

具体来说,Web2.0 主要有以下几种突出的表现:

一是内容的创作共用授权。它的广谱和可选择性,让它具有了足够的生命力。CC(Creative Commons,知识共享)先是在网志圈中被广泛采用,后来许多商业公司也纷纷采用 CC[①] 方式(比如 BBC);先是由文本世界采用,后来逐渐推广到了多媒体世界,比如音频、视频、Flash 动画(一种矢量动画文件格式)等等。一场自由的文化运动在各个方面悄然铺开。

二是内容来源方面的开放。与早期的 Web 阶段相比,由于使用相关设备的成本降低,利用相关技术的门槛降低,人们可以自由生产并发布各种内容,比如文本信息,比如语音记录,比如视频等。信息的生产和传播不再仅仅是商业资本或者技术精英的特权。在 Web 的新阶段,原来在商业、技术与大众之间的信息生产和传播的落差被削平。消除信息垄断和去中心化已经成为可能。不仅如此,信息生产和消费的模式也发生了变化,从原来的生产消费之间的对立,变成了参与式的信息集市。

三是 Web 的主体开放性。商业网站也渐渐采取了开放的、参与的模式。除了内容上的知识共享(Creative Commons,简称 CC)授权出现之外,原来并不外露的内容也随着 Blog、Podcasting(播客)等的兴盛而对外开放。一些网站还在技术层面开放,比如开放源代码,比如开放 API[②](编程接口),让用户自己成为一个平台,用户可以参与衍生产品的创造,本身也成为产品的生产者。不仅是内容、技术层面,在鼓励用户的参与上,也有相应的开放出现,比如一些新闻网站的 RSS[③] 源的输出、引用通告功能的采纳,无一不是让用户参与到内容生产、传播的各个环节。个人内容的开放涵盖了内容

---

① Creative Commons,简称 CC,中国大陆正式名称为知识共享,台湾正式名称为创用 CC。是一个非营利组织,也是一种创作的授权方式。此组织的主要宗旨是增加创意作品的流通可及性,作为其他人据以创作及共享的基础,并寻找适当的法律以确保上述理念。

② API(Application Programming Interface,应用程序编程接口)是一些预先定义的函数,目的是提供应用程序与开发人员基于某软件或硬件的以访问一组例程的能力,而又无需访问源码,或理解内部工作机制的细节。

③ RSS 也叫聚合 RSS,是在线共享内容的一种简易方式(也叫聚合内容,Really SimpleSyndication)。通常在时效性比较强的内容上使用 RSS 订阅能更快速获取信息,网站提供 RSS 输出,有利于让用户获取网站内容的最新更新。

（文本、声音、影像、视频）、关系、行为等等。有了信息层面的开放，才有交流，才有新的社会行为和社会形态的产生。

Web1.0是以数据为核心的网，Web2.0是以人为出发点的互联网，是以用户为核心的互联网。概括而言，Web1.0与Web2.0的区别主要有以下几点：

一、从知识生产的角度看，Web1.0的任务是将以前没有放在网上的人类知识，通过商业的力量放到网上去；Web2.0的任务是通过每个用户的浏览和求知的力量，把知识有机地组织起来，在这个过程中继续将知识深化，并产生新的思想火花。二、从内容产生者角度看，Web1.0是以商业公司为主体把内容往网上搬；而Web2.0则是以用户为主，以简便随意方式，通过各种方式把新内容直接挂上网。三、从交互性看，Web1.0是以网站对用户为主；Web2.0是以P2P为主。四、从技术上看，Web2.0客户端化，比如AJAX技术[①]的采用，大大提升了工作效率。我们看到，用户在互联网上的作用越来越大，他们贡献内容，传播内容，而且提供了这些内容之间的链接关系和浏览路径。在SNS[②]里面，内容是以用户为核心来组织的。

从Web1.0到Web2.0是互联网的一次划时代的飞跃。一方面，互联网上的内容提供者不单纯是那些高高在上的"官媒"，每个人只要拥有一个账号，便能够将自己的观点、见闻、照片"公之于众"。在Web2.0时代，互联网上内容呈现出爆发式的增长。另一方面，大众开始有权利、有机会参与社会生活中大大小小见闻时政的讨论。也就是说，Web2.0将互联网和普通网民的日常生活联系起来。

然而，随着移动互联网的蓬勃发展，越来越多的人不简单地满足于与互联网普通的交互，他们需求一种与移动互联网的"亲密"融合。其实当前我们已经看到了越来越多的移动互联网产品谋求这种"迎合"，例如微信推出了"附近的人"招揽了大量的用户，网易新闻、人人网等积极推广自媒体，团购网站客户端推出基于位置服务（LBS）的商品查找和推荐功能，微博利用地理信息增强用户间的互动……，太多这样的产品和实践让我们不得不相

---

① AJAX全称为"Asynchronous JavaScript and XML"（异步JavaScript和XML），是指一种创建交互式网页应用的网页开发技术。

② SNS，全称Social Networking Services，即社会性网络服务，专指旨在帮助人们建立社会性网络的互联网应用服务。也应加上目前社会现有已成熟普及的信息载体，如短信SMS服务。

信,一个新的网络时代(Web3.0)即将到来,特别是由于智能终端(尤其是智能手机)在普通人群中大量普及,我们几乎每个人都能随时随刻从互联网上获取有用的或感兴趣的信息,同时参与社交。更重要的,我们会有意识或无意识地发布个人的位置信息,使用与社会活动密切相关的服务,基于位置的信息共享和由此带来的附加价值会愈加重要。在不久的将来,我们可以通过位置信息随时记录自己的足迹,获取周围的信息(新闻、优惠信息、可以参与的活动等)。同时,服务提供者可以通过位置信息帮用户扩展社交、推荐优惠、提供精确化的查询。因此,我们可以这样来理解 Web3.0,它不仅仅是Web1.0 的简单内容获取与查询,也不单纯是 Web2.0 的大众参与和内容制造,而是互联网与人们日常生活的大融合。

当然,Webx. x 是人们为了区别不同时代 Web 的发展而使用的,这些概念也是经过归纳产生出来的。作为一般的使用者,可以不去理会 Webx. x的讨论,因为我们都已经在广泛使用这些技术或网站了。

4.4　新媒体技术的发展现状

新媒体技术是指依托数字技术、网络技术、移动通信技术等新技术而形成的新的传媒技术。新媒体技术的本质是微电子技术与信息技术,新媒体技术的发展是伴随微电子与信息技术发展而产生的,影响新媒体技术发展的主要有如下几个方面:

首先,计算机及其信息处理芯片的功能日益强大。主要表现在主帧速度不断加快,对信息的处理速度极大提高;半导体集成度越来越高,对随机和定制内存信息量的处理能力不断增大;信息处理的软件日益丰富,极大地满足了人们对信息提出的不同处理需求;人机界面越来越友好,使人们对数字技术及其装备不再畏难,对新的传播形态愈加易于接受。

其次,以数字信号处理技术为代表的通信技术飞速进步,抗干扰纠错能力使信息畅通得以保障。调制与解调的比特率不断创出新高,传输频率的极限不断实现突破,使基带带宽不断拓展;适应不同信道通信要求的编码与解码技术日趋成熟完美,为信息的分拆、组合、传递以及分发等提供了快速准确的技术保障。

再者,以 TCP/IP 等通信协议及其接口技术为代表的网络技术不断创新统一,使任何拥有不同电脑的用户能组成一个互联互通网络。HTTP 协议技术使网上每个用户节点都能收到网上发布的信息,而 WAP 等协议技术又使互联网上的用户向无线延伸,使每个无线终端用户都能获取网上发布的信息。

此外,组网的关键技术装备,如光纤传输交换设备、路由设备以及无线交换路由设备不断进步,使得网络的带宽,无论是骨干网、局域网还是无线网都得以迅速拓宽,使有线或无线方式传输文字声音以及电视图像于一体的多媒体成为了现实。

更为兴奋的是,网络的路由地址正由 IPv4 技术向 IPv6 发展,地球上的人类(哪怕再过 1000 年),每个人都可以在虚拟网络世界里独立拥有一个收发信息的户口地址,只要你在网上,只要你需要,新闻信息就会以光的速度向你传播。

一个刚刚告别铅与火的传媒时代又匆匆迈入了一个告别印刷、告别发行的网络传媒时代。简单地说这就是新媒体技术的发展现状①。

回顾网络技术四十多年的发展历程,技术的每一次发展都在推动着互联网的不断更新和蜕变,而信息技术又是新媒体技术发展的主导力和推动力,新的技术和概念目前还在不断改变和影响着新媒体。当前,网络技术发展突飞猛进,在可以预见的未来当中已经形成了一些研究热点,理解这些关键的技术趋势和理念,将有助于我们准确把握新媒体的发展趋势。

4.4.1　网速

网速一般是指电脑或手机上网时,上传和下载数据时,请求和返回数据所用的时间长短。(电脑)网速取决于 ISP(网络服务商)的接入网情况,一般分为三种,ADSL(非对称数字用户线路)接入、FTTB - LAN(光缆到楼 + 局域网)接入、FTTH(光纤直接到家庭)接入,一般在不改变网络接入方式的情况下,提高网络带宽,并不会直接提高网络速度,换句话说,同样 4M 网络带宽情况下,ADSL 接入网速<FTTB - LAN 接入网速≤FTTH 接入网速。需要说明的是,运营商产品介绍里提及的宽带网速,指的是用户端 Mo-

---

① 欧阳农跃. 浅谈新媒体技术发展与广州亚运报道应用 [EB/OL]. (2008 - 07 - 09). http://www.oeeee. com/a/20080709/607557.html.

dem 至电信宽带接入设备(DSLAM)之间的物理接口速率。ADSL 的技术特性决定了上、下行速率不同。电脑中存取数据的单位是"字节",即 Byte(B),而数据通信是以"字位"做为单位,即 bit(b),两者之间的关系是 1 Byte=8 bit。电信业务中提到的网速 1 M、2 M、3 M、4 M 等是以数据通信的字位作为单位计算的。所以电脑软件显示的下载速度为 200 KB 时,实际线路连接速率不小于 1.6 Mbit(1600 kbit)。

在网络普及初期,绝大部分用户是通过 ADSL 线路来连上网络的,最早的上网设备是利用 Modem(调制解调器)通过电话线拨号上网,当时的网速只有 14.4 K 和 36.6 K,这一时期也被称为窄带时代,有线电视同轴电缆线上网的 HFC(Hybrid Fiber-Coaxial)技术的出现,将理论带宽提升至 1 G 左右,网络应用进入宽带时代。与此同时,电信运营商大力发展基于电话线传输的 DSL 宽带技术,从 512 K 逐步发展到 2 M、4 M 以至 8 M 的带宽,凭借其基础实力迅速占领了市场。但对于普通用户而言,网速的快慢除了接入线路的不同之外,还存在着许多其他的制约和影响因素,如运营商骨干出口带宽、运营商提供给客户的接入带宽、客户所访问的内容提供商的带宽、线路和设备衰耗、同时在线的人数和用户自建局域网等等,因此,网速始终遵循的是木桶原理,任何一个中间传输环节的变慢都将决定着用户最终的网速。

此外,网络的不对等结构限制了用户的网络行为。目前,各大运营商都在大力发展拥有对等带宽的以太宽带,即通过光纤铺设到小区,再以五类线①方式连接到用户家中,或者直接光纤到用户,民用的带宽就大大提高,可以预见的是,网络带宽高速化之后,网络应用的活力将进一步绽放,基于高带宽的网络游戏、在线影视、远程办公、网络电视等形式的网络应用将会愈发成熟和便利。

4.4.2　数字存储技术

人类最原始的信息存储是建立在人的大脑记忆功能之上的,大脑也是

---

① 五类线(0.5 数据通信专用线)是一种传播数据、话音等信息通信业务的多媒体线材,被广泛应用于宽带用户驻地网等宽带接入工程中,其质量的优劣直接关系到信息通信的传输质量。用户经常抱怨的上网速度慢,"五类线"质量差是重要原因之一。

人的一个重要信息存储部件,可以把人从上述各种器官收集的信息经过适当编码存储起来,随着人类文明的不断进步和知识的不断积累,受存储容量、记忆能力及存取速度等自然能力的限制,人类大脑自身的存储功能已经无法完成知识传承的使命,于是人们又发明创造了造纸术、印刷术、摄影/摄像技术、录音/录像技术,以及磁盘、磁带、光盘等各种信息存储技术。这些人造的信息存储技术与设备不仅在存储容量、存取速度方面扩张了人脑的存储能力,而且还有以下两方面更重要的意义:一是它们把人主观认识世界的信息迁移到客观世界的存储介质中,可以不受人员变更的限制而一代一代传下去;二是它们脱离了个人大脑的局限,可以成为人类社会共享的知识,成为社会的人与人之间进行信息交流的重要媒介。

数字存储技术的特点是标准统一,不论是文字、照片,还是声音、视频、多媒体动画,其信息表现形式都可以转化为计算机所识别的 0 与 1 的标准数据;其次,数字存储技术具有强大的复制、备份能力,确保了信息保存的安全性;再者,数字存储重复使用率高,通过检索技术提取非常方便。

近些年来,随着计算机技术的飞速发展,数字存储方式也得到了快速发展换代,从最早的打孔设备到磁带设备、硬盘设备和磁盘阵列到现在盛行的网络存储技术。穿孔卡是早期计算机输入信息的设备,通常可以储存 80 列数据。它是一种很薄的纸片,面积为 190 mm×84 mm,这张卡片上能存储的数据非常少。首次使用穿孔卡技术的数据处理机器,是美国统计专家霍列瑞斯博士(H. Hollerith)的伟大发明,它被称为 Hollerith 机(Hollerith Machine),Hollerith 机设计了这种纸卡,于是它马上获得了成功,成为直到 20 世纪 80 年代之前最为普及的计算机存储设备。飞利浦公司 1963 年发明了盒式录音磁带,但直到 20 世纪 70 年代才开始流行开来。1969 年出现了第一张软盘,直径达 8 英寸,可以保存 80 K 的只读数据。1956 年 9 月 13 日,IBM 发布了世界上第一台硬盘机 305 RAMAC。它可以存储"海量"的数据,这些数据保存在 50 个 24 英寸的硬磁盘上。当前硬盘规格主要有 3.5 寸和 2.5 寸,容量最高达 TB 级,其主要接口有 IDE、SCSI、SATA、FC 和 SAS 等多种类型,硬盘是现在还在发展中的一种技术,其发展趋势很明显:价格越来越便宜,容量越来越巨大。1987 年,Patterson、Gibson 和 Katz 首先提出磁盘阵列(Redundant Arrays of Independent Disks,RAID)的想法。将多只容量较小的、相对廉价的硬盘驱动器进行有机组合,使其性能超过一只昂贵的大硬盘。1993 年,HighPoint 公司推出了第一款 IDE - RAID 控制芯片,能够利用相对廉价的 IDE 硬盘来组建独立磁盘冗余阵列(RAID)系统。随着信息化的迅速发展,越来越多的信息被数据化,网络数据信息爆炸性的增长,使网络存储技术变得越来越重要。网络存储是将存储设备通过标准的网络拓扑结构(例如以太网)连接到一群计算机上,它是时空结合的信息传播模式,是通过网络连接起来的存储系统,网络部分负责空间的传递,存储部分负责时间的传递。网络存储结构大致分为三种:直连式存储(DAS:Direct Attached Storage)、网络存储设备(NAS:Network Attached Storage)和存储网络(SAN:Storage Area Network)。最新的云存储技术则通过集群应用、网络技术或分布式文件系统等功能,将网络中大量各种不同类型的存储设备通过应用软件集合起来协同工作,共同对外提供数据存储和业务访问功能。使用者可以在任何时间、任何地方,通过任何可联网的装置连接到云上方便地存取数据。

总之,计算机技术在存储领域的发展方向就是更安全、更廉价、更快速和更便捷。信息存储技术的不断发展,正改变着人们对于信息传播和信息积累的传统理解。海量信息的快速复制和即时储存成为可能,存储成本不断降低,使得信息积累速度呈几何级别增长,人类社会的信息传播和共享正变得简单而又容易,个体对社会的影响力也在逐步加大。

4.4.3　三网融合

三网融合是指电信网、广播电视网、互联网在向宽带通信网、数字电视网、下一代互联网演进过程中,三大网络通过技术改造,其技术功能趋于一致,业务范围趋于相同,网络互联互通、资源共享,能为用户提供语音、数据和广播电视等多种服务[①]。三网融合并不意味着三大网络的物理合一,而主要是指高层业务应用的融合。三网融合应用广泛,遍及智能交通、环境保护、政府工作、公共安全、平安家居等多个领域。手机可以看电视、上网,电视可以打电话、上网,电脑也可以打电话、看电视。三者之间相互交叉,形成你中有我、我中有你的格局。

1994 年,当时的电子部联合铁道部、电力部以及广电部成立了中国联

---

① 徐国飞. 三网融合的现状及发展趋势[J]. 通信与广播电视,2010(1):3 - 4.

通,被赋予打破"老中国电信"垄断地位的重任,但主要还是经营寻呼业务。1998 年 3 月,邮电部和电子工业部完成合并,信息产业部正式成立。同时,广电部改为广电总局。在职能分工上计划将原广播电影电视部的广播电视传送网(包括无线和有线电视网)的统筹规划与行业管理、组织制定广播电视传送网络的技术体制与标准的职能,交给信息产业部。1998 年 3 月,王小强博士提出《中国电讯产业的发展战略》研究报告,随后展开了"三网合一"还是"三网融合"的大辩论。

2001 年 3 月 15 日通过的十五计划纲要,第一次明确提出"三网融合":"促进电信、电视、互联网三网融合"。2008 年 1 月 1 日,由发改委等六部委联合发布的《关于鼓励数字电视产业发展若干政策的通知》提出"以有线电视数字化为切入点,加快推广和普及数字电视广播,加强宽带通信网、数字电视网和下一代互联网等信息基础设施建设,推进'三网融合',形成较为完整的数字电视产业链,实现数字电视技术研发、产品制造、传输与接入、用户服务相关产业协调发展"。2010 年 1 月 13 日,国务院常务会议,正式决定加快推进电信网、广播电视网和互联网三网融合,会议上明确了三网融合的时间表。

三网融合将打破此前广电在内容输送、电信在宽带运营领域各自的垄断,明确了互相进入的准则——在符合条件的情况下,广电企业可经营增值电信业务、比照增值电信业务管理的基础电信业务、基于有线电网络提供的互联网接入业务等;而国有电信企业在有关部门的监管下,可从事除时政类节目之外的广播电视节目的生产制作、互联网视听节目信号的传输、转播时政类新闻视听节目服务、IPTV 传输服务和手机电视分发服务等①。

三网融合极大地减少了基础建设投入,并简化了网络管理,降低了维护成本。信息服务将由单一业务转向文字、话音、数据、图像、视频等多媒体综合业务,将使网络从各自独立的专业网络向综合性网络转变,网络性能得以提升,资源利用水平进一步得到提高。三网融合打破了电信运营商和广电运营商在视频传输领域长期的恶性竞争状态,冲破了不同行业之间人为设置的各种壁垒,促进了新媒体的使用信息传播发展,解放了新媒体无限的生命力与创造力。

---

① 胡云. 三网融合的技术基础和应用分析[J]. 信息化研究,2011(4):9 - 12.

4.4.4　云计算

云计算是一种按使用量付费的模式,这种模式提供可用的、便捷的、按需的网络访问,进入可配置的计算资源共享池(资源包括网络、服务器、存储、应用软件、服务),这些资源能够被快速提供,只需投入很少的管理工作,或与服务供应商进行很少的交互[①]。

云计算是使计算分布在大量的分布式计算机上,而非本地计算机或远程服务器中,企业数据中心的运行将与互联网更相似。这使得企业能够将资源切换到需要的应用上,根据需求访问计算机和存储系统。好比是从古老的单台发电机模式转向了电厂集中供电的模式。它意味着计算能力也可以作为一种商品进行流通,就像煤气、水电一样,取用方便,费用低廉。最大的不同在于,它是通过互联网进行传输的。

在云计算模式下,用户的电脑或者其他终端的性能发展已经变得不再重要,只需要完成信息的输入与最终结果的接收即可,所有的繁杂运算过程全部交给网络及网络服务器,按照各自所需享受"云计算"平台的强大处理能力。

云计算汇聚分散力量的思想将会带给新媒体发展以根本性的启发。技术的不断发展为新媒体行业带来了无限机遇和挑战。在十几年的技术发展过程中,新媒体的整个体系也在逐渐成型。互联网已经彻底改造了电信和广电,还将进入通信业,广电的网络、宽带的网络和移动的网络三网融合的进程不断推进,4G 网络已经应用,5G 网络正在逐渐展开,无限宽带的应用正摆上日程。

相对于其他渠道传播媒体,新媒体发展过程中有三件重要的事:一是技术平台建设,二是内容建设,三是消费者需求建设。近年来,以计算机和网络技术为代表的信息技术是新媒体技术发展的主导力和推动力,新的技术和概念目前还在不断改变和影响着新媒体。新兴的云计算技术可能改变现有媒介的整体结构,基于云计算的物联网理念将会改变整个互联网网络结构。新技术正在推动着新媒体朝下一个阶段发展,"三网融合"的发展趋势已经将如何把中国建成一个网络强国的构架摆上日程。如何构建下一代宽

---

① 邹复民,蒋新华,胡惠淳,等. 云计算研究与应用现状综述[J]. 福建工程学院学报,2013(3):231–242.

带模式,将成为中国新媒体在今后 10 年发展的重要基础。

总之,新媒体技术的发展,已然引领中国乃至世界进入了一个科技快速发展的时期。相伴而生的是,人们会不断获取新的技术开展新媒体应用,服务于生产生活和充实自己的业余生活。

4.4.5 大数据

早在 1980 年,著名未来学家阿尔文·托夫勒便在《第三次浪潮》一书中,将大数据热情地赞颂为"第三次浪潮的华彩乐章"。大约从 2009 年开始,"大数据"成为互联网信息技术行业的流行词汇。大数据并不是一个新概念,但大数据时代却是伴随着近年来信息爆炸式增长而到来的。当前,互联网上,每天新浪微博用户发博量超过 1 亿条,百度大约要处理数 10 亿次搜索请求,淘宝网站的交易达数千万笔,联通的用户上网记录一天达到 10 TB……。美国互联网数据中心指出,互联网上的数据每年将增长 50%,每两年便将翻一番,而目前世界上 90% 以上的数据都是最近几年才产生的。

那么大数据具体给新媒体带来了哪些变化呢?新媒体是以满足用户的需求为宗旨,致力于为用户提供贴切、全面而又个性化的优质信息服务,而这些服务的提供正是建立在大数据的基础之上的。正如解放日报报业集团社长尹明华在中国传媒大会上所说:"新媒体的本质就是数据分析。我们已经从信息时代走到了数字时代和智能时代,如果数据被赋予背景,它就成了信息;如果数据能够提炼出规律,它就是知识;如果数据能够借助于各种各样的工具在分析的基础之上为我们提供正确的决策,它就是资源。"

大数据推动新媒体进行转型。大数据时代,信息的内涵已不仅仅是消息和新闻,而是各种各样的数据。这就要求媒体必须适应新的信息生产和传播方式,以多元化媒介来承担信息传播的职能。生产、分析和解读数据,探索一条为受众和用户提供分众化服务和体验的媒体发展之路,将成为大数据时代媒体竞争的必备技能。

新媒体传播多中心、数据化、在兼顾社群化的同时强调个性化等特点在大数据开发的背景下将被进一步凸显。在大数据的背景下,各种终端、平台层出不穷,使用户在意见的表达和信息的发布中开始占据一席之地,分散了传统媒体的传播中心地位。正是有了大数据技术的出现,才使传受双方的身份转变成为可能,完成不同种类的传播组织组建。同时,新媒体所强调的

"社群化"特征也进一步得到整合,因为大数据技术能够根据用户留下的"蛛丝马迹"得出每个用户的爱好、兴趣,为他们推荐适合自己的社群,各种社区、自由论坛将受众连接在一起,形成牢固的人际互动网络。此外,大数据使得新媒体在兼顾社群化的同时也强调提供多样的个性化信息,即既有普适的大众化信息,又有针对每个个体的个性化内容。在大数据时代,数据成为新闻的核心资源,它不仅成为新闻报道的内容,也成为了解受众的依据,通过数据对受众的心理、需求以及行为习惯等进行分析,可以提供更符合受众需要的新闻报道,个性化的新闻信息服务因大数据最终成为可能。

　　大数据在促进新媒体发展的同时,也引发出了深层的信息安全问题。受众享用大数据带来的"福利"的同时,也在各种平台和终端上贡献自己的文件、数据甚至隐私。这些姓名、电话、身份证号等个人隐私信息如何得到保护?是当前互联网不得不面对的一个问题。可以这样比喻,在大数据时代,数据与钱一样重要、也一样需要安全的保障[①]。但无论如何,大数据在信息传播中是如此重要,随着大数据的持续深入,也必将影响新媒体的发展,也期待着这些问题能够在新的发展时期得到解决。

4.5　互联网发展简史

　　互联网技术最早诞生于军方,后转为民用,它作为人类 21 世纪以来最重要的科技发明,也是继造纸和印刷术之后,信息传播与存储最核心的发明。从全球范围来看,互联网主要经历了最初的启蒙时代、普及时代以及浏览时代。以下是互联网诞生和发展的主要历史节点。

　　1969 年,美国军方开启的阿帕网(ARPANET)在几所知名大学中进行研究。这是第一个使用包交换技术(当时来说,这是一项新技术)的真实网络。1969 年 10 月 29 日,斯坦福大学和加州大学洛杉矶分校的计算机首次实现连接。实际上,它们是互联网的第一台主机。在网络上发送的第一条消息是"Login",但据记载,在发送字母"g"的时候,连接就断了,但这是人类互联网史上进行的首次通讯。1970 年,阿帕网络用于连接哈佛大学、麻省理工学院和 BBN 公司(该公司发明了可用于连接网络的"接口信息处理

---

① 周鹏. 大数据背景下的新媒体变化[N]. 青年记者,2014(01).

器")。

1971年,电子邮件被麻省理工学院雷汤姆林森博士(Ray Tomlinson)开发出来。因为邮件信息中的"@"符号比较生僻,不会在人名中出现,同时与英语单词"at"同意,也有"在"的意思,因此他决定使用"@"符号将用户名和电脑名字(后来变成了域名)分开。

1972年,能够让一台计算机登录到另一台计算机所必备的基础通信协议 Telnet 协议诞生,该协议也是黑客入侵其他计算机使用的协议,后来更成了黑客技术和反黑客技术相互争夺控制权的主阵地。

1973年,FTP 文件传输协议制定,它能够让不同计算机上的文件信息进行共享,也可以进行各类有用信息的检索、下载和上传。

1974年,互联网发展史上最重要的一个协议——传输控制协议(TCP)诞生,它也被解释为"包交换网络"。TCP/IP 定义了电子设备如何连入因特网,以及数据如何在它们之间传输的标准。通俗而言,TCP 负责发现传输的问题,一有问题就发出信号,要求重新传输,直到所有数据安全正确地传输到目的地。TCP 协议保证了在复杂多变的互联网环境下信息传递的可靠性,而 IP 是给因特网的每一台联网设备规定一个地址,并且是唯一的。就好像电话号码一样,有了它,别人就可以随时随地方便快捷地联系你并找到你。

1975年,随着电子邮件的流行,南加州大学的程序员 John Vittal 开发了第一个现代电子邮件程序(MSG)。这个程序在技术上的最大进步是增加了"回复"和"转发"功能,这也就是现在所谓的电子邮件客户端程序。

1977年,Dennis Hayes 和 Dale Heatherington 开发了调制解调器,它能把计算机的数字信号翻译成可沿普通电话线传送的模拟信号,而这些模拟信号又可被线路另一端的另一个调制解调器接收,并译成计算机可懂的语言。这一简单过程完成了两台计算机间的通信。

1978年,第一个公告板系统(BBS)诞生了。BBS 最早是用来公布股市价格等各类信息的,但当时的 BBS 连文件传输功能都没有,而且只能在苹果计算机上运行。因此,早期的 BBS 与一般街头和校园内的公告板性质相同,只不过是通过电脑来传播或获得消息而已。一直到个人计算机开始普及之后,有人尝试将苹果计算机上的 BBS 转移到个人计算机上,BBS 才开始渐渐普及开来。

　　1979 年,网络新闻组(Usenet)诞生,网络新闻组是一个基于互联网的讨论系统,来自世界各地的人们可以在相关的新闻组中发布和公开信息,并就某一主题进行讨论。新闻组是一个完全交互式的超级电子论坛,是任何一个网络用户都能进行相互交流的工具。

　　1983 年,阿帕网上的计算机通过 TCP/IP 交换数据,数以百计的电脑都连到了交换机上,服务器这一名称也是这一年开始出现的。

　　1984 年,第一个域名服务器(DNS)出现。由于单纯去记忆 IP 地址比较难,于是有科学家创造性的提出了"域名"的概念。它实际上是以规范、形象的字母形式组成的另一套地址系统,然后再与 IP 地址系统一一对应。域名(Domain Name)是由一串用点分隔的名字组成的 Internet 上某一台计算机或计算机组的名称,用于在数据传输时标识计算机的电子方位(有时也指地理位置,地理上的域名,指代有行政自主权的一个地方区域)。域名主要是由第一部分的网络名＋域名主体＋后缀组成,域名后缀是指代表一个域名类型的符号。不同后缀的域名有不同的含义,现在最通俗的域名类别可分为国际域名、国内域名(包括中文和英文)、国外域名三类。常见的国内域名后缀主要有.cn,.red,.com 等。常见的国际域名后缀有.com,.red,.pub,.co,.net,.org,.info,.xyz,.site 等。以一个常见的百度域名为例,baidu 网址是由两部分组成的,标号"baidu"是这个域名的主体,而最后的标号".com"则是该域名的后缀,代表这是一个 com 国际域名,是顶级域名。前面的 www.是网络名,baidu.com 为 www 的域名。域名也被称为 IP 地址上面的"面具",域名系统非常重要。与以前的数字相比,它使得互联网上的地址更加人性化。DNS 服务器使互联网用户只需输入一个容易记住的域名,然后它会自动将它转换成对应的服务器 IP 地址。

　　1985 年,第一个虚拟社区 WELL(全球电子链接)出现了。它由 Stewart Brand 和 Larry Brilliant 于 1985 年 2 月开发。该社区主要是为了让全球的读者和作者进行交流,并且是一个开放的但却是"有文化底蕴的、高智商的"人的聚会点。连线杂志曾一度将 WELL 评为"最有影响的国际在线社区"。

　　1989 年,蒂姆·伯纳斯·李(Tim Berners-Lee)编写的万维网(World Wide Web)协议也诞生了。它最初发表在 MacWorld 的 3 月刊上,并在 1990 年 5 月重新发表。它是为了告诉欧洲粒子物理研究所(CERN),一个全球性的超文本系统是 CERN 的最佳选择。它最初被称为"Mesh",当 Berners-Lee 在 1990 年编写代码的时候,"万维网"这个词随之诞生了。

1990 年,由 Tim Berners-Lee 编写的万维网协议完成了,万维网协议的代码基于他一年前提出的建议和 HTML、HTTP 和 URL 标准,蒂姆·伯纳斯·李也因此被称为互联网之父。

1991 年,全世界第一个网页被创建了,正如同第一份电子邮件解释什么是电子邮件,第一个网页的目的也是解释什么是万维网。同一年,第一个基于内容的搜索协议 Gopher 诞生了,它也是第一个查找文件内容而不仅仅是查找文件名称的搜索协议。这一年,MP3 文件格式正式被接纳为标准。被高度压缩后的 MP3 文件,后来成为通过互联网分享歌曲和整个专辑最流行的格式。

1993 年,第一个供大众使用的图形化浏览器 Mosaic 发布,虽然它不是第一个真正意义上的 Web 浏览器,但它被认为是第一个可以使非技术人员上网的浏览器。

1994 年,世界上第一款商业浏览器——网景浏览器 Netscape Navigator 1.0 正式发布。它的出现让普通用户也可以查看网页文字和图像,开创了网络浏览器的时代,迅速占有了 90% 的市场份额。1995 年,在看到 Netscape 浏览器软件的巨大成功之后,软件巨头微软开始意识到这是一个不可丢失的市场,于是便迅速推出了自己的浏览器软件"互联网探索者"(Internet Explorer,简称 IE),并把它捆绑在自己的 Windows 95 操作系统中进行免费发布。

1994 年,华裔青年杨致远在美国创立了雅虎(Yahoo. com)网站。

1997 年,"博客"这个词第一次被使用。

1998 年,第一个不是靠传统媒体报道的新闻出现,报道的内容是克林顿与莱温斯基的性丑闻。在《新闻周刊》宣布这一事件之后,The Drudge Report 网站发布了这条新闻。

1998 年,著名搜索引擎 Google 正式上线,它给人们在网上搜索信息的方式带来了革命性的变革。

2000 年是网络泡沫破裂的一年,给大批投资者造成了巨大损失,数百家公司被迫关闭。2001 年,在网络泡沫依然强劲的时候,维基百科于 2001 年启动,为聚合式的网站内容和社会化媒体铺平了道路。

2003 年,MySpace 发布并变成了最流行的社交网络,后来被 Facebook 取代。

2004 年,术语 Web2.0 正式出现。虽然在 1999 年 Darcy DiNucc 就创造了"Web2.0"这个词,它指的是高度互动并由用户驱动的网站和富互联网应用,但直到 2004 年才得到广泛使用。在第一次 Web2.0 大会上,蒂姆·奥莱利和约翰·巴特利提出了"网络平台"这个概念,它是指将应用软件构建在互联网上,逐渐远离桌面。这一年,Chris Sharpley 首次提出了"社会化媒体"的概念,社会化媒体网站和网络应用允许用户创建和分享内容,并且可以在这个平台上相互交流。一个全新的社会新闻网站 Digg 也于 2004 年 11 月推出,Digg 对传统的发现和产生网络内容的方式产生了革命性的影响,新闻和网站链接全都是由社区投票民主决定。著名社交网站 Facebook 也于 2004 年推出。2005 年,大众可以分享、交流视频的 YouTube 网站也随之推出。

最早的微博 Twitter(英文原意为小鸟的叽叽喳喳声)于 2006 年推出,创始人是威廉姆斯(Evan Williams)。Twitter 是一个社交网络及微博客服务。用户可以经由 SMS、即时通信、电邮、Twitter 网站或 Twitter 客户端软件(如 Twitterrific)输入最多 140 字的文字更新,Twitter 被 Alexa 网页流量统计评定为最受欢迎的 50 个网络应用之一。

2007 年,乔布斯在 MacWorld 大会上正式发布了第一代 iPhone。那时手机市场还是诺基亚的天下。直到今天,iPhone 已经成为一个传奇,乔布斯自己也对 iPhone 评价道:"这是我们所做的最完美的 iPod,这是一部精美绝伦的手机,这是因特网第一次真真正正坠入你的口袋之中。"互联网从那时开始也正式迈入了移动互联网时代。

2008 年,苹果公司为 iPhone 等硬件产品创建了 APP store,专门提供各类应用软件产品的下载或网上销售,该应用获得了飞速发展。同年 7 月,火狐浏览器市场份额首度超过 20%,Google 也适时推出 Chrome 浏览器,引发了新一轮的浏览器大战。

2010 年,苹果公司发布的平板电脑 iPad 独领风骚,加上智能手机的全面发展,互联网的桌面电脑向移动终端转移的趋势已经不容置疑。

4.6 中国互联网的发展

1987 年 9 月 20 日,钱天白教授向世界发出我国第一封电子邮件:"Across the GreatWall we can reach every corner in the world(越过长城,走向世界),由此揭开了中国人使用互联网的序幕。

1990 年 11 月 28 日,钱天白教授代表中国正式在 SRI – NIC(Stanford Research Institute's Network Information Center)注册登记了中国的顶级域名 CN,并开通了使用中国顶级域名 CN 的国际电子邮件服务,从此中国的网络有了自己的身份标识。由于当时中国尚未实现与国际互联网的全功能联接,中国 CN 顶级域名服务器暂时建在了德国卡尔斯鲁厄大学。

1997 年,由中国电信集团所建立的公用计算机互联网(CHINANET)与中国科技网(CSTNET)、中国教育和科研计算机网(CERNET)、中国金桥信息网(CHINAGBN)实现了互联互通,四大网络构成了中国地区的互联网。

1997 年 1 月 1 日,人民日报主办的人民网进入国际互联网络,这是中国开通的第一家中央重点新闻宣传网站。2 月,瀛海威全国大网开通,3 个月内在北京、上海、广州、福州、深圳、西安、沈阳、哈尔滨 8 个城市开通,成为中国最早、也是最大的民营 ISP(互联网服务提供商)和 ICP(网络内容服务商)。同年 5 月,丁磊在广州创建了网易。

1998 年,从美国麻省理工学院回国的张朝阳创立了中国首家大型分类查询搜索引擎搜狐网。11 月,马化腾注册成立腾讯公司。同年 12 月,北京四通在线与美国华渊资讯合并,创建了新浪网,由王志东任首任总裁与CEO。至此,影响整个中国互联网格局的四大门户网站已全部成立。

2000 年,互联网进入寒冬时期,新浪、搜狐、网易三大门户先后在美国纳斯达克上市,却受到美国纳斯达克股市崩盘的大环境影响。同时,这三个网站都面临着"有营收无赢利"的问题,开始受到投资人的冷落,中国互联网产业迎来了首次网络泡沫。

2002 年,在手机短信、网游、电子商务等多元化收费业务的支撑下,搜狐、新浪、网易几大门户网站开始实现赢利。

2002 年 8 月,方兴东将博客引入中国,创立了博客中国网站,他也因此被称为中国博客之父。

2003 年,非典时期,正常的生活与商业活动被打乱,却无意中促成了电子商务与网络游戏的兴盛发展。阿里巴巴网站在 B2B 企业平台迅猛发展的同时看准时机,推出 C2C 个人交易平台"淘宝网"以及网上支付平台"支付宝"。

2004 年 8 月,搜狐推出"搜狗",新浪推出"爱问",纷纷抢占新一代搜索引擎市场。腾讯在即时通讯软件领域占据绝对地位,并推出了门户网站 qq. com,在同年的中国商业网站 100 强的调查活动中,腾讯得票率超过新浪、搜狐、网易,名列第一。

2005 年,淘宝网超过易趣,成为国内最大的 B2B 网站,百度则超越谷歌,成为国内最大的搜索引擎。同年,中国进入播客时代,土豆网成立。代表着中国 SNS 时代的校内网也创立了,中国互联网进入 Web2.0 时代。

2006 年,国内各大视频网站纷纷获得融资,发展迅猛;新浪网启动博客战略,各大门户纷纷应战,Web2.0 时代的威客、掘客、维客等各种类型网站应运而生。

2008 年,开心网引领国内 SNS 网站成为当年最热门的网络应用,SNS 网站里的各种网页游戏风靡一时,同时也引发了广泛的社会讨论。

2009 年,国家工信部发放 3G 牌照,中国 3G 网络正式进入商用,移动互联网日趋成熟,云计算概念得到深入应用。

2013 年,我国正式发放 4G 牌照。中国移动、中国联通和中国电信三家运营商同步获得首批 4G 牌照,为 TD - LTE 制式。4G 指的是第四代移动通信技术。按照国际电信联盟的定义,4G 技术需满足如下条件:静态传输速率达到 1 Gb/s,用户在高速移动状态下可以达到 100 Mb/s。

思考题:

1. 描述 Web1.0、Web2.0 和 Web3.0 的基本概念及其区别。

2. 何谓三网融合? 为什么要推进三网融合?

3. 什么是云计算? 举例说明其应用范围及理念。

4. 请举例说明大数据对我们生活的影响。

5. 请思考数字存储技术的应用对人类文明的影响。

第5章 新媒体应用

按照目前新媒体传输网络的类型进行划分,可以大致将新媒体应用类型分为网络新媒体、手机新媒体和数字电视新媒体。网络新媒体是建立在互联网基础上的各种新媒体形式,包括各种网站、博客、播客、维客、网络电视、网络广播和网络报刊等。手机新媒体是以手机为接收终端的媒体形式,包括手机短信、手机报、手机电视、微信等。电视新媒体是建立在数字电视基础上的新媒体,包括数字电视、IPTV、移动电视和户外新媒体等。随着电信网络、有线电视网络和计算机网络的相互渗透和互相兼容,并且由于业务融合、终端智能化和需求融合的背景,新媒体的应用形式已经呈现出交叉融合发展的趋势,另一方面,随着数字技术的不断进步和革新,新媒体也将不断涌现出新的形态。

5.1 新媒体的传输网络

网络,是承载媒体信息进行传播和流通的渠道。各种媒体的信息内容和业务产品通过网络传输到各种终端,然后通过这些终端送达到信息的使用者——受众或用户。所以,网络是媒体信息传输和流通的物理基础。在新媒体时代,随着信息技术的飞速发展,网络传输速率和容量都得到了飞速提升,网络信息的反馈也得到了大大加强。随着电信网络、有线电视网络和计算机网络的相互渗透和互相兼容,三网融合已经发生,并且由于业务融合、终端智能化、需求融合的趋势出现了加速融合发展的趋势。

从媒体运营的角度来看,网络是传播流程的通路,是媒体承载和传输信息的物理基础,也是信息内容和用户终端发生联系的通路。传输渠道中各种形态的网络是传输信息的通路、渠道和途径。传输渠道的一端承载着媒体多重形态的内容信息,另一端衍生出了多元化的接收终端,是媒介内容信息和受众终端发生联系的重要通路。传输渠道基础设施和技术的发展影响着媒体形态的演变,也影响了其经营手段、经营理念的形成和变化。

在媒体的运营中,卫星、有线、无线三种网络是基础的承载信息进行传输的有形的物理网络,它们属于实体网络类型,任何信息(不管是用线缆、地下有线还是天上卫星传输)都必须要通过这三种网络来进行传输,它所起到的是一种基础通道的作用。而广电网、通信网和互联网则是三种产业类型的网络称谓。事实上,任何一种产业都能通过任何一种基础物理网络实现其信息内容或者业务的传输,同时也可以利用三种物理网络的交叉来实现某些信息的传输功能。而网络市场的发展情况,一方面取决于不同网络技术的特征,另一方面还取决于不同市场的政策、发展历史的演进、相关产业发展程度等多种因素的影响。

5.2　网络新媒体

5.2.1　门户网站

门户(Portal)原意是指正门、入口,现多用于互联网的门户网站和企业应用系统的门户系统。所谓门户网站,是指通向某类综合性互联网信息资源,并提供有关信息服务的应用系统。当前人们所理解的门户网站主要指一些综合性网站,是与那些专业性较强、涉及内容较为单一的垂直类网站相区别的网站。二者的区别可以形象地理解为超级市场与专卖店之间的区别,前者的品牌及商品类型众多,后者却较为单一。综合门户网站主要提供新闻、搜索引擎、聊天室、免费邮箱、影音资讯、电子商务、网络社区、网络游戏和免费网页等多种服务,在中国,典型的综合门户网站有新浪、网易、腾讯和搜狐等。

门户网站的概念最早起源于互联网商业中的互联网内容提供商(Internet Content Provider,ICP),是指在互联网上进行信息收集、加工并向其用户或访问者发布的公司。在1997年以前,门户网站是作为综合类的ICP而存在的,以"内容为王"为主要发展模式,令其成为了与报刊、电视等传统媒体并存的"第四媒体"。在中国互联网发展初期,正是由于有效信息的匮乏,使得门户网站在世纪伊始得以快速发展,承担互联网黄页和新闻聚合平台功能的门户站点,成为快速普及网络的家庭的必需品。这一时代发展起来的网民群体多不善于记忆和不习惯直接输入网址,而喜欢在门户或门户的搜索引擎搜寻所需信息,这也促成了当时所谓的"门户文化"。1998年,雅虎的成功使搜索引擎的商业价值得到了业界的广泛认同,搜索引擎成为门户网站业务发展与宣传的重心。门户网站在发展初期以网络广告为盈利点,通过最大化地吸引用户注意力、提高浏览量来获得风险投资者和网络广告主的青睐。2000年4月,网络经济泡沫破裂,门户网站单一的收入模式受到资本市场质疑,市值狂跌。在严峻的形势下,门户网站开始对自身发展模式进行调整,走向业务多元化,不再像传统门户网站那样只以网络广告为主营业务。以中国门户网站为例,2006年,网易83.8%的收入都来自于网络游戏服务,新浪则以网络广告收入和移动增值服务收入并驾齐驱,搜狐更是定位于"一家新媒体、电子商务、通讯和移动增值服务的公司",这样的变化已经完全超出了早期门户网站的概念。

新浪成立于1998年底,与搜狐、网易、腾讯并称为"中国四大门户",其创始人是王志东。新浪旗下有五大业务主线:即提供网络新闻及内容服务的新浪网(Sina.com)、提供移动增值服务的新浪无线(Sina Mobile)、提供Web2.0服务及游戏的新浪互动社区(Sina Community)、提供搜索及企业服务的新浪企业服务(Sina.net)以及提供网上购物服务的新浪电子商务(Sina E-Commerce)。向广大用户提供包括地区性门户网站、移动增值服务、搜索引擎及目录索引、兴趣分类与社区建设型频道、免费及收费邮箱、博客、影音流媒体、分类信息、收费服务、电子商务和企业电子解决方案等在内的一系列服务。新浪网公司的前身是四通利方信息技术有限公司和华渊资讯公司。这两家公司于1998年12月1日宣布合并,成立新浪网公司,并推出同名中文网站。四通利方信息技术有限公司是一家位于北京中关村的专业从事中文软件产品开发、销售与服务的中外合资企业,1993年12月由国内最大的民营高科技企业四通集团公司、国内第一套实用化中文Windows环境的发明人王志东先生,以及CCDOS发明人严援朝先生于1993年12月共同创办。1997年9月,四通利方成功引入华登国际投资集团(Walden)等三家国际高科技风险投资公司的新投资,实行国际化改造成功,是国内首家引入风险投资机制和"硅谷"管理模式的软件企业。1996年4月,四通利方发布

SRSNet(利方在线 http://www.srsnet.com)中文网站,提供中文搜索、新闻、中文论坛、聊天室等信息服务,很快便成为最受欢迎的中文网站之一[①]。华渊资讯公司于 1995 年 4 月在美国硅谷由斯坦福大学的三位华裔研究生创立,原 Trend Micro 的总裁姜丰年先生担任总经理。华渊公司所推出的"华渊生活资讯网"(SinaNet)提供多种以生活资讯为主的中文信息服务,深受海外华人的喜爱。在与四通利方合并之前,SinaNet 已经是海外最大的中文网站。得益于四通利方与华渊公司的极强互补性,新浪网在成立半年之内便取得巨大成功。

　　网易(NTES)是中国领先的互联网技术公司,其宣传语为"网易,网聚人的力量"。在开发互联网应用、服务及其他技术方面,网易始终保持业界的领先地位,并取得了中国互联网行业多项第一:第一家中文全文检索,第一家提供全中文大容量的免费邮件系统,第一个无限容量免费的网络相册,第一个免费电子贺卡站,第一个网上虚拟社区,第一个网上拍卖平台,第一个 24 小时客户服务中心,第一个成功运营自主研发国产网络游戏。自 1997 年 6 月创立以来,网易曾两次被中国互联网信息中心评选为中国十佳网站之首。目前,网易提供网络游戏、电子邮箱、新闻、博客、搜索引擎、论坛、虚拟社区等服务。

　　搜狐(SOHU)网站是中国领先的新媒体、通信及移动增值服务站点。1996 年 8 月从美国麻省理工学院归来的张朝阳创办了搜狐的前身"爱特信信息技术有限公司"。1998 年 2 月,爱特信推出搜狐,中国首家大型分类查询搜索引擎横空出世,搜狐品牌由此诞生。"出门靠地图,上网找搜狐",搜狐由此打开了中国网民通往互联网世界的神奇大门[②]。1999 年,搜狐推出新闻及内容频道,奠定了综合门户网站的雏形,开启了中国互联网门户时代。由于张朝阳对互联网在中国的传播及商业实践做出的杰出贡献,他被美国《时代周刊》评为"全球 50 位数字英雄"之一,并先后登上"财富"论坛和《亚洲周刊》封面。2000 年 7 月 12 日,搜狐公司正式在美国纳斯达克挂牌上市,从一个国内知名企业发展成为一个国际品牌。2000 年,搜狐收购中国

---

① 利方掀起新浪,全球最大华人网站横空出世 [EB/OL]. (2004 - 12 - 07). http://www.sina.com.cn/corp/intr-intro.html.

② 搜狐的发展历史 [EB/OL]. (2008 - 02 - 21). http://www.chinaz.com/news/2010/0729/123482.shtml.

最大的年青人社区 ChinaRen 校友录,树立国内最大的中文网站地位。2002年第 3 季度,搜狐公司在国内互联网行业首次实现全面盈利,这是中国互联网发展进程中一个划时代的里程碑,2005 年 11 月,搜狐签约成为 2008 北京奥运会互联网内容服务赞助商。作为中文世界最大的网络资产,搜狐门户矩阵包括中国最领先的门户网站 sohu.com、华人最大的青年社区 ChinaRen.com、中国最大的网络游戏信息和社区网站 17173.com、北京最具影响力的房地产网站 focus.cn、国内领先的手机 WAP 门户 goodfeel.com.cn、具有最领先技术的搜索站点搜狗 sogou.com、国内领先的地图服务网站图行天下 go2map.com 七大网站。

腾讯成立于 1998 年 11 月,是目前中国最大的互联网综合服务提供商之一,也是中国服务用户最多的互联网企业之一。10 多年以来,腾讯把为用户提供"一站式在线生活服务"作为战略目标,不断提供互联网增值服务、网络广告服务和电子商务服务。通过即时通讯工具 QQ、移动社交和通讯服务软件微信和 WeChat、门户网站腾讯网(QQ.com)、腾讯游戏、社交网络平台 QQ 空间等中国领先的网络平台,腾讯打造了中国最大的网络社区,满足互联网用户在沟通、资讯、娱乐和电子商务等方面的需求。截至 2015 年第二季度,QQ 的月活跃账户数达到 8.43 亿,最高同时在线账户数达到 2.33 亿;微信和 WeChat 的合并月活跃账户数达 6 亿。腾讯的发展深刻地影响和改变了数以亿计网民的沟通方式和生活习惯,为中国互联网行业开创了更加广阔的应用前景。

四大门户网站最初的参照模式都是雅虎,以中文网站的搜索引擎为切入点,打造网民与企业之间的桥梁,进而开始为用户提供各种新闻、资讯、信息以及商务服务。在 Web1.0 时代,这些门户网站一般都没有自己独立的新闻采编队伍,几乎所有新闻资讯都来源于传统媒体尤其是报纸,从而造成各大门户网站内容趋同的问题,以至于门户网站间无视内容版权互相抄袭。在内容表现形式上,门户站点也主要以文字与少量图片为主,版面缺乏创新,甚至沿袭平面报纸杂志的风格。此外,在内容编排与策划上,最初的人才梯队也大多是来自于计算机网络专业的人才,媒体运营和策划组织能力比较欠缺,传播思维还停留在上传海量信息我播你看的传统媒体风格。

Web2.0 时代以后,新浪、腾讯、网易、搜狐等门户网站日益发展成最具影响力的新媒体。从资源方面来看,新媒体要想获得类似 CCTV 的垄断性资源不大可能,因此,通过内容的创新和有效市场的占据来提升影响力就显得尤为重要。以新浪为例,新浪继承了传统媒体行业"内容为王"的优良传统。2008 年奥运会期间,在内容的打造上,新浪网与人民网合作推出《24 小时远眺鸟巢播不停》直播栏目。从 8 月 8 日至 24 日,通过在鸟巢附近安置摄像机,以全景视角 24 小时对鸟巢和水立方外景及其周边进行不间断的实时直播。新浪体育还在刘翔退赛事件后,公开发表网站"社论",这是国内网站中唯一公开发表的网站"社论",在增强报道深度的同时,明确了支持刘翔的立场和观点。此外,组织近 30 位资深体育名家落户新浪体育,在快速、全面报道赛事新闻的同时,从另一个角度为网友提供更加立体丰满的赛事资讯。包括黄健翔、米卢等诸多名家名嘴均在新浪独家开博对赛事进行点评。易建联等体育名星也作为嘉宾或开设博客独家为网友点评赛事,众星联手带给网友畅快淋漓的享受。刘翔退赛后韩寒、高晓松、郎朗、黄健翔、李承鹏等博客进行了非常高端的评论。据万瑞数据在奥运期间对新浪网奥运频道进行的全样本监测显示,与 2008 年 8 月初相比,新浪奥运频道流量增幅数十倍,独立用户数也超越历史最高点记录 2 倍,各地用户覆盖量增长显著。此外,访问停留时长、平均浏览页数也都出现数倍增长。

　　随着互联网发展到移动互联时代,当前用户阅读视线由 PC 端向移动终端转移,这削弱了门户网站的流量和吸引力。从本质上说,门户网站是信息源不丰富时代的信息聚合产物,这在一定程度上也可以解释此一时期中国网民的"门户依赖"的现象。随着"Web3.0"和信息爆炸时代的来临,信息来源愈发丰富和多元化,网民素质不断提高,网民自身成为信息制造的主角,用户不再将目光只停放在同一个信息源上面,转而寻求更具专业属性的垂直网站、社交网站和兴趣聚合社区。具有大众传播属性的门户网站不再是网民获取需求信息的有效途径,门户时代因此也就成为过去。在移动互联网的船票之争中,四大门户网站也逐步分化,其主营业务详见表 5-1。从 2008 到 2012 年的四大门户总体业绩来看,排名依次是腾讯、网易、搜狐和新浪。腾讯网站凭借广泛的用户群,在总收入上领先其他三个门户网站。此外,根据网站评判的重要指标 UV(网站独立访问用户数)、PV(用户访问该网站时打开的页面数量)值来看,腾讯无论是 UV 值还是 PV 值都遥遥领先,新浪、搜狐、网易之间的 UV 值则相差不大。

表 5-1 四大门户网站主要业务范畴

	新浪	搜狐	腾讯	网易
成立时间	1998 年 12 月	1998 年 2 月	1998 年 11 月	1997 年 6 月
主要业务范畴	新浪网提供网络新闻及内容服务。旗下内容频道主要有新闻、财经、科技、体育、娱乐、汽车、博客、视频、房产、读书、教育、时尚、论坛。其中新浪无线提供移动增值服务。新浪互动社区提供Web2.0 服务及游戏。旗下有新浪博客、新浪播客、新浪邮箱、新浪相册、新浪论坛、新浪微博。新浪企业服务包括搜索引擎、企业邮箱、分类信息、企业黄页、产业资讯以及城市门户网站等强势产品,打造出全方位的网络信息化服务平台。	搜狐网提供网络新闻及内容服务。以雄厚的媒体实力和资源精心打造了汽车、房产、财经和IT 四大主流产业的专业频道,以影响多中心、特色全频道的形式为大众提供最快速、真实和权威的资讯,全面影响消费决策,全方位多维度地打造实力媒体平台。主要产品有搜狐新闻、搜狗输入法、校友录、房产网、图行天下等。其中涵盖搜狐畅游(搜狐公司控股,集游戏研发、运营、维护、销售及推广于一体的中国知名数字娱乐产品及服务提供商)和搜狗(搜狐旗下子公司,拥有国内用户量最大的搜狗输入法等客户端产品。	腾讯主要业务集中在 IM(即时通讯)、网络媒体、无线互联网增值业务、互动娱乐业务、互联网增值业务、电子商务等。其中涵盖网络媒体(腾讯网、搜搜)、无线互联网增值业务(包括手机腾讯网、手机 QQ、微信、微博、超级 QQ、手机游戏、手机音乐等)、互动娱乐业务(腾讯游戏是腾讯四大网络平台之一,是全球领先的游戏开发和运营机构,也是国内最大的网络游戏社区)、互联网增值业务(QQ 空间、QQ 会员、QQ 秀、QQ 音乐、QQlive、校友、城市达人)、电子商务(拍拍、易迅、QQ 网购)。	网易为互联网用户提供了以内容、社区和电子商务服务为核心的中文在线服务。主要内容频道:新闻、娱乐、财经、汽车、体育、女人、科技、数码、手机、房产、读书、游戏、教育、旅游、酒香、公益、校园、传媒、视频、论坛、博客。其他业务主要有电子商务(包括网易商场、网易宝、优惠券、乐得惠、惠惠网)、社区论坛(包括博客、论坛、同城约会、同学录、全民 DJ、梦幻人生)、在线游戏。

5.2.2　网络社区

1. BBS

BBS 的英文全称是 Bulletin Board System,翻译成中文就是"电子布告栏系统"或"电子公告板"。早期 BBS 是用来公布股市价格等各类信息的,没有文件传输功能,只能在苹果机上运行,与一般街头和校园内的公告板性质相同,后来逐渐发展成为各种讨论、争论发生的场所,并由此获得了"论坛"这样一个富有学术气息的名称。国内互联网诞生之初,由于高校率先拥有计算机设备、上网条件和人才优势,因此早期的 BBS 大多诞生于各大高校,如清华大学的"水木清华"、天津大学的"天大求实"和北京大学的"一塌糊涂"等等,这些论坛成为高校学子相互沟通的精神家园,但后来随着中国公用计算机互联网(ChinaNet)的开通,BBS 开始走向社会各界。

在中国,虚拟社区也是由 BBS 和新闻组起步的。通过 BBS 和新闻组,网民可以实现一对多或多对多的交流。1997 年 10 月,网易在国内第一个创建虚拟社区服务,但当时的 BBS 是基于 Telnet(远程登录),使用者需要了解并掌握比较复杂的互联网技术指令。1999 年 1 月,网易 BBS 推出 Web 版,用户只需要打开网页就可以登录。新浪也随即宣布把虚拟社区作为主攻方向之一。作为新浪网前身的四通利方论坛真正将 BBS 带入公众视野,1997年的世界杯预选赛亚洲区十强赛,当时的四通利方体育沙龙聚集了一批体育迷,活跃在论坛上的网友有老榕、悉尼球探、韦一笑等知名网民,其中老榕发表的一篇名为《大连金州没有眼泪》的文章,描述了中国国家足球队惨败于卡塔尔比赛的亲历感想,当时感动了无数网民,在两天之内就被阅读了两万余次,再加上之后被其他网站和媒体竞相转载,一度被认为是"全球最有影响的中文帖子",这篇文章对论坛的发展起到了很大的推动作用[1]。

BBS 论坛一般由站长(创始人)创建,并设立各级管理人员对论坛进行管理,包括论坛管理员(Administrator)、超级版主(Super Moderator,有的称"总版主")和版主(Moderator,俗称"斑猪"、"斑竹")。超级版主一般是低于站长(创始人)的第二权限人员(不过站长本身也是超级版主,超级管理员,Administrator),一般来说超级版主可以管理所有的论坛版块(普通版主只

---

[1]　许许. 告别乌托邦——中文 BBS 简史[N]. 南方周末:2002 - 08 - 01.

能管理特定的版块）。要参与 BBS 的讨论，必须先注册用户名，其他用户就会通过这个用户名所发表的帖子来了解并熟悉这个用户的特点。这种网络用户身份带有虚拟性，根据用户不同的需求，BBS 会划分出不同的版块和讨论话题，每个版块有相应的管理员、规章制度和讨论方向，维持着一定数量的习惯用户。用户在不同版面里相互交流，出现了相对固定的群体，推动信息更为复杂地流动，形成一个与现实社会相似的虚拟人际圈子，这也就促成了一个网络虚拟社区。

1998 年 3 月，大型个人社区网站"西祠胡同"的创办，以及 1999 年 6 月创办于美国硅谷的"全球华人虚拟社区"ChinaRen 登陆国内，标志着成规模的虚拟社区——门户化的 BBS 开始出现。"西祠胡同"成功地发展了以讨论版组群为主导的社区模式，而 ChinaRen 则第一次以聊天室为核心，开发了游戏、邮件、主页和日志等一系列以用户为中心的服务内容。由于地缘政治、意识形态和社会形态等方面的特殊原因，中国的虚拟社区的发展速度和繁荣程度一直十分引人注目，它们大多发展成为全国性的多功能、立体化的社会交往空间。这些虚拟社区所划分出的分类主题和交流主题，涉及了当代社会日常当中几乎所有重要现象和事件。正是在共同探讨相同和相似主题的过程中，虚拟社区加大了社会阶层的凝聚力，它们不仅体现为地区、人群、阶级的汇聚，有时甚至反映了民族情绪聚合的观念水平。

西祠胡同由响马创建于 1998 年，是中国最早的网络社区，也是内容最为丰富、网友最为活跃的华人社区网站。西祠胡同（以下简称西祠）并非传统意义上的社区网站，自创立初期，西祠即首创"自由开版、自主管理"的开放式运营模式——即站方管理和维护社区平台及分类目录，用户自行创建讨论版、自行管理、自行发展，自由发表信息和沟通交流。此开放模式体现了互联网的自由和自律精神，且快捷、便利、易于掌握，因此深得用户好评。至今，西祠用户已自建讨论版超过 80 万个，注册用户 3000 万。西祠用户遍布境内外，积累了不同地区、各年龄层次、各种行业、不同兴趣爱好的大量忠实网友，用户群横跨各个阶层人群。西祠胡同让任何一种意见都有可能在 BBS 中拥有自己的阵地、发出自己的声音，从而成为率先在国内诠释互联网内涵精髓的应用网站，也是最早实践 Web2.0 精神的网站之一。在 1998 年发布上线之后，到 1999 年底，西祠胡同已经发展到同时在线人数上百万的庞大规模。程序员出身的响马深感个人再也无法支撑这一平台，2000 年以

200 万元的价格将西祠胡同转让给了已在纳斯达克上市的艺龙旅行网,当时的艺龙专注于打造一个城市生活和时尚网站。艺龙上市后,西祠胡同在艺龙内部落入了一个尴尬的发展境地并逐步衰落,其 BBS 模式也被后来的诸多互联网和移动社区所超越。2015 年 3 月,艺龙以 7650 万元的价格,将西祠胡同 90% 的股权以及所有相关资产转让给江苏紫金汇文传媒投资有限公司。

天涯社区创办于 1999 年 3 月 1 日,因总部位于有"天涯海角"之称的海南岛而得名。创建初始,国内一批有思想、文笔不错的网民大多聚集在四通聊天室,之后由于聊天室的服务不稳定,他们中的一大批优秀聊客选择来到天涯,并驻留下来,这为今后天涯 BBS 的风格与网民群体素质奠定了独特的基础。自创立以来,天涯社区以其开放、包容、充满人文关怀的特色受到了全球华人网民的推崇。经过十余年的发展,天涯已经成为以论坛、博客、微博为基础交流方式,提供个人空间、相册、音乐盒子、分类信息、站内消息、虚拟商店、来吧、问答、企业品牌家园等一系列综合功能服务,并以人文情感为核心的综合性虚拟社区和大型网络社交平台。特别是天涯社区针对"9.11"事件的大讨论更进一步抬升了社区的人气和在国内网络界的知名度。之后,天涯形成了人文思想、文学创作以及社会热点三足并进的良性发展之路。当前,天涯社区每月覆盖品质用户超过 2 亿,注册用户超过 8500 万,拥有上千万高忠诚度、高质量用户群所产生的超强人气、人文体验和互动原创内容。天涯社区一直以网民为中心,满足个人沟通、表达、创造等多重需求,并形成了全球华人范围内的线上线下信任交往文化,成为华语圈首屈一指的网络事件与网络名人聚焦平台,也是最具影响力的全球华人网上家园。

猫扑大杂烩(简称 DZH)是猫扑网的雏形,是一个具有一定影响力的中文网上论坛,于 1997 年 10 月建立。猫扑大杂烩注册 ID 有 1000 多万,最早只是一个游戏网站,以讨论电视游戏为主,也是内地最早的个人游戏站之一。2004 年,猫扑网以股价交换的方式被千橡互动集团收购,发展成为包括猫扑大杂烩、猫扑贴贴论坛、猫扑资讯中心、猫扑游戏等产品的综合性富媒体娱乐平台。2012 年,猫扑资产划归至美丽传说股份有限公司,正式进驻广西南宁。2004 年扩展之后,猫扑网继续加强了其新锐网站的风格,并一度成为公众舆论的策源地和扩散平台。猫扑网从一开始就把主要用户群体的年龄锁定在 18～35 岁之间,主要分布在消费能力比较高的经济发达地区,他们激情新锐,思维灵活新颖,乐观积极,张扬个性,追求自我,是新一代娱乐互动的核心人群。因为这一特色,在最初的发展时期,局外人一直把猫扑当成是非主流文化的聚集地。但是,随着互联网多元化思想的传播,猫扑网诞生出的网络新兴流行词以及流行文化,凭着创造、快乐、张扬的个性,始终引领中国互联网的时尚文化潮流,并影响中国的年轻一代,成为众多网民的流行风向标。

随着 BBS 的流行和用户群体的规模化以及虚拟社区体系的建立,中文 BBS 形成了独特的网络文化体系。首先,几乎所有的中文 BBS 都有自己的等级制度,如猫扑积分制度①,这种看似与互联网所倡导的平等、自由理念相冲突的管理制度,在中文 BBS 虚拟社区中大行其道。在这种虚拟社区的环境中,往往用户获得的奖励与用户提升等级所付出的代价完全不成正比。因此,不能单纯地从利益动机的角度去解释网民的网络行为。但有一点是可以肯定的是,虚拟社区环境中的等级制度的设立,一方面是出于论坛管理者管理论坛的需要,另一方面也是对现实社会传统身份地位的解构,让所有网民看到网络社会的机会和公平。因此,可以将这种做法看作是对现实社会制度的一种补充。其次,BBS 是互联网应用中第一次真正让民众公开发声的平台,因此各种评论如同决堤之水奔流而来,各种时事热点成为 BBS 中最热门的话题。但比较遗憾的是,这些评论大多集中于各种投诉、曝光、质疑和批判之声,这一方面反映了 BBS 作为传统媒体正面积极报道的一个逆向的宣泄渠道,另一方面,这里面也反映出了越来越多的网民带着质疑心态的理性批判行为。这种质疑不是简单的否定与抨击,而是期待反映问题和解决问题。因此,这种倾诉和吐槽是社会理性的声音,应当加以鼓励和支持。

---

① 猫扑积分制度:猫扑积分系统目前在猫扑大杂烩、猫扑贴贴、猫扑地方站适用,主要目的意在增加有效的 UGC(用户原创内容),未来全站将通行统一的标准和管理制度,且主要由用户的发帖回帖数量以及某些特殊道具效果决定。积分主要由两部分组成:1. 积分初始计算公式为:积分=发帖数量 * 3+回帖数量,其中发回帖须为有效帖(即通过审核内容,被删除或者审核不过的发回帖无效,不计入积分);2. 帖子被加精彩/热门/原创,积分增加 50。在其等级体系中,BBS 用户都有各自对应的称号、等级和积分:死猫(0级)0 以下,野猫(1级)0—9,小猫(2级)10—29,中猫(3级)30—99,大猫(4级)100—299,波斯猫(5级)300—999,通灵猫(6级)1000—1999,多罗猫(7级)2000—4999,九尾猫(8级)5000—9999,伤不起的猫(9级)10000—19999,猫王(10级)20000—49999,传说中的猫(11级)50000—99999,天外之猫(12级)10万—199999,神一般存在的猫(13级)20万—499999,猫族守护神(14级)50万以上。

中文 BBS 文化的独特之处,还体现在它成为了网络非主流文化的聚集地。如网民在发帖过程中的各种流行语,如木有(没有)、神马(什么)、LZ(楼主)、RPWT(人品问题)、灌水、顶贴、马甲,等等,还有在帖子中充斥的各种恶搞的内容,如图片 PS 搞怪以及各种以丑、怪、野为噱头的个性表达,还包括网民在 BBS 中各种令人难以理解的网络行为,如互不相识的网友会将一句十分普通平常的话在一个帖子里不断地重复跟帖,这种行为称为"盖楼"或"挖坑";又如在 BBS 中自觉地按照一定的格式模仿造各种句子,这种行为称为"排队";等等。中文 BBS 中的这些独特的文化形成了独特的风景,有糟粕也有精华,它在一定程度上构筑了当时的网络文化主体,成为广大网民心中一段独特的记忆。

如今,网络论坛经过数年的洗礼,已摆脱了早期的理想主义姿态,从激情走向理智,从乌托邦的凌空蹈虚到商业化的脚踏实地,网络论坛与网民都经历了精神上的裂变,网络论坛从小资们散步的浪漫沙滩演变为专业人士的演武场。在国内,目前有影响的虚拟社区主要分三大类:第一类,适合普罗大众,以兴趣爱好、休闲娱乐为主,像网易社区、天涯社区、猫扑等,第二类,适合在校大学生,以大学校园学习生活为主,像清华的"水木清华"社区、北大的"一塌糊涂"社区、交大的"兵马俑"社区等,这两类的社区规模都比较大,会员几十万甚至过百万,在线人数通常几千,在国内有一定的影响力;第三类是各教育网站、网校,针对教师和中学生的教育社区,这类社区规模相对比较小,会员也不多。这一切说明国内的虚拟社区已有一定的影响和规模,将其应用于类似于网络教学的专业领域是有可能的。

随着中国互联网环境逐渐成熟,新媒体应用不断涌现,门户类 BBS 已经失去了当年的热度。当前,国内 BBS 逐渐在走地方化战略,以聚集本地网民、关注地方经济、指引生活消费为目的的本地 BBS 陆续出现,它们大多以地方特色为中心,话题及用户的黏着度也相当高,极易形成地区热点效应。在当前新媒体平台层出不穷的趋势下,地方 BBS 出人意料地成为一股新媒体奇军,已经成为一个地区普通民众生活消费的风向标。

2. 博客

博客曾经是一个典型的网络新事物。博客的英文名词是"Blog"或"WeBlog"(指人时对应于"Blogger"),该词来源于"Web Log"(网络日志)的缩写,特指一种网络出版和发表文章的方式。作为一个新生事物,100 个人眼中或许会有 100 种不同的定义,但是,其基本的内涵指向都是一致的。《网络翻译家》的解释是:"一个 Blog 就是一个网页,它通常是由简短且经常更新的 Post(此处作"张贴的文章")所构成;这些张贴的文章都按照年份和日期排列。Blog 的内容和目的有很大的不同,从对其他网站的超级链接和评论,有关社会、公司的新闻,到个人构想的日记、照片、诗歌、散文,甚至科幻小说的发表或张贴都有。许多 Blog 是个人心中所想之事情的发表,其他 Blog 则是一群人基于某个特定主题或共同利益的集体创作。Blog 好像是对网络传达的实时讯息。撰写这些 WeBlog 或 Blog 的人就叫做 Blogger 或 Blog writer。"《市场术语》对博客的解释是:一种表达个人思想,内容按照时间顺序排列,并且不断更新的出版方式。《华尔街日报》记者佩姬·努南曾说,博客是每周 7 天,每天 24 时运转的言论网站,这种网站以其率真、野性、无保留、富于思想而奇怪的方式提供无拘无束的言论。著名的网络思想家戴维·温伯格认为,博客是个人声音在新的公共空间的持久记录。硅谷最著名的 IT(Information Technology,信息科技)博客专栏作家丹·吉尔默曾提出非常具有震撼力的新概念:博客代表着"新闻媒体 3.0"。他所说的 1.0 是指传统媒体或叫旧媒体(Old Media),2.0 就是人们通常所说的新媒体(New Mmedia)或者叫跨媒体,而 3.0 就是以博客为趋势的个人媒体或者叫自媒体。

事实上,博客不过是一个个人利用相当便捷的免费维护软件运作的个人网站,网站中可以包含许多其他网站的链接及其他网站报道的链接。博客是超级链接的网络日记,是网络时代的"读者文摘"①。博客凭借其个人性、开放性、互动性和及时性的传播特质,显出其特有的优越性。有人说:"我们把这样一群信息时代的麦哲伦们,称之为博客(Blogger)。他们的出现,使我们在互联网世界,第一次有了知识积累和文化指向。使人类由粗放的数字化生存,过渡为个人化的精确的目录式生存。'博客'不是博士,但他们是信息时代的知识管理者。他们的渊博不是体现在封闭的内涵,而是体现在他们奉献的外延。如同当年麦哲伦的航海日志一样,博客们将工作、生

---

① 《读者文摘》(Reader's Digest),美国杂志,在全球多个国家和地区都有发行。1922 年创刊,是一本能引起大众广泛兴趣的内容丰富的家庭杂志。它所涉及的内容涵盖了健康、生态、政府、国际事务、体育、旅游、科学、商业、教育以及幽默笑话等多个领域。拥有 48 个版本,涉及 19 种语言,并畅销于世界 60 多个国家。

活和学习融为一体,通过博客日志(Blog 或 WeBlog),将日常的思想精华及时记录并发布,萃取并联接全球最有价值、最相关、最有意思的信息与资源,使更多的知识工作者能够零距离、零壁垒地汲取这些最鲜活的思想"。

2002 年,美国《财富》杂志"最酷公司"评选,第一名是皮拉实验室(Pyra Labs)。文章称:"没有什么东西比迅速兴起的'博客'—— 一种即时更新的在线日记更具有杀伤力了"。全世界每 40 秒钟,就有一名新的博客加盟进来。有关"博客"的最重大事件发生在美国东部时间 2003 年 2 月 15 日晚上 19 时 41 分,硅谷最著名的 IT 专栏作家,也是最著名的 IT 博客之一丹·吉尔默(Dan Gillmor),在他的个人博客网站率先发布了一个惊人的消息:全球最大的搜索引擎公司 Google 并购了全球最大的博客托管服务网站 Blogger 的母公司皮拉实验室,它标志着博客的商业化运作进入了一个新的里程碑。

在中国,网络革命往往保持着一定的"滞后度"①,但是,从 2002 年 8 月引入"博客"概念,到"博客中国"②应运而生,再到 2003 年 8 月出版国内第一本介绍博客发展的书籍《博客(Blog)——e 时代盗火者》,之后是 2003 年教育部重大研究课题"博客(Blog)技术研究"顺利通过,到 2005 年,中国博客的注册量就奇迹般地攀升到了世界第一。近年来,一些民间写手频频发言,从对新浪、搜狐、网易等几大门户网站某些频道中的"有色信息"提出严厉批评,到指责微软公司在中国打击盗版存在的问题,这些在传统媒体上难得一见的犀利言辞,不管是否正确,都在吸引越来越多的眼球,而这些信息的制造者正是自诩为博客的人。

博客被视为继电子邮件、BBS 和 ICQ③之后的第四种互联网沟通工具。从理念上讲,早在中国出现"博客"一词之前,BBS 上的在线日记、个人文集和讨论区等功能,已足以让网民们建立起形式朴素的网上家园。搞点小创作、搜集感兴趣的资料和网络链接与他人共享,早就成为很多上网者日常生

---

① 滞后度:主要是指一个现象与另一密切相关的现象相对而言的落后迟延的程度。

② 博客中国:2002 年 8 月 19 日,博客中国(www.blogchina.com)开通,blog 首次在中国被翻译为"博客"。博客中国的开通,为同质化的世界带去一份有着自己鲜明特色的新东西,义不容辞地充当"博客思想"在中国推广和倡导的先锋。

③ I Seek You,我寻找你,由一家以色列公司制作的软件,用户可以在因特网上实时看到朋友是否在线并提供聊天功能。

活的一部分。博客日志这种民间发表方式主要有两大作用：从媒体传播角度考察，它代表了一种全新的自由发表的个人网络出版方式，由此对传统媒体工业化的运作模式形成挑战；从知识管理角度考察，它代表着个人自由表达、知识过滤与积累、深度交流沟通的网络新方式，为组织沟通和社会交流带来了全新的变革。相较于 BBS 和个人主页来说，博客的最大特点就是将个人主页的个体特征与 BBS 的分享和公共性的特征结合起来。网络日志是一种个人化的表达，同时，它又不支持隐私性。如果说 BBS 太强调公众性，而个人主页又太缺乏公共性，那么"博客"技术就是两者的结合。在博客王国里，真正耐人寻味的是，一种最具个人化的内容，却有最具公众性的形式，个体转变成公众的过程也是社会化的过程。博客的出现实现了从"点到面"传播走向"面到面"传播。因为网络上不存在发布信息的唯一的"点"，个体在其中所以能成为博客，是因为他有可能成为发布信息的"点"之一。博客只能在网络上生存，而不可能在报纸、广播和电视上生存。过去的大众传媒正是因为其"点到面"的模式才得以将个体构建为受众的。在网络上，当无数的"点"组成整个的"面"之后，它就真正成了国家和社会分离之后出现的公共领域。在这里，个体被构建为名副其实的公众。

如果说 BBS 让普通民众首次有了在互联网上发声的平台，那么 BLOG 则让普通民众有了走向精英更进一步表达话语的可能。Blog 更加注重个人思想的释放，更具有个性张扬的特征，这是其用户规模迅速扩大的根本原因，也使其成为网络意见领袖的新聚集地。2005 年，方兴东将博客带到中国，并且亲自创建了博客中国网站，2006 年 2 月，方兴东的博客网宣布注册用户数已经突破千万。于此同时，这一年全世界平均每天新建的 Blog 有 75 000 多个，博主们每天发布的新日志数量达到了 120 万篇，数量巨大无所不包的内容吸引了无数阅读者和访问者。传统的门户新浪、搜狐、网易已经感受到了博客对传统媒体的巨大冲击力。因为在博客时代，一个人、一支笔可以挑战整个媒体时代。于是，传统门户纷纷开始杀入博客领域，并实施名人战略，邀请各类社会名人精英来开博客、写博客，利用他们本来就具有的光环进一步吸引更多的关注。但是，在博客迅速扩大规模的背后，充斥的是大量粗制滥造的缺乏原创的内容，快速增长的草根博主人群不具备太多的原创力，大多只会选择转发自己认同的内容，于是在各大博客平台中就布满了大量同质化、娱乐性的垃圾内容。最终，广大网民期待的通过博客一步登天主导话语空间的局面并未出现,博客的关注度开始下降,赢利也遇到了问题。为了生存,为了广告,众多博客站点又加入到了编辑门类齐全的各类信息的 Web1.0 的老路上去了。

　　未来的博客形态可能将会是集成各种网络应用的中心:包括电子邮件、微博客(即时信息通讯)、博客应用、协同办公以及留言讨论等,而且除了电脑,还可以通过手机、电视、电话等各种终端无所不在、随时随地地发布博客文章。个人博客就是个人在网上的全面形象的代表,是以个人为基础的互联网各项应用的"枢纽"。博客将成为图文时代人们的精神平台,新思想的创意空间,也将成为个人媒体权力适度展示的舞台。然而,受到 SNS 社交网站等新兴互动空间模式的冲击,传统的博客已经有些落寞,而一个脱胎于传统博客的新名词出现在人们的眼中,并迅速火爆起来,它就是微博。

　　3. 微博

　　微博即微博客(MicroBlog)的简称,是一个基于用户关系的信息分享、传播以及获取平台,用户可以通过 Web、WAP 以及各种客户端组建个人社区,以 140 字左右的文字更新信息,并实现即时分享。最早也是最著名的微博起源于美国的 twitter[①](即时信息的一个变种,它允许用户将自己的最新动态和想法以短信息的形式发送给手机和个性化网站群)公司,截至 2014 年 2 月,Twitter 累计注册用户超 10 亿,但活跃用户仅占 25%。

　　微博的主要应用平台是手机,且广泛分布在桌面、浏览器、移动终端等多个平台上。微博以电脑为服务器,以手机为平台,把每个手机用户用无线的手机连在一起,让每个手机用户无需使用电脑就可以发表自己的最新信息,并和好友分享自己的快乐。这真可谓"随时随地 Blogging"。相对于强调版面布置的博客来说,微博的内容组成只是简单的只言片语,更新方便,对用户的技术要求门槛很低,在语言的编排组织上也没有博客那么高,只需要反映自己的心情,不需要长篇大论,字数有所限制,让你用极短的一句话向所有想了解你的人发布信息,实际上就是人类日常生活中闲话聊天的网络化。

---

① 　Twitter(非官方汉语通称推特)是一家美国社交网络及微博客服务网站,是全球互联网上访问量最大的十个网站之一,是微博客的典型应用。它可以让用户更新不超过 140 个字符的消息,这些消息也被称作"推文(Tweet)"。

微博究竟是什么？有人说它是一个实时的信息传播平台,有人说它是一个全新的新一代的通讯平台,也有人说它是全新的社交网络。这些说法都对,但是还不够全面。微博打造的开放平台实现了对信息流和人际关系的高度整合,它是把基于微博的信息、用户以及关系这三个基本的要素整合在一起,以 VPI(Virtual Path Identifier,虚路径标识符)的方式向第三方的开发者开放。相对于博客等,微博客显出了一些新的基本特性。一是草根性。微博客草根性很强。微型博客的出现真正标志着个人互联网时代的到来。博客的出现将互联网上的社会化媒体推进了一大步,公众人物纷纷开始建立自己的网上形象。然而,博客上的形象仍然是化妆后的表演,博文的创作需要考虑完整的逻辑,这样大的工作量对于博客作者成为很重的负担。在微博客上,便捷性和 140 字的限制将平民和莎士比亚拉到了同一水平线上。微博客让"沉默的大多数"找到了展示自己的舞台,这导致大量原创内容被爆发性地生产出来。二是背对脸。与博客上面对面的表演不同,微型博客上是背对脸的交流,就好比你在电脑前打游戏,路过的人从你背后看着你怎么玩,而你并不需要主动和背后的人交流。可以一点对多点,也可以点对点。当你 follow(追随)一个自己感兴趣的人时,两三天就会上瘾。移动终端提供的便利性和多媒体化,使得微型博客用户体验的粘性越来越强。三是实时现场的魅力。微博网站的即时通讯功能非常强大,可以通过 QQ(深圳腾讯计算机通讯公司推出的一款免费即时通信软件)和 MSN(Microsoft Service Network,微软网络服务)直接书写;在没有网络的地方,只要有手机也可即时更新自己的内容,哪怕你身在事发现场。Twitter 创始人之一埃文·威廉姆斯(Evan Williams)说:"即使是再庞大的新闻媒体,也不会像 Twitter 一样在世界各地拥有众多新闻记者"。

在微博客上,每个人都是信息的生产者和消费者,每个人都形成了一个"自媒体"。特别是面对接二连三的突发和热点事件,微博客的表现更是夺人耳目。其快速的信息传播方式,实时性、现场感甚至超过了所有媒体。2008 年 5 月 12 日,中国四川汶川发生大地震,Twitter 在约 14 时 35 分 33 秒即披露了这一震撼性的消息。2009 年 6 月 13 日,德黑兰大选后的骚乱消息在 Twitter 上大范围传播,Twitter 成为伊朗人满足信息渴望和对外发声的替代网络,连一直高高在上的 CNN(Cable News Network,美国有线电视新闻网)、BBC 也不得不先后在 Twitter 上注册了账号。微博远超过其它任何媒介平台的便捷性和反应速度,使它在每一个历史时刻和重大社会事件爆发时,包括春节、全国两会、世界杯、智利矿难救援等在内,都有着出色地表现。也正是这一次次难得的洗礼,推动着它快速地走向了成熟。

微博上讨论的话题,涵盖了社会生活的方方面面。根据分析统计,新闻、生活、娱乐、八卦和心情都是微博最多讨论的话题。微博同时改变了用户的一个习惯,在节假日期间,大家不再发短信,不再打电话,而是通过微博向亲朋好友送去祝福。2009 年 11 月 1 日的一场大雪,让北京首都机场大量乘客长时间滞留机场。部分航班乘客被困在机舱十几小时,既不能起飞也不能下飞机,人们情绪激动。碰巧经历整个现场过程的创新工场总裁、前谷歌全球副总裁李开复,在新浪微博平台来了一场颇有影响力的"直播报道":"等了 12 个半小时,已经缺食物 9 小时,缺水 3 小时;有人在机舱里因缺氧而晕倒⋯⋯"。在机舱内被困十几小时的情况下,李开复通过自己的笔记本和手机上网,不间断地发布最新进展,真实记录的情况瞬间传播开去,引发了众多网友和媒体的关注,而他的微博记录成了首都机场延误航班事件中传播最广的文字。

2009 年 8 月,中国最大的门户网站新浪网推出"新浪微博"内测版,微博正式进入中文上网主流人群视野,凭借名人战略①,新浪微博站稳脚跟。各大网站纷纷推出了围绕微博的服务,四大门户网站均开设微博。2010 年 12 月 10 日 20 时 53 分,刘翔的腾讯微博听众人数突破 800 万,超过全球最大的微博网站 Twitter 上排名第一的美国流行女歌手 Lady Gaga,成为当之无愧的全球第一微博。以新浪微博为例,截至 2016 年度二季度末,新浪微博月活跃用户数为 2.82 亿,连续九个季度保持 30% 以上的增长,其中移动端月活跃用户同比增长 40%。2010 年以后,国内微博像雨后春笋般崛起,已

---

① 新浪对微博进行了"一步到位"的架构搭建:架构的复杂程度,不是针对几千万的用户量级,而是直接考虑与现有门户网站近 4 亿的用户规模做匹配。明确实施从明星到草根的名人战略。承袭博客推广经验,明星再次成为推动微博人气快速上升的强有力手段。正因为这一战略,接近 180 万的"粉丝团"规模,令当时的二线影星姚晨名声大振,跃升为"微博女皇",这使微博的社会效应初露端倪。这一效应也让所有人认识到微博全新的传播价值。在微博上,你可以直接@任何人,不会有任何信息的衰减。所谓@,就是转发。微博最强大的地方在于裂变式的用户主动转发。它是一个全部公开的平台,信息传播是几何裂变式的——A 明星可以传到她的粉丝,粉丝可以再传播到 B 明星的粉丝那里;同时信息的传播是可逆的,因为 B 的粉丝也可以跨过他本人跟 A 交流,即使 AB 之间没有任何的"关注"关系。从 2006 年起,在微博中国化的过程中,由国内最大门户网站新浪推出的新浪微博,正是凭借这样的名人战略的成功实施,在短时间内积聚了超高的人气和关注度。

经成功地成为了大家分享沟通的一个核心平台。在微博上，用户既可以交友、聊天、分享心情，也能找到志同道合的朋友。从政府要员和相关职能部门到主流社会和商业机构，从明星、名人到草根大众，人们不断被卷入到一场微博风暴中来。

微博为何能成为一个最热门媒体？李开复在出席 2010 年 11 月在北京召开的中国首届微博开发者大会时表示，其原因在于以下三点：

一是微博造成了内容生产成本极大的降低。回顾 Web1.0 时代，当时生产内容还是一个非常繁杂的过程，一个网站，要有工具，要租赁服务器，要租带宽等等，只有少数人能够做，是一个比较接近门户新闻网站能做的事情。当然，在 Web2.0 时代，部分高端用户可以学会用一些工具，通过博客让自己相对单向地发表信息。可是，微博生产的工具非常非常简单，140 个字输入进去，点击一个按钮就转发了，这跟写一篇博客的难度是不可相比的。写一篇博客，可能你还会觉得这有点像是一个正式的文章，要在乎里面文字是否优美、是否会被人批评。微博这 140 个字，大家都知道是实时产生的想法，所以不会那么挑剔，人们原谅的程度会更高。100 多个字，10 秒或者 30 秒就可以发出。除了非常容易、非常快速之外，你要关注一个人或者不关注一个人，是留一句话，还是给他人回复都非常容易，从而实现一对多的发布，多对多的发布，以及多对多的交流。另外，微博是非常自然的实时，可以通过手机传播，能够随身携带，能够实时发布，而不是等到我们上办公室在 PC(Personal Computer，个人计算机)上打进去。所以，它真的带来了一个人人创造的平台，让每个人都可以成为一个信息发布者，每一个人都可以成为一个微博的小记者，非常容易、非常方便、随时可做。微博的媒体跟过去 Web1.0、2.0 相比，是一次非常彻底的革命。

二是基于信任链的传播。除了内容的生产之外，更重要的是内容的传播。微博媒体是一种病毒式的传播，但它不是无限的传播，而是基于信任链进行信息传播的，作为一个社会化媒体，这一点非常重要。因为当每一个人都生产信息的时候，信息的爆发会造成非常垃圾的信息、没有意义的信息甚至具有伤害性、广告性信息的大肆传播。当人类还没有媒体的时候，人与人之间是通过口语、书来交流，比如孔子把他的思想传给他的弟子，他们一代一代经过私塾学校传播下来，是一个非常漫长、非常不实时的过程，但它的唯一的好处就是教你的人是值得你信任的，是你的父母、老师，是一个有知识的人,是一个哲学家,等等。所以,前媒体时代的好处是基于信任。报纸、杂志、网站等传统媒体采用一对多的信息传播模式,速度相对会快一些,但是人被隐藏在内容的背后,并不知道这个编辑是谁,他为什么把这个新闻排在头条消息上,等等。社会化媒体带来一个作用,你可以把两者结合起来,因为你要找的、你关注的是你最信任的人,也就是说虽然繁杂的世界这么多人都在发信息,我只选择关注这 50 个或 100 个、500 个人,每一个人都经过筛选,是值得我关注的人。所以,虽然微博未实施最严格的实名制,但是基本上我都知道我跟随的、收听的是什么人。这是相对实名制。

三是基于人性自我实现的愿望。人的基础性需求有 5 个层次。"生理"和"安全"要靠社会、靠国家。但是除了最基层的这两种之外,我们还有社交的需求。很多人在微博上会说"我们彼此关注好吗?我关注你,你怎么不关注我?或者我来留言,希望你回复他的留言"。甚至会有人经过微博认识,然后相交,然后求婚,然后结婚,整个过程都是经过微博。我们利用微博满足了认识很多人的需求。再高一个层次:尊重的需求。希望更多人来做我的粉丝,来关注我。第一个发现大 S 订婚计划的人,我想他一定有很大的自我尊重的感觉。最高的一个层次是"自我实现"。我希望把有价值的信息分享给别人。无论是社交、尊重还是自我实现,微博其实是满足了每一个人非常原始的一种欲望,这也是今天微博非常成功的原因。

4. 维客(Wiki)

Wiki 一词来源于夏威夷语的"wee kee wee kee",原本是"快点快点"的意思,被译为"维基"或"维客"。从形式上看,它是一种多人协作的写作工具。Wiki 站点可以由多人(甚至任何访问者)维护,每个人都可以发表自己的意见,或者对共同的主题进行扩展或者探讨。从技术上来看,Wiki 指一种超文本系统。这种超文本系统支持面向社群的协作式写作,同时也包括一组支持这种写作的辅助工具。Wiki 系统属于一种人类知识网格系统,用户可以在 Web 的基础上对 Wiki 文本进行浏览、创建和更改,而且创建、更改和发布的代价远比 HTML 文本小;同时 Wiki 系统还支持面向社群的协作式写作,为协作式写作提供必要帮助;Wiki 的写作者自然构成了一个社群,Wiki 系统为这个社群提供简单的交流工具。与其他超文本系统相比,Wiki 有使用方便、内容开放的特点,所以 Wiki 系统可以帮助我们在一个社群内共享某领域的知识。

Wiki 诞生的历史并不长,无论是 Wiki 概念自身,还是相关软件系统的特性,都还在热烈的讨论中。1995 年,Ward Cunningham 为了方便模式社群的交流建立了一个工具——波特兰模式知识库(Portland Pattern Repository)。在建立这个系统的过程中,Ward Cunningham 创造了 Wiki 的概念和名称,并且实现了支持这些概念的服务系统,这是最早的 Wiki 系统。1996 年至 2000 年间,波特兰模式知识库围绕着面向社群的协作式写作,不断发展出一些支持这种写作的辅助工具,从而使 Wiki 的概念不断得到丰富,也出现了许多类似的网站和软件系统,其中最有名的就是维基百科(Wikipedia)。维基百科是一个国际性的百科全书写作计划,与传统百科全书不同的是,它力图通过大众的参与,创作一个包含人类所有知识领域的百科全书。它还是一部内容开放的百科全书,允许任何第三方不受限制地复制、修改及再发布材料的任何部分或全部。

维基百科自 2001 年 1 月 15 日正式成立,由非营利组织维基媒体基金会负责营运,并接受捐赠。维基百科是一个基于维基技术的全球性多语言百科全书协作计划,同时也是一部用不同语言写成的网络百科全书,其目标及宗旨是为全人类提供自由的百科全书——用他们所选择的语言来书写,是一个动态的、可自由访问(绝大多数国家)和编辑的全球知识体。维基百科在许多国家相当普及,其口号为"维基百科,自由的百科全书"。中文则附加"海纳百川,有容乃大"。因为维基用户的广泛参与、共建共享,维基百科也称为创新 2.0 时代的百科全书、人民的百科全书。这本全球各国人民参与编写,自由、开放的在线百科全书也是知识社会条件下用户参与、大众创新、开放创新和协同创新的生动诠释。截至 2015 年 11 月 1 日,维基百科条目数第一的英文维基百科已有 500 万个条目。全球所有 280 种语言的独立运作版本共突破 3700 万个条目,总登记用户也超越 5900 万人,而总编辑次数更是超过 21 亿次。

Wiki 是任何人都可以编辑的网页。在每个正常显示的页面下面都有一个编辑按钮,点击这个按钮你就可以编辑页面了。Wiki 体现了一种朴素的思想——"人之初,性本善"。Wiki 认为不会有人故意破坏 Wiki 网站,大家来编辑网页是为了共同参与。虽然如此,还是不免有很多好奇者无意中更改了 Wiki 网站的内容,那么为了维持网站的正确性,Wiki 在技术上和运行规则上做了一些规范,做到既保持面向大众、公开参与的原则又尽量降低众多参与者带来的风险。这些技术和规范包括:(1)保留网页每一次更动的版本:即使参与者将整个页面删掉,管理者也会很方便地从纪录中恢复最正确的页面版本;(2)页面锁定:一些主要页面可以用锁定技术将内容锁定,外人就不可再编辑了;(3)版本对比:Wiki 站点的每个页面都有更新纪录,任意两个版本之间都可以进行对比,Wiki 会自动找出它们的差别;(4)更新描述:你在更新一个页面的时候可以在描述栏中写上几句话,如你更新内容的依据或是跟管理员的对话等。这样,管理员就知道你更新页面的情况;(5)IP 禁止:尽管 Wiki 倡导"人之初,性本善",人人都可参与,但破坏者、恶作剧者总是存在的,Wiki 有纪录和封存 IP 的功能,将破坏者的 IP 纪录下来他就不能再胡作非为了;(6)Sand Box(沙箱)测试:一般的 Wiki 都建有一个 Sand Box 的页面,这个页面就是让初次参与的人先到 Sand Box 页面做测试,Sand Box 与普通页面是一样的,这里你可以任意涂鸦、随意测试;(7)编辑规则:任何一个开放的 Wiki 都有一个编辑规则,上面写明大家建设维护 Wiki 站点的规则。没有规矩,不成方圆的道理在任何地方都是适用的。

维基通过调动所有人的集体智慧将人类已有的杂乱信息进行数据结构化,从而形成免费的共享知识体系,这是维基的核心价值之所在。通过这样一种知识共享的公益目标,维基激发了无数维客自愿、自发、无偿地参与到知识建构中去,最大限度地减少了维基网站的运营成本。维基网站的成功运营还向世人证明了两个朴素的真理:如果一个集体里面所有人的智慧都得到充分发挥,将会焕发出无比强大的能量;此外,在这种极其热情的参与过程中,只要建立起有效、恰当而不容破坏的制度,所有的共享信息都会具有极其强大的自我修复和校正功能,这也从一个侧面为 Web2.0 应用中如何过滤互动过程中的垃圾和冗余信息的难题提供了有效的问题解决思路。同时,维基的公益性决定了它无法用于商业目的,这种来自于互联网网民的集体智慧结晶,不容许任何的管理者和商业机构肆意牟利。从这一特质来看,维基体现了 Web2.0 时代共享与开放的核心价值,它要求所有参与者必须遵循一个共同的规则,在严格的标准下不断地修正所建构的内容,最终使其保留下来成为一个共性稳定的沉淀产品。

5. 微信(Wechat)

微信是当前发展极其迅猛的一款新媒体产品,在实际应用中又分为"微信工具"和"微信公众平台"两大概念。微信工具是腾讯公司于 2011 年 1 月

21 日推出的一个为智能终端提供即时通讯服务的免费应用程序,微信支持跨通信运营商、跨操作系统平台,通过网络快速发送免费的(需消耗少量网络流量)语音短信、视频、图片和文字,将内容分享给好友以及将看到的精彩内容分享到微信朋友圈。此外,微信还可以使用通过共享流媒体内容的资料和基于位置的社交插件"摇一摇"、"漂流瓶"、"朋友圈"、"公众平台"和"语音记事本"等。微信适应了受众对于陌生社交的极大需求,它在发展初期从"KIK"、"米聊"和"飞信"中借鉴了大量经验。用户可以通过微信完全免费地与好友进行形式上更加丰富的类似于短信、彩信等方式的联系。免费、方便和好玩是这款产品赢得数亿用户的最直接原因。截止到 2015 年 6 月 30 日,微信和 WeChat 合并月活跃用户数已达 6.00 亿,成为亚洲地区最大用户群体的移动即时通讯软件。

微信公共平台是微信官方推出的一点对多点的信息推送平台。它实现了用任何一个 QQ 号码,打造一个微信公众号,并在微信平台上实现和特定群体的文字、图片、语音的全方位沟通、互动,在移动互联网上开创了一个新的沟通场景。目前微信公众平台只支持 PC 客户端,也可以通过绑定微信私号进行群发。用户碎片化的信息需求促成了微信公众平台的兴起,微信公众平台信息的发布、传播、交流显得更加随意、简单和精悍,也使得它成为自媒体时代最优秀的代表之一。此外,微信的开放平台向公众号提供多种灵活的接口,让公众号不仅可以简单地向订阅用户单向发布信息,还可以通过接口程序实现"查询信息"、"自动解答"等丰富的功能,还可以安排工作人员与用户进行一对一的交流沟通,这种模式也让越来越多的单位和个人,借助于微信平台实现了宣传和营销推广等目的。

微信作为时下最热门的社交信息平台,也是移动端的一大入口,正在演变成为一大商业交易平台,其对营销行业带来的颠覆性变化开始显现。微信商城的开发已经随之兴起。微信商城是基于微信而研发的一款社会化电子商务系统,消费者只要通过微信平台,就可以实现商品查询、选购、体验、互动、订购与支付的线上线下一体化服务模式。

进入富媒体时代以后,社交软件受到了用户的极力追捧。它不仅能够发送传统的文字和图片,还有语音讯息,甚至可以直接语音、视频通话,成了很多人联系沟通的首选。然而,微信并不是首先抢占先机的幸运者,在这之前,已经有 Kik 和 Talkbox 试水市场,它们都在很大程度上改变了用户使用即时通讯的方式,让即时通讯变得更加迅捷,更能表达出用户的情感,因而更具社交性。作为国内即时通讯领域最大的垄断者,坐拥近 8 亿 QQ 注册用户和近 2 亿 QQ 同时在线用户的腾讯,自然不会对这一市场的变化无动于衷。在 Talkbox 发布后仅三天,腾讯发布首款微信客户端。其实,早在2010 年 10 月,腾讯广州研发中心产品团队就开始着手微信的开发。

2011 年 1 月 21 日,微信发布针对 iPhone 用户的 1.0 测试版,该版本仅有即时通讯、分享照片和更换头像等简单功能,并不为外界所看好。在随后1.1、1.2 和 1.3 三个测试版中,微信逐渐增加了对手机通讯录的读取、与腾讯微博私信的互通以及多人会话功能的支持,微信 2.0 版本新增了 Talkbox那样的语音对讲功能。2.5 版本中对视频信息的支持以及"查看附近的人"这一功能的加入,再一次引爆了微信用户的增长点,此时微信用户已达1500 万。用户通过该功能可以轻松找到身边同样试用微信的用户,使得微信这样一个以熟人间通讯为主的软件兼具了同陌生人进行社交的功能,也就是说,微信自此以后再也不是单纯的即时通讯软件,而更多的开始向社交类应用发展。

2011 年国庆节当日,微信发布 3.0 版本。该版本加入了现在广为大家所知的"摇一摇"和漂流瓶功能,"摇一摇"功能极具创造性和趣味性,从而进一步增加了微信的社交属性,而漂流瓶则整合了 QQ 邮箱的相关功能。新增的繁体中文界面以及对五个地区手机号码绑定的支持,则意味着微信开始迈出了国际化的步伐。从微信 3.1 到 3.5,微信先后增加了英文界面,以及支持全球超过 100 个国家的短信注册。这进一步吸引了来自全球的用户使用微信这一服务。2012 年 3 月,微信用户数突破 1 亿大关。微信 4.0 版本增加了类似 Path 和 Instagram 一样的相册功能,并且可以把相册分享到朋友圈。微信朋友圈的推出进一步增加了微信的用户粘度。微信 4.2 版本增加了视频聊天插件,并发布网页版微信界面。从此,微信不单单是一款社交化的手机即时通讯客户端,还把触角伸向了桌面领域。而视频聊天插件的推出,在为用户提供免费视频语音通话的同时,更是被认为将会使其他运营商"颗粒无收",甚至有人认为微信将使腾讯成为第四大运营商。

2012 年 9 月 5 日,微信 4.3 版本增加了摇一摇传图功能,该功能可以方便的把图片从电脑传送到手机上。这一版本还新增了语音搜索功能,并且支持解绑手机号码和 QQ 号,进一步增强了用户对个人信息的把控。从

2011 年 1 月 21 日到 2013 年 1 月 15 日,不到两年的时间,微信便获得了超过 3 亿用户。2013 年 2 月 5 日,微信发布 4.5 版。这一版本支持实时对讲和多人实时语音聊天,并进一步丰富了"摇一摇"和二维码的功能,支持对聊天记录进行搜索、保存和迁移。同时,微信 4.5 还加入了语音提醒和根据对方发来的位置进行导航的功能。从中可以看到微信将进一步整合腾讯内部资源,并可能会模仿 Siri,往人工秘书方向发展。2013 年 8 月 5 日,微信 5.0 for iOS 上线,添加了表情商店和游戏中心,扫一扫功能全新升级,可以扫街景、扫条码、扫二维码、扫单词翻译、扫封面,同年 8 月 9 日,微信 5.0 Android 上线。2013 年 10 月 24 日,腾讯微信的用户数量已经超过了 6 亿,每日活跃用户 1 亿。

2013 年 12 月 31 日,微信 5.0for Windows Phone 上线,添加了表情商店、绑定银行卡、收藏、绑定邮箱、分享信息到朋友圈等功能。2014 年 1 月 4 日,微信在产品内添加由"嘀嘀打车"提供的打车功能。2014 年 3 月,微信开放微信支付功能。2014 年 8 月 28 日,微信支付正式公布"微信智慧生活"全行业解决方案。具体体现在以微信公众号＋微信支付为基础,帮助传统行业将原有商业模式"移植"到微信平台。这也预示着微信再次加大商业化开放步伐,为合作伙伴提供连接能力,助推企业用户商业模式的移动互联网化转型。通过为合作伙伴提供"连接一切"的能力,微信正在形成一个全新的"智慧型"生活方式。微信已经渗透进入多种传统行业,如微信打车、微信交电费、微信购物、微信医疗、微信酒店等为医疗、酒店、零售、百货、餐饮、票务、快递、高校、电商、民生等数十个行业提供标准解决方案。

从 5.2 到目前最新的 6.3 版本,微信进一步加强了作为社交平台的群体交流功能以及作为生活服务平台的日常工具特性。如 5.2 版的群聊实时位置和对讲功能,在群聊中被人@到,会收到提醒;5.3 版中的聚会加群功能;5.4 版中的面对面收钱功能;6.0 版开创的朋友圈小视频功能;6.1 版的微信红包功能;6.2 版的二维码收钱功能;6.3 版的群视频功能等等。从微信的版本更新记录中我们可以看到,几乎每一个重大版本的更新,都精确地把握住了用户的需求点,这些显然不可能只靠开发产品前的简单设计规划,更多的是需要产品负责人对当前用户需求敏锐而又准确的把握和感知。

从微信与米聊的对比来看,在相当长的一段时间内,腾讯一直面临着来自雷军和小米开发的米聊的竞争压力。米聊最早于 2010 年 12 月 23 日由小米工作室开发完成,而微信自 2011 年 1 月发布,比米聊起步要晚了一个月左右。但是半年之后,米聊用户超过 400 万。而微信用了差不多 7 个月的时间,便使用户数达到了 1500 万。因此,虽然从时间上看,米聊的开发时间要早于微信,但是从用户量来看,米聊完全不是微信的对手。从设计理念上看,微信不仅仅主打熟人社交,也还包括针对陌生人的社交,其"附近的人"功能可以查看周边范围的微信用户,而米聊则是主打熟人圈,从某种程度上说,这一定位限制了米聊用户的发展。从国际化方向看,微信现在已经支持简体中文、繁体中文、英文、泰语、印尼语、越南语、葡萄牙语等七种界面,而米聊则刚刚同 Mface 合作,准备专攻东南亚市场。

5.2.3　SNS 社交网站

SNS (Social Networking Services)即社会性网络服务,专指为帮助人们建立社会性网络的互联网应用服务。1967 年,哈佛大学心理学教授斯坦利·米尔格兰姆创立了六度空间理论,这一理论可以简单地理解为:"你和任何一个陌生人之间所间隔的人不会超过六个,也就是说,最多通过六个人你就能够认识任何一个陌生人。"按照六度分隔理论,每个个体的社交圈都不断放大,最后成为一个大型网络,这是社会性网络的早期理解。后来有人根据这种理论,创立了面向社会性网络的互联网服务,通过"熟人的熟人"来进行网络社交拓展。但"熟人的熟人"模式只是社交拓展的一种方式,而并非社交拓展的全部。因此,现在一般所谓的 SNS,则其含义还远不止"熟人的熟人"这个层面,譬如根据相同话题进行凝聚(如贴吧)、根据共同爱好进行凝聚(如 Fexion 网)、根据共同学习经历进行凝聚(如 Facebook)、根据周末出游的相同地点进行凝聚等等,都被纳入 SNS 的范畴。

SNS 的创建初衷是通过熟人认识更多的朋友,基于这一理念创建的美国 Facebook 网站,在最开始的时候就诱惑了中国的各种 SNS 网站的疯狂复制。1999 年,被认为是 SNS 概念最早的倡导者——周云帆、陈一舟和杨宁共同创办 ChinaRen 校友录。2005 年 12 月,来自清华大学和天津大学的王兴、王慧文等几位大学生创立校内网(xiaonei. com),它也是中国最早的校园 SNS 社区。2007 年 10 月,曾创建校内网和饭否网的王兴推出真实社交网络海内网(hainei. net),是最早模仿全球最大 SNS 服务提供商 Facebook 的商务类 SNS 社区。目前,较有影响的校园 SNS 网站主要有校内网、

亿聚网、占座网、Chinay、Chinaren 校内和优点网。2008 年 5 月,开心网
(kaixin001.com)创立,迅速在白领受众之间流行,游戏结合邀请模式是其
快速发展的根本原因,而随着 Facebook 从微软和李嘉诚基金会获得巨额融
资,国际主流资本市场对于 SNS 的关注也达到了顶点。资本市场的行动随
之引发连锁效应,到目前为止,国内 SNS 服务提供商超过 100 家,代表性的
网站有校内网(已更名为人人网)、开心网和 51.com 等。2008 到 2009 年
间,娱乐类 SNS 网站层出不穷,如开心网、豆瓣等,搜狐在 2009 年也正式注
册开放了 SNS 网站——白社会[1]。

在全球兴起的 SNS 浪潮中,在中国,BBS 几乎一夜之间就被淘汰了,人
们喜爱的对象从 BBS 的"就事论事"、"茶话馆"、"任人宰"转变成 SNS 的"就
人论事"、"互动之家"、"做自己的主人"。在 SNS 社交网络中,借用了现实
社会里的人际交往形式,每个人通过自己熟悉的朋友去认识朋友的朋友,这
样形成的社交关系具有简易与可靠的双重优点。SNS 在无意中解决了国内
互联网言论管理中多年悬而未决的实名制难题。但 SNS 并非现实关系的
简单翻版,用户通过对熟人朋友的信任,通过 SNS 系统提供的标签、简介以
及交流内容,可以实现各种不同类型的新朋友关系的建立[2]。

SNS 社交网站本身是一种集合了传统网络日志、视频、音乐、网络游戏、
投票和测试在内的新兴事物,它通过个人注册的形式,使得每个人拥有上述
的个人空间,从而使人人都成为新闻信息的传播者。其所体现的去中心化、
社会化、个性化、交互性、自主性和草根性,都被认为是具有"必然在日后吸
引大量的网民参与,迅速扩大应用受众"的趋势。

2008 年,以校内网为代表的 SNS 网站推出开放平台,国内 SNS 应用随
之兴起。在这种大背景下,五分钟公司开始了 SNS 游戏的创作。2008 年
底,五分钟开发的开心农场率先在校内网上线了。但在巨大的利益面前,校
内网和五分钟却出现了分歧。校内网曾希望开心农场只在自己的平台运
营,但这一建议遭到了五分钟的拒绝。2009 年 2 月和 3 月,开心农场分别在
校内网的竞争对手漫游平台和 51 网上线,这引起了校内网的不满。于是,

---

① 陈建功. 中国 SNS 网站的发展历史、现状和趋势[J]. 传媒,2013(6):13-15.
② SNS 在中国的发展状况 [EB/OL]. (2010 - 11 - 30). http://blog. sina. com. cn/s/blog_692321e30100ndyt.html.

校内网请来了另一个团队智明星通开发了类似的游戏开心农民,与五分钟版本的开心农场分庭抗礼。或许,校内网与五分钟之间的恩恩怨怨只能算是小打小闹,腾讯的进入,彻底改变了开心农场的利益格局。

开心农场最初在校内网上线的时候,只是在学生中间流行。后来开心网推出后,在全国各大城市的白领中也逐渐开始流行。2009 年 4 月,开心农场被腾讯改名为 QQ 农场后正式上线,之后其用户数量呈几何级增长,腾讯让它几乎成为了一场全民运动。腾讯 2009 年的三季度报表中显示,QQ 农场在三个月间给腾讯带来了 1.04 亿元人民币的毛利。在偷菜游戏最火爆的时期,QQ 农场月收入 5000 万。农场游戏的全面流行造就了一个新兴的市场,而新兴市场的背后则蕴藏着丰厚的利益。五分钟、人人网、开心网、腾讯……,还有为代人偷菜而滋生的网络钟点工,开发、运营、销售三者加在一起构成了开心农场完整的利益链条。除此之外,因代替别人偷菜而产生的网络钟点工,也可以从中分一杯羹。

偷菜是"开心农场"游戏中的游戏术语,因"开心农场"游戏风靡互联网,"偷菜"瞬间蹿红网络,席卷网民生活。一时间,今天"你'偷'了吗"成为大家见面的招呼语。数百万都市白领成为"偷菜"队伍中的主力军,每天在"偷"与防"偷"中乐此不疲,甚至定闹钟半夜起床"偷"菜。有人认为从中找到了乐趣,有人则觉得这无聊的游戏让人迷失。网络上的铁杆玩家甚至还总结出"开心农场"带来的若干条启示,如"在利益面前,任何人都可能成为对你背后下手的贼","广交朋友是硬道理,多个朋友就会多一条路","未必撒下昂贵的种子就一定赚更多的钱,但被盗时种贵菜的损失肯定会更多",这些启示看似游戏中的小窍门,但颇有几分生活写照的韵味。

然而,网页游戏的火爆只是给国内 SNS 的发展带来一个虚假繁荣的外表。通过网页游戏所吸引的大量注册用户只会将注意力投向网页游戏本身,并没有增强用户之间交往的活跃度,而 SNS 运营者也为了迎合用户的需要,一味地投入更多的人力、财力去开发更多更好玩的游戏。这样的思路已经违背了 SNS 网站的社交宗旨,这也是后来国内中小 SNS 网站大部分在短暂繁荣之后迅速走向衰落的共同原因。

5.2.4　搜索引擎和即时通讯工具

搜索引擎和即时通讯工具是互联网时代功能较为单一的技术应用形

式,但却因为其真正植根于新媒体受众获取信息和人际交流的最基本需求,因此无论是在 Web1.0 还是 2.0 时代,它们都得到了稳定长足的发展,并且成为最具竞争力的跨时代新媒体形式。

1. 搜索引擎

1990 年以前,没有任何人能搜索互联网。但从 20 世纪 90 年代末开始,互联网上的网站与网页数量飞速增长,网民的兴趣点也从屈指可数的几家综合门户类网站分散到特色各异的中小型网站。人们想在互联网上找到五花八门的信息,但由于通过人工分类编辑网站目录的方法受到时效和收录量的限制,无法再满足人们对网上内容的检索需求,于是,搜索引擎在 2000 年后开始大行其道。搜索引擎使用蜘蛛程序在互联网上自动抓取海量网页信息,索引并存储到庞大的数据库中,并通过特殊算法将相关性最好的结果瞬间呈现给搜索者,搜索引擎的便捷使其成为互联网最受欢迎的应用之一,以至于有相当多的人将浏览器的默认首页设为搜索引擎,甚至形成了将网站名称直接输入到搜索框中而非浏览器地址栏这样独特的网络导航习惯。

搜索引擎可按不同的标准来进行划分,如按照信息搜集方法和服务提供方式的不同,可以分为目录式搜索引擎、机器搜索引擎和元搜索引擎;按照查询类型来划分,可以分为分类型搜索引擎和词语性搜索引擎;按照覆盖范围划分,可以分为通用搜索引擎和专业搜索引擎;按照搜索引擎功能来进行划分,可以分为常规搜索引擎和多元搜索引擎。不同的搜索技术会产生不同的查询结果,从初期的分类目录式查找和页面关键词搜索,到页面链接等级搜索,至互动式个性化搜索,搜索引擎试图去了解用户的需求,努力提供大范围、更新迅速的精准信息,不断朝着智能化、人性化的方向发展。

这些不同标准的搜索引擎各有特色:

(1)全文搜索引擎是名副其实的搜索引擎,国外具有代表性的有 Google、Fast/AllTheWeb、AltaVista、Inktomi、Teoma、WiseNut 等,国内著名的主要有百度。它们都是通过从互联网上提取的各个网站的信息(以网页文字为主)而建立的数据库中,检索与用户查询条件匹配的相关记录,然后按一定的排列顺序将结果返回给用户,因此它们是真正的搜索引擎。

(2)目录搜索引擎虽然有搜索功能,但在严格意义上算不上是真正的搜索引擎,仅仅是按目录分类的网站链接列表而已。用户完全可以不用进行关键词(Keywords)查询,仅靠分类目录也可找到需要的信息。目录搜索引擎中最具代表性的莫过于大名鼎鼎的 Yahoo(雅虎),其他著名的还有 Open Directory Project(DMOZ)、LookSmart、About 等。国内的搜狐、新浪、网易搜索也都属于这一类。

(3)元搜索引擎在接受用户查询请求时,同时在其他多个引擎上进行搜索,并将结果返回给用户。著名的元搜索引擎有 InfoSpace、Dogpile、Vivisimo 等,中文元搜索引擎中具代表性的有搜星搜索引擎。在搜索结果排列方面,有的直接按来源引擎排列搜索结果,如 Dogpile,有的则按自定的规则将结果重新排列组合,如 Vivisimo。

(4)通用搜索引擎如同互联网第一次出现的门户网站一样,大量的信息整合导航,极快的查询,将所有网站上的信息整理在一个平台上供网民使用。大家熟知的搜索引擎 Google、百度、雅虎、必应、搜狗、有道等是通用搜索引擎现如今的杰出代表,它们为互联网的发展做出了重要的贡献。

(5)垂直搜索引擎是专门针对某一个行业的专业搜索引擎,对于网页库中的某类专门的信息进行处理、整合,定向分字段抽取出需要的数据进行处理后再以某种形式返回给用户。它能保证信息收录齐全且更新及时,具有深度好、检出结果重复率低、相关性强、查准率高的特点,我们常见的淘宝、去哪儿、搜房等都是属于这一类的搜索站点。

目前,国内外代表性的搜索引擎有:

(1)Google(谷歌)。Google 由两个斯坦福大学博士生 Larry Page 与 Sergey Brin 于 1998 年 9 月发明,Google 公司于 1999 年创立。2000 年 7 月,Google 替代 Inktomi 成为 Yahoo 公司的搜索引擎,同年 9 月,Google 成为中国网易公司的搜索引擎。Google 支持大多数的搜索基本语法规则,除此之外,Google 还具有高级搜索功能。通常,只需在范围较广的查询中添加词语就可以缩小搜索范围,利用 Google 的高级搜索页可以很轻松地在搜索中应用这些功能。Google 还有一些特殊搜索功能,如类似网页、网页快照、手气不错、查找 Flash 文件、计算器、货币转换、中英文字典、错别字改正、天气查询、手机号码查询、邮编区号查询、股票查询。随着 Google 的不断发展,它也逐渐开始提供更多的垂直搜索的功能,比如目录服务、新闻组检索、PDF 文档搜索、地图搜索、电话搜索、图像搜索,还有工具条、搜索结果翻译和搜索结果过滤等更多的功能。2005 年 7 月 19 日,Google 宣布在中国设立研发中心,并任命李开复为 Google 大中华区总裁。2009 年 6 月,谷歌中国被中国中央电视台曝光搜索结果含有色情信息。2009 年 9 月 4 日前谷歌全球副总裁、大中华区总裁李开复辞职。2010 年 1 月 13 日,Google 公司决定不再审查 Google.cn 上的搜索结果,要求能够在中国法律框架内运营未经过滤审查的搜索引擎。2010 年 3 月 23 日凌晨 3 时零 3 分,Google 借黑客攻击问题指责中国,宣布停止对谷歌中国搜索服务的"过滤审查",并将搜索服务由中国内地转至香港。

(2)百度。百度是全球最大的中文搜索引擎,2000 年 1 月由李彦宏创立于北京中关村,致力于向人们提供"简单、可依赖"的信息获取方式。"百度"二字源于中国宋朝词人辛弃疾的《青玉案·元夕》词句"众里寻他千百度",象征着百度对中文信息检索技术的执著追求。1999 年底,身在美国硅谷的李彦宏看到了中国互联网及中文搜索引擎服务的巨大发展潜力,抱着技术改变世界的梦想,他毅然辞掉硅谷的高薪工作,携搜索引擎专利技术归国,于 2000 年 1 月 1 日在中关村创建了百度公司。公司从最初的不足 10 人发展至如今的数万人,如今的百度,已成为中国最受欢迎、影响力最大的中文网站[1]。百度搜索拥有全球独有的超链分析技术,能在极短的时间内收集到最大数量的互联网信息。百度搜索引擎目前已经拥有世界上最大的中文信息库,总量达到 6000 万页以上,并且还在以每天超过 30 万页的速度不断增长。与 Google 类似,百度也具有特色功能介绍和高级搜索等功能。

(3)雅虎。雅虎搜索引擎是一个由 Yahoo! 运营的互联网搜索引擎。1994 年 4 月由斯坦福大学两位博士生杨致远和 David Filo 共同创办了雅虎,通过著名的雅虎目录为用户提供导航服务。在 Yahoo! 成立的初期并没有自己的搜索引擎,从 1996 年到 2004 年,Yahoo! 先后选用 AltaVista、Inktomi 等第三方的搜索引擎作为自己网页搜索的后台服务提供商。2004 年雅虎先后收购了 Inktomi 和 Overture 等著名的搜索引擎公司,并通过集成自己的搜索技术,推出 Yahoo! Search Technology(YST)。2004 年 3 月,雅虎开始推出独立的搜索服务,迅速成长为全球第二大搜索引擎[2]。Yahoo! 是一个以分类目录、网站检索为主,附带网页全文检索的搜索引擎。Yahoo 有中文、英文、以及法、德、意、西班牙、丹麦、日、韩等 10 余种语言版

---

① 北京大学. 百度——中文搜索的老大[J]. 电子商务,2008(01):70 - 78.
② 陈博. 搜索十年有多少故事[N]. 中国电脑教育报,2008 - 08 - 15.

本,各版本的内容互不相同,如英文版主要收录英文网站,日文版主要收录日文网站,可以说,每一个不同的版本都是一个不同的、相对独立的搜索引擎。

2. 即时通讯工具(Instant Messenger,IM)

即时通讯工具是指能够即时发送和接收互联网消息的软件。自 1998 年面世以来,即时通讯的功能日益丰富,逐渐集成了电子邮件、博客、音乐、电视、游戏和搜索等多种功能。即时通讯不再是一个单纯的聊天工具,它已经发展成为集交流、资讯、娱乐、搜索、电子商务、办公协作和企业客户服务等为一体的综合化信息平台,是一种终端联网即时通讯的网络服务。即时通讯不同于 E-mail 之处在于它的交流是即时的,大部分的即时通讯服务提供了状态信息的特性——显示联络人名单、联络人是否在线及能否与联络人交谈等基本信息。

最早的 IM 发明者是三个以色列青年,他们决定开发一种使人与人在互联网上能够快速、直接交流的软件,取名叫 ICQ,意为"I Seek You(我找你)"。1998 年,当 ICQ 注册用户数达到 1200 万时,被美国在线(AOL)看中,以 2.87 亿美元的天价收购。ICQ 的主要市场在美洲和欧洲,是当时世界上最大的即时通讯系统。1997 年,马化腾接触到 ICQ,并决心与同伴自主开发一款同类型的中文聊天软件,并准备转手,后来软件开发成功,但投标却失败了,于是,马化腾与同学张志东决定注册"深圳腾讯计算机系统有限公司",自己来运营这款软件,并将其取名为 OICQ。

由于 OICQ 是模仿 ICQ 开发出来的,因此在 ICQ 前加了一个字母 O,意为 opening I seek you,意思是"开放的 ICQ",但是遭到了侵权控诉,于是腾讯就把 OICQ 改名为 QQ,就是现在我们用的 QQ,除了名字,腾讯 QQ 的标志却一直没有改,一直是小企鹅。因为标志中的小企鹅很可爱,用英语来说就是 cute,因为 cute 和 Q 谐音,所以企鹅配 QQ 也是很好的一个名字。QQ 是一款基于 Internet 的即时通讯软件,支持在线聊天、视频电话、点对点断点续传文件、共享文件、网络硬盘、自定义面板和 QQ 邮箱等多种功能,并可与移动通讯终端、IP 电话网、无线寻呼等多种通讯方式相连。自 1999 年 2 月腾讯 QQ 正式推出以来,QQ 在线用户由当时的 2 人(2 人指马化腾和张志东)已经发展到目前的数亿用户了,在线人数超过两亿,是目前使用最广泛的聊天软件之一。

随着 QQ 的迅速发展,国内各大门户网站也纷纷进入这一市场领域,到目前为止,在网际网路上受欢迎的即时通讯服务就包含 MSN Messenger、AOL Instant Messenger、Yahoo! Messenger、NET Messenger Service、Jabber、ICQ 与 QQ、Gmail Talk、飞信、新浪 UC、MSN、阿里旺旺。在企业即时通讯市场中,腾讯 RTX、微软 LCS(前身 OCS)、IBM Sametime 等产品占据市场绝大部分份额。

即时通讯工具是一种对用户使用习惯和使用感受最为敏感的技术应用形式,这是因为用户每天在用,随手在用,即时通讯工具更明白用户的需要是什么,这也为软件运营商提供了一笔宝贵的用户资料财富。同时,即时通讯工具也是新媒体时代最接近人际传播的一种应用,它在整合了文字、语音、视频等多媒体信息传送技术后,也尽可能地将人际传播所具有的信息符号丰富、刺激力强以及传送直接、反馈及时等优点发挥得淋漓尽致。此外,即时通讯工具在点对点传播的基础上,融入了大众化传播的特色,即我们在一对一交流的同时,还可以通过创建组群等方式与多人同时进行交流,这些功能弥补了先前人际传播中出现的信息量有限、传播速度慢和影响范围小的缺陷。因此,无论处于哪个网络时代,即时通讯工具凭借其特殊性都有其立足之地。

5.2.5　网络视频和网络游戏

1. 网络视频

网络视频是指格式以 WMV[①]、RM[②]、RMVB[③]、FLV[④] 以及 MOV[⑤] 等类

[①] WMV 是微软推出的一种流媒体格式,它是由"同门"的 ASF(Advanced Stream Format)格式升级延伸而来。在同等视频质量下,WMV 格式的体积非常小,因此很适合在网上播放和传输。AVI 文件将视频和音频封装在一个文件里,并且允许音频同步于视频播放。

[②] RM 格式一开始就定位在视频流应用方面,也可以说是视频流技术的始创者。它可以在用 56K Modem 拨号上网的条件下实现不间断的视频播放,当然,其图像质量和 MPEG2、DIVX 等相比有一定差距,毕竟要实现在网上传输不间断的视频是需要很大带宽的。

[③] RMVB 是一种视频文件格式,RMVB 中的 VB 指 VBR Variable Bit Rate,可变的比特率),PMVB 较上一代 RM 格式画面要清晰了很多,可以用 RealPlayer 播放软件来播放。

[④] FLV 流媒体格式是一种新的视频格式,全称为 Flash Video。由于它形成的文件极小、加载速度极快,使得网络观看视频文件成为可能。它的出现有效地解决了视频文件导入 Flash 后,导出的 SWF 文件体积庞大,不能在网络上很好地使用等缺点。

[⑤] MOV 即 QuickTime 影片格式,它是 Apple 公司开发的音频、视频文件格式,用于存储常用数字媒体类型,如音频和视频。

型为主,可以在线通过 Real Player①、Windows Media Player②、Flash、QuickTime ③及 DivX④ 等主流播放器播放的文件内容。与报纸、电台、电视台等传统媒体的发展历程一样,互联网传播形式的发展也是先有文字,后到音频,再到视频。我国视频技术的发展大致经历了模拟视频、PC 视频、网络视频三个阶段。目前,视频技术正在向以嵌入式技术为依托,以网络、通信技术为平台,以智能图像分析为特色的方向发展。

从技术层面看,硬件视频和软件视频的同步发展,技术成本的不断下降,正在迅速推进网络视频的大规模应用。在硬件视频方面,视频终端的价格由 20 世纪 90 年代初刚开始商用阶段的 10 万美元一台,降低到 5000～30 000 美元一台,目前还在大幅度下降。同时由于图像压缩技术的不断进步,在不降低图像质量,甚至质量有所提高的前提下,所占用的信道宽度也从最初的 2 MB 下降到 128～384 KB。在软件视频方面,基于 IP(Internet Protocol,互联网协议)和 PC 的视频系统已经突破了防火墙、带宽、多语言混合等技术的限制,能够方便地为人们提供随时随地的视频应用。另外,大规模组播视频技术也已经得到成功应用。这种组播技术系统与其他视频会议系统相比,具有超强的交互能力,任何一个会场都可以显示所有会场的图像并成为大会中心,进行自由讨论。从理论上讲,只要有足够带宽,该系统可以支持无限多个会场同时举行会议,而且图像清晰,价格低廉。

"流媒体技术"⑤的出现解决了网络视频播放缓慢的问题,流媒体实现的关键技术就是流式传输。流式传输定义很广泛,现在主要指通过网络传送

---

① RealPlayer 是一个在 Internet 上通过流技术实现音频和视频实时传输的在线收听工具软件。使用它不必下载音频/视频内容,只要线路允许,就能完全实现网络在线播放,极为方便地在网上查找和收听、收看自己感兴趣的广播、电视节目。

② Windows Media Player,是微软公司出品的一款播放器,通常简称为 WMP。它支持通过插件增强功能,V7 及以后的版本支持换肤。

③ QuickTime 是与 Macintosh7 系统一起面世的苹果公司技术,它是把压缩、储存和播放与文本、声音、动画和图像结合在一起的文件,其文件扩展名为".mov"。

④ DivX(也叫 DivX-MPEG4)是从微软公司 MPEG － 4V3 编码技术中派生出的最为知名以及被广大 DVDRipper 广泛采用的视频编码技术。

⑤ 所谓流媒体是指采用流式传输的方式在 Internet 播放的媒体格式。流媒体实际指的是一种新的媒体传送方式,而非一种新的媒体。它用一个视频传送服务器把节目当成数据包发出,传送到网络上,用户通过解压设备对这些数据进行解压后,节目就会像发送前那样显示出来,这个过程的一系列相关的包称为"流"。流式媒体在播放前并不下载整个文件,只将开始部分内容存入内存,其数据流随时传送,随时播放,只是在开始时会有一些延迟。

流媒体(如视频、音频)的技术的总称。其特定含义为通过 Internet 将影视节目传送到 PC。实现流式传输有两种方法：实时流式传输(Realtime Streaming)[①]和顺序流式传输(Progressive Streaming)[②]。一般说来，如视频为实时广播，或使用流式传输媒体服务器，或应用如 RTSP 的实时协议[③]，即为实时流式传输。如使用 HTTP[④] 服务器，文件即通过顺序流发送。采用哪种传输方法取决于用户的需求。当然，流式文件也支持在播放前完全下载到硬盘。Flash 技术是最先带来"流(Stream)"这个概念的。把流媒体技术用于网络视频传输应用的系统主要是 Real System(实际系统)和 Media Service(传媒服务)，当然还有 QuickTime(播放视频文件的一个 Apple 软件程序)。无论是哪一种系统，它们的基本原理都是一样的：首先通过采用高效的压缩算法，在降低文件大小的同时，让原有的庞大的多媒体数据适合流式传输，然后通过架设流媒体服务器，修改 MIME[⑤] 标识，通过各种实时协议传输流数据。

此外，P2P(Peer-to-Peer)流媒体技术提出了分享互联网的概念。P2P 最早是清华大学的学生发明的，现在已被全世界广泛使用。P2P 技术是让每一个用户成为一个新的服务器，也就是说你在浏览内容的同时，在你的附近，当然是网络概念的附近，如果有人要阅读和你同样的内容，那么他会通过互联网从你的电脑上直接抓取内容。P2P 技术基本解决了运营商服务器和网络带宽承载过重的问题。P2P 技术 2005 年开始商业运营时尚处于一

---

① 实时流传输指保证媒体信号带宽与网络连接配匹，使媒体可被实时观看到。实时流与 HTTP 流式传输不同，它需要专用的流媒体服务器与传输协议。

② 顺序流式传输是顺序下载，在下载文件的同时用户可观看在线媒体，在给定时刻，用户只能观看已下载的那部分，而不能跳到还未下载的前头部分，顺序流式传输不像实时流式传输在传输期间根据用户连接的速度做调整。由于标准的 HTTP 服务器可发送这种形式的文件，也不需要其他特殊协议，它经常被称作 HTTP 流式传输。

③ RTSP(Real Time Streaming Protocol，实时流传输协议)是 TCP/IP 协议体系中的一个应用层协议，由哥伦比亚大学、网景和 RealNetworks 公司提交的 IETFRFC 标准。该协议定义了一对多应用程序如何有效地通过 IP 网络传送多媒体数据。RTSP 在体系结构上位于 RTP 和 RTCP 之上，它使用 TCP 或 RTP 完成数据传输。

④ HTTP 是一个客户端和服务器端请求和应答的标准(TCP)。客户端是终端用户，服务器端是网站。通过使用 Web 浏览器、网络爬虫或者其他的工具，客户端发起一个到服务器上指定端口(默认端口为 80)的 HTTP 请求。我们称这个客户端为用户代理(user agent)。

⑤ MIME 的英文全称是"Multipurpose Internet Mail Extensions"多功能 Internet 邮件扩充服务，它是一种多用途网际邮件扩充协议。

个市场的起步阶段,到了 2006 年,中国以 PPLive(用于互联网上大规模视频直播的软件)、PPStream(基于 P2P 技术的流媒体超大规模应用解决方案,包括流媒体编码发布、广播、播放和超大规模用户直播)为代表的 P2P 流媒体平台就已有了长足发展,技术应用也较为成熟,用户规模和收入规模实现了同步增大,功能方面实现了直播、轮播和点播,同时,内容上也拥有了一定数量的电视台整频道播放以及多种视听节目。我们通常使用的 BT(一种互联网 P2P 传输协议)、电驴的下载,新浪、搜狐、土豆等网站的视频播放都使用了这种技术。

2005 年以来,网络视频成为全球互联网应用热点,呈现出迅猛的发展态势。尤其在 9.11 和 SARS(Severe Acute Respiratory Syndromes,严重急性呼吸综合症,传染性非典型肺炎)等突发事件以后,网络视频技术如视频会议、远程教育、远程医疗、远程监控等的应用价值愈来愈得到社会的认可。政府、教育、银行、电信、医疗、企业、军事等诸多领域或部门对该业务的需求越来越大,视频网站的影响力很快得到释放。2010 年南非世界杯,国际足联首次引进了网络视频直播的概念,据国内知名调查机构艾瑞咨询《2010年世界杯热点营销研究报告》相关调研数据显示,64.3%的网民首选通过网络媒体了解世界杯相关资讯,远高于 21.4%首选电视的网民比例。考虑到中国网民已超过 4 亿,最主流的消费人群已经基本被互联网覆盖,因此,互联网也成为广告主重点关注的领域,其在互联网上的营销投入和关注度今非昔比。南非世界杯开创了中国网络视频新里程,在历时一个月鏖战后,以优酷、土豆为代表的视频网站在传播手段、用户体验和广告营销等方面得到了历练并盈利不菲。正是看中了视频网站的影响力和战略意义,2006 年 10月 9 日,谷歌宣布以 16.5 亿美元收购美国著名的视频娱乐网站 YouTube。同年 8 月,索尼娱乐公司也以 6500 万美元的价格收购了 Grouper.com。同年 9 月,微软开始测试其网络视频共享服务 Soapbox。

2006 年是中国网络视频产业发展的元年,中国播客/视频分享网站所到达的受众规模是 7600 万人,网络视频点播/直播服务的受众规模则达到9800 万人,视频点播/直播市场营收规模达到 6 亿元。由此形成了一个内容提供商、网络平台运营商、技术提供商、分销渠道、广告主、用户等为主要构成的网络视频产业链的雏形。到 2006 年底,国内视频网站已达 500 多家。大体分为两类:一类是直播,通常采用 P2P 技术,以播放现有电视台节目和电影、电视剧为主,PPlive 等属于此类;另一类是分享,通常采用 Flash 技术,以播放个人的短小视频为主,也称作播客,六间房和土豆网等属于此类。

2007 年,中国网络视频产业进入快速发展期,国内网络视频市场增长率达到了 69.8%,网络视频产业的广告收入和个人付费收入已高达 9 亿多元。新浪、搜狐、网易、百度、腾讯等各大门户网站纷纷在视频行业投入重金,百度奇艺更是作为上市网站,先拔头筹。中国网络电视台的成立更进一步点燃了视频战的烈火。最新数据显示,截至 2015 年 12 月,中国网络视频用户规模达 5.04 亿,较 2014 年底增加 7093 万;网络视频用户使用率为 73.2%,较 2014 年底增加了 6.5 个百分点。其中,手机视频用户规模为 4.05 亿,与 2014 年底相比增长了 9228 万,增长率为 29.5%。手机网络视频使用率为 65.4%,相比 2014 年底增长 9.2 个百分点。

对网站而言,网络视频的发展具有重要的战略意义。YouTube 是设立在美国的一个视频分享网站,它是一个可供网民上传、观看及分享视频短片的网站,至今已成为同类型网站的翘楚,并造就了多位网上名人和激发了大量网上创作,每分钟都有 400 小时的视频被上传至 YouTube。作为当前行业内最为成功、实力最为强大、影响力颇广的在线视频服务提供商,YouTube 的系统每天要处理上千万个视频片段,为全球成千上万的用户提供高水平的视频上传、分发、展示、浏览服务。2006 年 10 月 9 日,谷歌公司以 16.5 亿美元收购了 YouTube 网站,并与环球唱片、SonyBMG、华纳音乐、哥伦比亚广播公司达成内容授权及保护协议,解除了市场对内容供应商可能追究侵权而面对的法律疑虑。2015 年 7 月 17 日,谷歌发布的截至 6 月 30 日的 2015 财年第二季度财报显示,现在 YouTube 有超过 10 亿用户,世界上所有上网的人群中几乎有三分之一的人每天在 YouTube 合计消费几亿个小时的时间观看视频,现在 YouTube 的观看时间同比增长 60%,这是几年来最高增长水平。

网络视频的兴起,从根本上来看在于其契合了网民的需求,切合了网络时代的精神。网络视频令网民的个性化需求得到了充分的满足:每个人都可以不受时间限制、自由地收看自己喜爱的视频节目;每个人都可以成为视频节目的主角,制作并发布原创的视频节目,并有机会获得网民的喜爱和追捧。除此之外,网络视频业务看上去取之不尽的视频资源,对于网民无疑是一个巨大的"藏宝库",网民各种个性化的内容需求,几乎都能够得到满足。

YouTube 的目标是将视频上传程序变得跟打电话一样简单,让全球所有人都参与到网络视频中来。新的视频内容将可用于居室中或是便携式设备上的任何"屏幕",YouTube 和其他站点将把所有各种媒介集合在一起,向人们提供从家人和朋友到新闻、音乐、体育、烹饪乃至其他各个方面的视频内容。网络视频将成为最广泛、最易使用的交流形式,用于录制视频的工具将越来越小、越来越便宜,个人媒体设备将无处不在、无所不联,更多人将有机会录制更多视频,与圈内朋友乃至全球所有人共享,人们将成为自己的视频和媒体体验的主角。

但是网络视频的发展并非一帆风顺,甚至隐藏着巨大的危机。2006年,虽然谷歌以 16.5 亿美元的天价收购 YouTube,让国内创业者看到了视频业无比光辉灿烂的未来,也令投资者闻风而动,将大量资金投入到视频行业中去,但是 YouTube 的模仿者们还是没能从固有的狭隘盈利模式中走出来。有一个基本事实日益凸显:草根内容视频的巨大流量在占用大量带宽成本的同时,却根本无法换取相应的广告投入,因为其内容不能获得广告主的认可。这也印证了土豆网首席执行官王微早在 2008 年底就抛出的"垃圾流量,工业废水"论。YouTube 尚能以强大的谷歌广告营销为依托,而中国的民营视频网站非但无处招安,还要在各种政策的夹缝中求生存,同时迎接"国家队"CNTV(China Network Television,中国网络电视台)的巨大挑战。

更为尴尬的是,一方面,草根内容无法换取广告利润,另一方面,围绕正规节目的版权纠纷则可能让视频网站随时掉入无休止的赔偿深渊。一旦历史遗留问题的"清算"展开,视频业几乎可以落入万劫不复的境地。本来就不大的利润空间如今被昂贵的版权费进一步压缩,媒体的舆论压力和各界对视频业前途的质疑无异于雪上加霜。各种中小网站在模仿 YouTube 的进程中前赴后继,几年下来几乎消亡殆尽。从几年前的 300 多家,到现在只剩 20 多家,国内视频网站在几年时间里已淘汰了 90%,剩下的都是自制内容强大的站点。从盗版到正版,从版权购买到投资自制,互联网视频网站苦心经营后,大多依然没走出亏损的尴尬处境。视频业最好的出路就是走向同质化的反方向——差异化与独立化。即便投资环境差强人意,走差异化和独立化道路的创新者总是更容易获得风投的青睐。在最紧急的时刻,赢得风投等于赢得未来。2010 年世界杯让中国的视频网站进行了一次洗礼,无孔不入的"植入广告"让网站赚得不亦乐乎,不断出新的网络栏目样式更是极大地提升了网络视频的丰富性与观赏性,创新和差异化成为了网络视频生存的基石。

目前,国内视频网站主要有四种方式获得内容,一是自制节目,这类新企业一般而言具备影视节目制作基础,由传统媒体领域转入新媒体领域,如欢乐传媒、光线传媒等民营节目制作公司。自制节目成本高昂,制作经验和投入要求较高。二是买断版权,通过买断一些高收视率节目的版权,将节目放在网络平台上,让用户通过点击付费收看,从而获得收益。猫扑网的"猫眼宽频"采用的就是这种方式,其问题同样是节目购置费用高昂,节目数量有限。三是代理与合作,采用与节目内容提供商合作和节目播出代理的方式,在网络播出平台播出合作伙伴的节目。UUSee①与央视、MYSee②与湖南卫视之间就是典型的网络节目代理方式。这种模式的缺点是节目与传统电视没有差别,原创性不足。四是由网民上传节目内容,通过网站整合与梳理,形成各具特色的节目频道,并让网民自由观看的节目播出方式。光芒国际的磊客网是此种模式的典型代表。其优点是节目成本低廉、无版权问题,缺点是内容制作层次较低,需要众多的参与者和适当的引导才能形成规模,提高水平。在实际应用中,各个网络平台在内容方面往往采用以上多种模式,但出于资金、资源和水平等方面的限制,新媒体企业在内容、数量和质量上都难以有质的突破和切实保证。

为了降低购买版权的成本,提升自身的内容竞争力,视频网站不断寻求视频内容资源的独立化,并将之视为视频网站崛起的希望。2008年奥运会时,优酷就把重点放在拍客及自制视频节目上,推出《大话奥运》系列节目。爱奇艺伦敦奥运会"5+1立体战略规划"包括5档"你是我的英雄"系列节目及一个全频道资源联动推广战略,分别是奥运资讯《你是我的英雄之奥运金牌榜》、脱口秀《你是我的英雄》、策划类节目《你是我的英雄之奥运也疯狂》和《熬夜那点事儿》以及娱乐节目《看着比赛唱着歌》。主打自制内容并不仅仅针对奥运会,也是视频网站在版权战结束后走差异化路线的出路。在各视频网站看来,自制内容有着很多优点:版权独家、成本低、周期短、盈利快、

---

① UUSee网络电视是悠视网打造的一款网络电视收看软件,用户使用这款软件可以免费收看500多路新颖频道,共计1000多个节目。
② MySee是一家具有大量合法版权的视频音频资源,运用网络流媒体技术,借助网络这个平台,给广大受众提供流畅清晰的影音文件的视音频娱乐综合网站。

品牌效应高等等。爱奇艺伦敦奥运会"5＋1 立体战略规划"中,包括音乐频道、娱乐频道、时尚频道、旅游频道和纪录片频道几大热播频道在内,有近 20 档爱奇艺主打自制节目都加入了奥运相关的话题,其中的《奇艺环球影讯》已成互联网观看影视的第一指南,吸引了国内多家地面频道提出购买意向。2010 年 5 月,土豆网宣布推出"制播合一"的全新制作模式,计划耗资千万打造三大系列网络剧,制作真正能打动人心的"网民的故事"。随后,土豆网陆续出品了包括《互联网百万富翁》等一批自制节目。

此外,三网融合为视频网站的发展开拓了一条未来之路。2010 年 9 月 17 日,众所瞩目的 iPad(美国苹果公司发布的平板电脑)正式登陆中国。iPhone4(iPhone,由美国苹果公司推出的智能手机)联通版的发售也是热点话题。在中国市场,iPad 由于其突破性的设计和定位,成为电视、电脑和手机"三屏合一"的最佳终端平台,同时,以 iPad 和 iPhone4 为代表的无线互联网应用终端,拓宽了移动互联网应用的需求,展示了三网合一趋势下的终端应用体验。中国互联网数据中心总经理胡延平表示:"中国移动宣布手机视频业务'免除流量费'的那一历史性时刻,就决定了无线视频应用全国普及化的开始"。这带动了下游视频网站产业的迅速"适配"。在 iPad 发售的前一天,视频网站优酷举行了全站支持 iPad 和 iPhone4 的技术演示会,并宣布全站支持 iPad 和 iPhone4 的访问,成为国内首家能实现内容全线支持 iPad 的视频网站,用户只要在 iPad 上使用 Safari(苹果公司推出的网络浏览器)就可以观看土豆全库视频。爱奇艺的电影、电视剧、综艺、纪录片、娱乐等在内的全站正版内容皆可通过 iPad 网页观看,把最大的高清正版影视剧全部移植到了 iPad 上,爱奇艺的断点续播功能在 iPad 也同步实现。

网络视频在高速发展的同时,出现了不少违法问题,其中最有代表性的就是快播①涉黄案件。2015 年 2 月 10 日,北京市海淀区人民法院对深圳市快播科技有限公司及其主管人员涉嫌传播淫秽物品牟利一案进行立案审查,使得网络视频行业的相关问题再次成为公众关注的焦点。

---

① 成立于 2007 年的快播公司本是一家以网络流媒体技术开发与应用为核心的高科技公司,也是中国 Web2.0 理念的倡导者与实践者。快播致力研发基于准视频点播内核的、多功能、个性化的播放器软件。它集成了全新播放引擎,支持自主研发的准视频点播技术,用户只需通过相当短时间的缓冲即可直接观看丰富的网络高清影视节目。同时,快播具有的资源占用低、操作简捷、运行效率高、扩展能力强等特点,一度使其成为国内最受欢迎的万能播放器。

让我们来回顾快播涉黄案件的整个过程：

2007年，在深圳一个10多平米的房间，快播负责人王欣带着不足5人的团队开发出了快播。2011年，快播成为国内市场上占有量第一的播放器。

2012年，快播总安装量突破3亿，当时的中国网民总数约为5.38亿，这代表着每两个中国网民中至少有一个安装了快播。

2013年11月，腾讯、搜狐、乐视、优酷等数十家视频网站和版权方发起"中国网络视频反盗版联合行动"，对快播的盗版采取技术反制和法律诉讼。同年底，国家版权局对快播作出罚款25万元的行政处罚，责令其停止侵权行为。

2013年11月，北京市公安局从查获的快播托管服务器中提取了29841个视频文件进行鉴定，认定其中属于淫秽视频的文件为21251个。

2014年3月，有关部门在对快播公司监测中发现大量淫秽色情视频，腾讯因版权问题再次向快播提起诉讼，称快播公司未经许可，通过快播移动端向公众传播《北京爱情故事》、《辣妈正传》等24部作品将近1000集，非法经营额8671.6万元。

2014年4月，快播宣布将关闭qvod服务器，北京市公安部门对快播传播淫秽色情信息案进行立案调查，并抓捕多名犯罪嫌疑人，负责人王欣出逃。5月，快播公司被吊销增值电信业务经营许可证，深圳市场监管局送达对快播公司侵权行政处罚2.6亿元罚单。8月，王欣在韩国入关处被捕。

2015年2月，快播公司王欣、吴铭等人因涉嫌传播淫秽物品牟利罪，被海淀区人民检察院提起公诉。

2016年1月7日，北京海淀区人民法院公开开庭审理快播公司及4名高管被控传播淫秽物品牟利罪一案。

2016年9月13日，北京市海淀区人民法院对快播及其首席执行官王欣等涉嫌传播淫秽物品牟利罪一案公开宣判，指控快播公司以牟利为目的，拒不履行监管和阻止义务，放任其网络系统被用于大量传播淫秽视频，间接获取巨额非法利益，其行为构成传播淫秽物品牟利罪，情节严重，依法判决快播公司犯传播淫秽物品牟利罪，判处罚金1000万元，王欣、张克东、吴铭、牛文举分别被判处有期徒刑三年零六个月至三年不等刑罚，并处罚金。

快播案暴露出我国目前网络视频管理措施明显不足，由于缺乏完善的网络管理机制,我国网络法律法规的制定也稍显滞后,再加上色情网站的涌现,让快播从一个普通的流媒体视频播放工具,彻底转变为集在线播放、云端存储功能于一身的涉黄软件。在这样一个稍显混沌的时期,很多互联网企业可能会因为利益和暴利驱使选择铤而走险,打擦边球,企图蒙混过关。快播作为一个互联网科技公司的迅速崛起与陨落,给所有投身于互联网创业的人群和企业敲响了警钟。随着快播事件判决的结束,作为传统版权分支之一的网络视频版权问题也越来越引起人们的重视。由于网络技术和信息技术的快速发展,网络视频的传播行为出现失控情况,为了公众的需求使得版权人利益得不到保护。在这种情况下,应尽快启动我国网络视频版权的研究,制定详尽的法规条例以进一步规范网络视频市场。

2. 网络游戏

网络游戏,英文名称为 Online Game,又称"在线游戏",简称"网游",是指以互联网为传输媒介,以游戏运营商服务器和用户计算机为处理终端,以游戏客户端软件为信息交互窗口,旨在实现娱乐、休闲、交流和取得虚拟成就的、具有可持续性的个体性多人在线游戏。网络游戏区别于单机游戏之处在于玩家必须通过互联网连接来进行多人游戏。一般指由多名玩家通过计算机网络在虚拟的环境下,对人物角色及场景按照一定的规则进行操作,以达到娱乐和互动目的的游戏产品集合。

按照网络游戏的运行方式,即运行网络游戏时是否需要借助服务器以及对服务器的依赖程度,可以把网络游戏分为单机版移植式网络游戏、客户端登录式网络游戏和 Web 网络游戏。单机版移植式网络游戏的代表作有帝国时代(Age of Empires)、《反恐精英》(Conter-Strike)等,这类游戏可以联网,但没有定期升级网络服务。对于客户端登录式网络游戏,玩家必须在电脑上下载并安装游戏客户端,然后通过客户端注册登录到游戏运营商的游戏服务器才能进行游戏。Web 网络游戏,也称为网页游戏,它的特点是不需要在电脑上下载安装客户端程序,通过浏览器页面注册 ID 后,在浏览器上就可以直接进行游戏。除以上分类以外,按照游戏形式,又可以分为大型角色扮演类游戏和休闲类网络游戏;按照收费方式可以分为计时收费网络游戏和免费网游;按照游戏画面风格可以分为 2D 游戏和 3D 游戏;按照运营阶段来分的话,又可以分为未测游戏、内测游戏、公测游戏、正式运营游戏和停营游戏等。

　　网络游戏是以电脑为媒介的人际传播方式(CMC),网络游戏中的人际传播与现实世界中的人际传播有许多相似之处,如建立在熟悉程度基础上的熟人交往和陌生人交往模式;建立在身份基础上的玩家之间的交往以及玩家和游戏管理员之间的交往;在价值取向上也存在利己式、互助式和利人式等;交往的领域也可分为经济、技术、任务和情感等方面。网络游戏中的人际传播,既有现实世界中的人际传播手段,如口头语言、文字和特殊符号,也有网络中的特殊手段,如面部表情图片以及角色肢体语言等。

　　网络游戏的人际交往环境具有开放、平等与自由等特性,为个体的情感宣泄和思想交流提供了一个较好的途径,有利于个体身心放松、排解孤独以及获得认同,满足个体多方面的精神需求。同时,网络游戏的人际传播能锻炼个体的实际交际能力,丰富了人际交往的方式,扩展了人际交往的空间。由于积累个体的社会化经验,网络游戏也为开发个体智力和进行思想政治教育提供了一种新的手段,网络游戏能够寓教于乐,在培养个体创造力和品德方面具有潜移默化的作用。但另一方面,网络游戏中的人际交往常常使一些自控力较差的游戏者为之消耗大量的时间与精力,形成了对网络的重度沉迷与长期依赖,而回避或者逃避现实生活,对游戏者的家庭与社会关系带来一定冲击,使游戏者的身心健康受损。并且由于虚拟角色的原因,可能对个体特别是青少年带来角色混乱与多重人格,造成自我认知失调与障碍。此外,网络游戏中的欺骗与争斗等一些不良交往行为,也可能延伸到现实社会中,导致现实生活中的伦理与道德危机。网游所带来的一系列教育、社会问题更是不容忽视,网游厂商也应立足于民族文化和时代精神,不断开发有利于青少年成长、内容健康向上、形式活泼生动的游戏软件,避免恐怖、血腥、凶杀等游戏题材。

5.2.6　电子杂志与电子书

1. 电子杂志

　　电子杂志是数字技术发展到一定阶段的产物。电子杂志是各类传统纸质媒体充分结合互联网应用技术,向数字化新媒体演变的产物。它是在互联网发展到 Web2.0 时代,采用先进的 CDN(Content Delivery Network,内容分发网络)/P2P 技术发行,可以在电脑上模拟杂志阅读的效果,用鼠标一页一页翻阅的一种新型出版物。和数字音乐、数字电视一样,它也是数字时代 E 生活的象征之一。目前,外界对电子杂志有很多种叫法,包括数字杂志、网络杂志、多媒体杂志等。其特征是要有专业的技术加上专业的内容,通过互联网发行。今天,不仅仅是那些追求方便、快捷、信息化的时尚达人,众多传统纸媒的受众群和拥护者也纷纷被拥有大量图片、视频、音乐、Flash①动画的电子杂志所吸引。

早在 20 世纪 80 年代,国外就出现了对电子杂志的各种尝试和研究。实际上电子杂志起源于 20 世纪 80 年代的 BBS 热潮中。"亡牛的祭奠"(Cult of the Dead Cow)声称于 1984 年发行了第一部电子杂志,并且持续了 20 多年之久。电子杂志已经过了三代技术革新。第一代是传统杂志的简单数字化,第二代是数字媒体的杂志化,而当下关注的焦点——互动多媒体网络杂志则为第三代。第三代电子杂志是超越杂志的新媒体形式,其传播特征主要体现在多媒体的表现方式和传、受者之间的互动效应。其中,第三代电子杂志以 Flash 为主要载体,独立于网站存在,具有众多的优势。首先,电子杂志是机读杂志,它可以借助计算机惊人的运算速度和海量存储,极大地提高信息量。其次,在计算机特有的查询功能的帮助下,它使人们在信息的海洋中快速找寻所需要的内容成为可能,电子杂志中极其方便的电子索引、随机注释,更使其具有信息时代的特征。第三,电子杂志在内容的表现形式上,兼具了平面与互联网两大特点,且融入了图像、文字、声音、视频、游戏等,可以动态结合地呈现给读者,使人们得到多种感官的感受,还有超链接、即时互动等网络元素,由此提供了一种视听更为丰富多元、充满了现代感的很享受的阅读方式。第四,电子杂志是一种非常好的媒体表现形式,它延展性强,可移植到 PDA、Mobile(手机)、MP4、PSP(Play Station Portable,日本 SONY 开发的多功能掌机系列)及 TV(Television,电视、数字机顶盒)等多种个人终端进行阅读。

技术含量的增加使得电子杂志在排版、发行格式上更加灵活。电子杂志还可以很好地配合网站的其他资源。比如在电子杂志上加入网站的其他资源的图片或文字介绍和链接,或者放上电子信箱、会员加入等程序,订户若有兴趣,可以通过杂志上的加入程序加入。也可以在杂志里放上调查系

---

① Flash 是由 Macromedia 公司推出的交互式矢量图和 Web 动画的标准。网页设计者使用 Flash 创作出既漂亮又可改变尺寸的导航界面以及其他奇特的效果。

统、留言等来收集订户的反馈和建议,或者在杂志里放上交友系统来增加订户间以及订户和网站的联系。而且,电子杂志不用承担印刷成本,可以有效降低投入。值得一提的是,电子杂志在各种传媒系统(如电视系统)和计算机网络的出现,已经打破了以往的发行、传播形式,也打破了人们传统的时空观念,它将会更加贴近人们的生活,密切人与人之间思想、感情的交流,更好地满足新时代人们对文化生活的要求。

电子出版物具有纸读杂志的一些属性,也是有固定栏目、按顺序连续出版的刊物。但是,由于它的载体是互联网,已不再是普通的纸张,这就使得电子杂志在视听等许多方面具有无可比拟的优越性和更强大的功能。它可以在线阅读又可以下载收藏。一般想要阅读电子杂志只要上网就行,在刊登的第一时间就能阅读到喜欢的内容,这比起从报亭、书店购买或从邮局邮购更加方便。即使不能上网也可以离线浏览,还可以下载几十本杂志,在火车、飞机、酒店等任何场合都可以阅读,这比拿着又厚又沉又占地方的纸质刊物轻巧便捷多了。

电子杂志和门户网站一样,主要靠人气聚集扩大影响,比如中国电子杂志在线阅读发行第一品牌 POCO 就有 7400 万注册用户,同时在线用户数 71 万,并以每天超过 18 万新注册用户的速度不断增长。它汇集了中国 90% 以上的宽带用户,其旗舰杂志《Pocozine》就有 570 万读者,比传统杂志的阅读者高出很多。电子杂志的用户范围更加广泛,客户市场遍及全世界每个角落,可以实现短时间内在互联网的大规模传播。

Web2.0 的交互性为电子杂志提供了更多的竞争力和发展空间。相比起传统杂志的简单交互功能来说,电子杂志可以在自身的门户网站中建立讨论区或者论坛,还可以在杂志内容里设置信息反馈交流的板块或者投票系统,让读者在阅读杂志的同时留下意见或者参与到内容的编排当中,让读者真正融入到电子杂志的制作过程中。电子杂志的制作门槛较低,其实并不是专业公司才能做的,只要对 Flash 有一定的了解,再加上专业电子杂志制作软件,人人都可以制作出品质优秀的电子杂志,网上还有专门的素材库、模板可供下载。电子杂志的发行流程非常简单,无论是企业还是个人,只要拥有电脑、能够上网就能创办自己的电子杂志,将自己整理的信息分发给订户。纸媒刊物在制造过程中会产生大量污染,对木材资源的消耗有目共睹,电子杂志的流行符合当今提倡的环保意识。电子杂志作为一个新生媒体,它也为众多网民提供了展示自身才华、小试牛刀的机会。网民不必再羡慕传统编辑们,他们可以利用电子杂志平台提供的杂志制作工具,加上自己无限的创意,自行制作出一本本声像具备的"独家"发行的精美杂志,满足娱乐和精神的需求。

电子杂志通常以如下两种方式发行:一种是由印刷版杂志发行商自行发行,这种发行商通常是较大或发展较快的发行商,他们直接通过 Internet (因特网)发行其杂志的电子版,不需要任何中介,发行商对电子杂志从内容到版面都有完全的控制权;另一种发行方式是通过中介服务机构或称代理商发行,更多的电子杂志选择这种省心省力的发行方式,提供这种服务的代理商将许多来自不同发行商的刊物整合到统一的界面和检索系统中,他们往往在电子版面的设计、技术的更新和应用上有着很大的主动性和优势,用户通常也直接向代理商申请订阅并获得电子杂志的使用权。

虽然电子杂志的优势显而易见,但目前印刷文字的权威和认可度依然是无法替代的。人们长期积淀下来的对纸张的信任,使得纸质媒体仍然有着其他媒体所不具备的权威。网络媒体在知识产权的认可上也远远无法与纸质媒体相提并论。由于国内的网络环境,我国的电子杂志还处在起步阶段,很多大型网站和传统媒体都没有对其产生足够的重视。有些没有开展这项服务,开展这项服务的也只限于电子杂志的一些基本功能。同时,电子杂志也有一定的缺陷,目前电子杂志最大的缺点是形式大于内容,内容同质化严重。作为新媒体,电子杂志一方面还是要发挥新媒体创新的优势,在阅读工具、交互方式等方面进行积极研发。例如开发利用手机、MP3 等移动工具,提供简单、方便的大众阅读;再如利用技术满足电子杂志海量搜索、无线搜索需求等。另一方面,当然也要努力弥补电子期刊内容上的不足,不断缩小与传统期刊的差距。

2. 电子书

电子书是利用计算机技术将一定的文字、图片、声音、影像等信息,通过数码方式记录在以光、电、磁为介质的设备中,借助于特定的设备来读取、复制、传输,区别于以纸张为载体的传统出版物。电子书一般有两种含义,一指 e-book,二指专门阅读电子书的掌上阅读器。与电子杂志的迅速发展相比较,电子书的发展相对缓慢且艰难。

目前,电子书的格式主要有 PDF(Portable Document Format,便携文件

格式)、EXE(executable file,可执行程序)、CHM(Compiled Help Manual,微软的帮助文件格式)、UMD(Universal Mobile Document,手机电子书的一种格式)、PDG(超星数字图书格式)、JAR(Java Archive,Java归档文件)、PDB(Palm Data Base,Palm OS操作系统上数据文件类型)、TXT(text file,一种最普遍的文本格式)、BRM(byread media,百阅兼容的一款电子书格式)等等,当下很多流行移动设备都具有电子书功能。

电子书掌上阅读器是一种便携式的手持电子设备,专为阅读图书设计。它有大屏幕的液晶显示器,内置上网芯片,可以从互联网上方便地购买及下载数字化的图书,并且有大容量的内存可以储存大量数字信息,一次可以储存大约30本传统图书的信息,特别设计的液晶显示技术可以让人舒适地长时间阅读图书。电子书便携、容易使用、大容量的特点非常适合现代生活,数字版权贸易和互联网技术的发展,使电子书的用户可以以更低的价钱购买到更多的图书,为电子书的流行奠定了基础。现在国内的PDA产品较为丰富,按功能大致分为三种:一是以学习为主,有各种英汉互译词典、字典等,如好易通、快易通等;二是以商务游戏为主,有记事本、万年历、汇率、股市行情、收发邮件、游戏等功能,如商务通、经理人、名人等;三是掌上电脑,可无线上网。

随着阅读需求的不断演变,读者对电子阅读器的使用体验有着更高的要求。只支持黑白显示、难以折叠和刷新速度慢等问题,显然已经超出了大家的忍受极限,于是将要产生彩色动态显示技术,改进屏幕刷新速度,并将在产品可用性、无线服务能力等方面有进一步提升。在市场需求下,自然催生了电子阅读器的全彩时代。经过随后多年的技术升级,具备极强实用性的彩色柔性技术将会充分整合到新型的电子阅读器上。未来的电子书的外形将与现在的纸质书籍相差无二,加上"双面显示,多屏重叠阅读"的技术,纸质书籍将逐渐退出历史舞台。对我们国家而言,极具诱惑力的是可能出现的电子教科书,必然会掀起教育行业的一大变革,不超过500克的"体重"和不超过1厘米的厚度,让喊了多年的"学习减负"彻底变成现实,孩子们不再背负沉重的书包上学,兜里揣上这个小巧的电子教科书即可,因为所有的课本内容在开学之初就已全部装到这个电子教科书中了。

现在而言,与传统纸质书相比,电子书的市场优势并没有显现出来。2010年9月17日,第九届北京图书节在地坛开幕,与传统图书摊位的火爆相比,新媒体电子书摊位则少人问津,早早收摊。销售电子阅读器的方正展台、中国移动展台负责人总结了三条原因:一是电子书的终端设备相对来说价格偏高,动辄上千,普通百姓不能接受;二是普通消费者对电子书并不了解,很多人不知道电子书的优势与特点;三是当下读书人群年龄段集中在中老年,偏爱纸质书,对电子书并不感冒。但是,纸质出版物的数字化发展已经是当下不可逆转的趋势,在传统模式下,一本书从作者截稿到传到读者手中,要经历出版社、印刷厂、交通运输、仓库存储、销售网点等多个环节,周期漫长,耗费的人力物力也很大。而数字出版的优点则十分明显,一方面它们更具有开放性、即时性、多媒体性等;另一方面它降低了出版的成本,大幅度地减少了传统出版的许多中间环节,使出版产业更加绿色和环保。

　　这一点,在最新发布的国民阅读调查中得到了直接的体现。2016 年 4 月 18 日,中国新闻出版研究院发布《第十三次全国国民阅读调查报告》。报告数据显示,2015 年我国成年国民图书阅读率为 58.4%,同比上升 0.4 个百分点;数字化阅读方式的接触率为 64.0%,同比上升了 5.9 个百分点。中国新闻出版研究院借鉴国外经验,2015 年设置新指标"各媒介综合阅读率",覆盖书、报、刊及数字阅读,各媒介综合阅读率为 79.6%,同比上升了 1.0 个百分点。其中:数字阅读是亮点,首次明显超过纸质阅读;成年国民网络在线阅读阅读率首次过半,达到 51.3%,同比增长 1.9%;成年国民手机阅读率最高,达到 60.0%,同比上升高达 8.2% 个百分点,电子阅读器阅读、Pad 阅读及光盘阅读等都呈增长态势。在数字阅读中,微信阅读最为普及,据统计,有 51.9% 的成年国民在 2015 年进行过微信阅读,同比增长 17.5 个百分点,增幅超过 50%。

　　数字化正成为我国传统出版业实现跨越式发展的必然趋势。2010 年,国家新闻出版总署多次提出"发展数字出版等非纸介质战略性新兴出版产业"的任务,和"运用高新技术促进产业升级,推进新闻出版产业发展方式转变和结构调整"的要求,从政策的高度为数字出版的发展保驾护航。《2015—2016 中国数字出版产业年度报告》最新数据显示,2015 年我国数字出版产业整体收入规模为 4403.85 亿元,比 2014 年增长 30%。数字出版产业收入在新闻出版产业收入的总比由 2014 年的 17.1% 提升至 20.5%。其中,互联网期刊收入 15.85 亿元,电子书 49 亿元,数字报纸(不含手机报)9.6 亿元,博客 11.8 亿元,在线音乐 55 亿元,网络动漫 44.2 亿元,移动出版

(手机彩铃、铃音、移动游戏等)1055.9亿元,网络游戏888.8亿元,在线教育180亿元,互联网广告2093.7亿元。值得重视的是:2015年互联网期刊、电子图书、数字报纸的总收入为74.45亿元,比2014年增长了6.66%,在数字出版总收入中所占比例仅为1.69%。这说明传统出版单位在数字化转型升级、融合发展方面仍需要加大力度。

当然,电子书刊并非传统报业的掘墓人,而是传统造纸、印刷、投递等产业的升级者,是一种更低碳的发行方式。有了电子阅读器,消费者可以轻松下载喜欢的书籍、报纸、新书,从支付到阅读在几分钟时间即可完成。即使网络书店,从订购到将书籍快递过来,也要花费很长时间,并且存在物流中的不确定因素。电纸书及网络下载的方式,正在通过最便利的手段将用户拉回读者的行列。

5.2.7 网络广播与网络电视

1. 网络广播

网络广播是指以因特网为传播介质提供音频服务的广播,即通过网络来进行广播活动。1995年4月,美国西雅图的"进步网络"(Progressive Networks)首先提供"随选音效的服务",标志着网络广播的诞生。随后,世界上主要的国际广播公司都纷纷与网络联姻,BBC建立了在线新闻网站,美国之音(VOA)用23种语言在Web网络上进行音频广播,法国国际广播电台用5种语言在网上进行新闻广播。随着网络技术的日益成熟,网络广播也迅速风靡起来。网络广播的出现不仅使传统的广播媒体获得了新的发展机遇,而且还显示出今后传媒的发展趋势,即传统媒体与网络相结合的发展趋势。

网络广播是广播与网络的结合体,从外延上看包含了广播网络化和网络化广播两个从属概念,有狭义和广义之分。狭义的网络广播是一种流媒体技术,传播主体通过在网络上建立广播服务器,运行节目播送软件,将节目内容传达给受众,而受众经过计算机网页或软件程序访问栏目地址,接收、阅读广播信息,也就是广播网络化。广义的网络广播不单单是指将传统的广播节目内容通过网络广播出去的过程,而是专门针对网络收听受众制作和传播的特定广播节目,这是一个全新的具有生命力的领域——网络化广播网络广播在我国发展迅速,2005 年 7 月,中国国际广播电台开通"国际在线"网络广播,中央人民广播电台中国广播网也推出"银河台"网络广播,种种现象表明,网络广播在我国已经获得了主流媒体的充分认可,网络广播的听众呈年轻化的特点。而且,随着互联网技术的不断发展和创新,网络广播也将获得更大的发展空间。

网络广播改变了传统广播的播出形式,开创了在线广播的新形式,拓展了受众的接收空间。首先,网络广播不受时间和空间的限制,在内容上更加丰富,而传统广播听众只能在固定的时间段收听固定的节目,而且广播的内容也十分有限;其次,传统的广播是通过短波使听众接收到的,信号受各种因素的影响,经常会出现不稳定的情况,有些地方性的广播电台其他地区的人也无法收听到,而网络广播可以克服传统广播在地域方面的限制;再次,网络广播与听众的互动性增强,传统的广播受广播形式和广播时间的限制,往往缺少与听众的沟通和互动,而网络的聊天功能则恰恰可以弥补传统广播的这一缺憾,网络广播听众可以通过论坛、电子邮件和留言等多种形式随时参与到节目互动中去,网络广播使听众与节目的沟通变得更加容易;最后,传统的广播节目形式单一,而网络广播可以利用互联网技术使广播从内容到形式变得更加丰富,网络广播可以利用互联网技术使广播变得可视,工作人员可以在网站上制作与节目相关的文字、图片来宣传本期节目,这些都是传统广播无法做到的。

在新媒体时代,受众的注意力是稀缺资源。新媒体时代让人应接不暇的多元化选择面前,网络广播面临着严峻的注意力吸纳能力考验。首先,如何培养网络广播受众的收听习惯具有一定难度,其次,当前互联网上存在大量的自由网络电台,网络广播节目制作水平参差不齐,专业化程度远远不及制播规范的传统广播,这也在一定程度上考验着受众收听的兴趣度。网络电台主持人和传统电台受过严格播音训练的主持人相比,播音水准差距比较大,缺乏相应的职业素质。再者,网络广播表现形式单一,降低了受众收听的忠诚度。国内的网络广播节目普遍以音乐和休闲娱乐的题材为主,涉及新闻政治性内容的电台比较少,传统的广播台入网后多为简单地复制母体媒体的内容,缺乏多媒体动态信息,缺乏深度报道,与读者即时交互功能欠缺,服务功能单一。在信息碎片化的新媒体时代里,靠单一的节目编排形式无法长期集中受众的注意力,不能培养大量的忠实听众,这些都是网络广播在发展过程中要着重解决的问题。

2. 网络电视

网络电视（Web TV）是传统电视内容和互联网技术形式相结合的产物，即人们常说的基于 Web 站点的网络电视传播。其传播方式是传统的电视台在互联网上建立 Web 站点，将自身拥有的音频、视频信息资源与网络传播优势结合起来，以新技术、新手段扩大传播领域和范围。

网络电视的早期发展模式主要有以下几种：一是把整套电视节目原封不动地在因特网上实时广播或点播；二是将优秀的视频节目重新编排，供受众点播；三是提供文字、图片信息；四是把电视与因特网融合起来做节目，即一方面在网站上介绍电视栏目、节目，提供背景资料，另一方面受众可以通过因特网的电子邮件、聊天室等发表意见，参与节目。随着网络技术的不断发展，利用宽带网络进行音频、视频广播节目传输和接收的技术已经日益成熟，这种基于 Web 站点的网络电视在确保传输广播电视基本公共节目的前提下，积极开发网络新业务、新市场，为受众提供新服务。如发展数字电视、推广数字机顶盒，在网上提供付费电视、视频点播、互联网接入、网路游戏、电子政务、电子商务、远程医疗、远程教育以及其他网络服务等。

在国内，中央电视台是最早建立网站的电视台。1996 年 12 月，央视国际网站建立并试运行，这是我国最早建立的发布中文信息的网站之一。之后，全国各级各类电视台也纷纷效仿，到目前为止，已经全部实现网络传播。2000 年 12 月，央视国际正式宣告成立，标志着我国最大的以视音频信息为特点的门户网站已经诞生。它是一个集新闻、信息、娱乐、服务为一体的具有试听、互动特色的综合性网络媒体，目前已实现 12 套节目网上同步视频直播。2006 年 4 月，央视国际实现全新改版，CCTV.com 与 ICCTV.cn 合二为一，统一域名为 CCTV.com。改版后的央视国际推出视频搜索引擎，加大视频直播与点播等特色服务，引入主持人博客、播客和央视社区等互动新概念。

作为一种新兴的传播媒体，网络电视具备以下传播优势，网络电视整合各种媒体优势于一身，兼具数据、文本、图形、图像、声音等表现形式，集各种媒体的传播优势于一身，动静结合，声像兼备，并且具备快速反应能力。网络电视交互性强，通过网络电视，受众能够随时点播想要看的节目。受众的主动性得到了发挥，不用等电视台的播放时间，可以根据节目单选择节目的播出与否和播出顺序。当没有时间看某个节目的时候,还可以把它储存起来等空闲时观看。除此之外,网路电视还可以提供网上购物、网上炒股、网上办公、网上银行、网上会诊、网上教学、网上博彩等个性化的增值服务,它不仅继承了传统模拟电视直观形象的特点,而且可以达到比传统模拟电视更优质的图像和声音效果。

需要特别说明的是,基于互联网协议的网络电视(IPTV)是与基于 Web 站点的网络电视(Web TV)不同的一种新兴媒体,它是指利用宽带有线电视网或宽带互联网的基础设施,以家用电视机或电脑作为主要接收终端,通过互联网络协议来提供有线电视网、互联网、多媒体、通信等多种技术在内的数字媒体服务的传播形态。IPTV 被誉为"公文包里的电视台",受众的"专属电视台"。它不仅具有 Web TV 的所有传播功能,而且还能为用户提供更加便捷、全面、到位的服务。IPTV 具有更加完备的深层次服务功能和更加强大的商业价值,这也是促使 Web TV 与之融合的一个重要原因。

此外,安装网络电视软件,可以将任何一台联网的数字终端变成网络电视。其中,比较有代表性的软件是 PPTV①,这是中国第一款网络电视客户端软件,PPTV 的诞生宣告着一个崭新的视听新媒体传播时代的到来。PPTV 是上海聚力传媒技术有限公司公司主打的一款集直播与点播于一体的网络电视软件,聚合了精编影视、体育、娱乐、资讯等各种热点视频内容,并以视频直播和专业制作为特色,基于互联网视频云平台 PPCLOUD,通过包括 PC 网页端和客户端、手机和 PAD 移动终端,以及与牌照方合作的互联网电视和机顶盒等多终端向用户提供新鲜、及时、高清和互动的网络电视媒体服务。互动是 PPLive 的精髓,PPTV 可以提供用户互动选择和点播、用户对内容的互动参与和用户间的社区交流三个层次的互动。

移动新媒体是所有具有移动便携特性的新兴媒体的总称,包括手机媒体、平板电脑、掌上电脑、psp、移动视听设备(如 MP3、MP4、MP5)等。CNNIC 第 41 次报告显示我国网民规模从 2010 年的 4.57 亿人增长到 2017 年底的 7.72 亿人,我国手机网民规模从 2010 年的 3.03 亿人增长到 2017

---

① 2004 年底,PPLive1.0 正式在华中科技大学诞生。创办人姚欣在 2002 年足球世界杯期间,获得软银投资人给出的一百万,投资后来陆续追加,加上另外两个国际风险投资商,姚欣 5 年获得的风险投资接近 2 亿人民币,利用这些投资,姚欣创造了 PPLive1.0,并且在 2005 年注册成立了上海聚力传媒技术有限公司。PPLive1.0 软件正式上线后先在校园范围内进行测试,后来在武汉地区教育网传开,后改名为 PPTV。

年的 7.53 亿人,增长了 148.51％,约是普通网民增速的 2 倍。在手机网络应用方面,手机网络新闻、手机搜索引擎、手机网络音乐、手机网络视频、手机网络游戏、手机网络文学和手机微博用户都呈现新高。

5.3 手机新媒体

今天的手机不仅仅是一种简单的通信工具,它事实上已成为个性化的信息传播和娱乐的多媒体接收器。手机作为一种新媒体形式,与其他媒体相比已经有了很多根本性、革命性的改变,以至已被视为继报纸、广播、电视和互联网之后出现的"第五媒体"。手机新媒体以它良好的体验、快速的传播与共享、随时随地的特性,迅速成为主管部门、运营商、互联网、传统媒体、投资及业内人士、专家的关注焦点。

1902 年,一个叫做内森·斯塔布菲尔德的美国人在肯塔基州默里的乡下住宅内制成了第一个无线电话装置,这部可无线移动通讯的电话就是人类对手机技术最早的探索研究。1938 年,美国贝尔实验室为美国军方制成了世界上第一部"移动电话"。1973 年 4 月,美国著名的摩托罗拉公司工程技术员马丁·库帕(Martin Cooper)发明了世界上第一部推向民用的手机,这种模拟的移动电话就是第一代手机(1G),也就是在 20 世纪八、九十年代香港、美国等的影视作品中出现的"大哥大"。马丁·库帕由此也被称为现代"手机之父"。由于当时的电池容量限制和模拟调制技术需要硕大的天线和集成电路的发展状况等制约,这种手机能成为移动但算不上便携。很多人称这种手机为"砖头"或是黑金刚。第二代手机(2G)通常使用 PHS(Personal Handy-phone System,个人手持式电话系统,属第二代通信技术)、GSM(Global System for Mobile Communications,全球移动通信系统)或者 CDMA(Code Division Multiple Access,码分多址,无线通讯上使用的技术)这些十分成熟的标准,具有稳定的通话质量和合适的待机时间。在第二代中为了适应数据通讯的需求,一些中间标准也在手机上得到支持,例如支持彩信业务的 GPRS(General Packet Radio Service,通用分组无线服务技术)和上网业务的 WAP(Wireless Application Protocol,一项全球性的网络通信协议)服务,以及各式各样的 Java(由 Sun Microsystems 公司推出的 Java 程序设计语言和 Java 平台的总称)程序等。

3G 是英文 3rd Generation 的缩写,指第三代移动通信技术。相对第一代模拟制式手机(1G)和第二代 GSM、CDMA 等数字手机(2G),第三代手机是指将无线通信与国际互联网等多媒体通信结合的新一代移动通信系统。它能够处理图像、音乐、视频流等多种媒体形式,提供包括网页浏览、电话会议、电子商务等多种信息服务。为了提供这种服务,无线网络必须能够支持不同的数据传输速度,也就是说在室内、室外和行车的环境中能够分别支持至少 2 Mb/s(兆比特/秒)、384 kb/s(千比特/秒)以及 144 kb/s 的传输速度。

4G 是第四代移动电话通信标准,指的是第四代移动通信技术。该技术包括 TD-LTE 和 FDD-LTE 两种制式。4G 集 3G 与 WLAN 于一体,并能够快速传输数据、高质量音频、视频和图像等。4G 能够以 100 Mb/s 以上的速度下载,比目前的家用宽带 ADSL(4 Mb/s)快 25 倍,并能够满足几乎所有用户对于无线服务的要求。此外,4G 可以在 DSL 和有线电视调制解调器没有覆盖的地方部署,然后再扩展到整个地区。很明显,4G 有着不可比拟的优越性。

5G 是第五代移动电话行动通信标准,也称第五代移动通信技术,正在研究中,预计到 2020 年投入使用。未来的网络将会面对 1000 倍的数据容量增长,10 到 100 倍的无线设备连接,10 到 100 倍的用户速率需求,10 倍长的电池续航时间需求等。5G 将比 4G 快 10 到 100 倍,更快的速度也将提升网络的容量,可以容纳更多的用户在同一时间登录网络。5G 时代,1 平方公里的范围内可以为 100 万台物联网设备提供超过 100 Mb/s 的平均传输速度。

到目前为止,手机是所有媒体形式中最具普及性、最快捷、最为方便并具有一定强制性的媒体平台。手机将是覆盖人群最广的一种媒体形式。新的媒体形式应该具有传播成本低廉的特性。纸媒的传播成本就比较高,虽然一本书只有几十元,订阅一年的报纸只需一百多元,但是单个媒体承载的信息非常有限,同样的信息如果被放在互联网上价格就会便宜很多。手机的迅速扩张正是因为具备了成本低廉的特点。

而且,手机可以最方便地把人们的零碎时间利用起来,并且能够极为快捷地传播信息。报纸虽然携带方便,但是传播信息并不快捷;电视、广播、互联网能够快捷地传播信息,但是其载体携带起来不太方便。手机携带方便,传播速度也很快。另外、手机媒体传播信息带有一定的强制性。其他媒体都需要读者主动去获得信息,本身不具有强制性,而一个拥有手机的人不可能总不开手机或者总不随身携带,因此手机可以通过短信息等形式,将信息强制性地传播给受众。

手机在信息传播和娱乐方面具有独特的优势:便于携带、实时传播、互动性强、个性化、高普及率。它符合现代人的生活节奏,有着巨大的潜能。手机媒体的应用从音乐、电影、游戏、新闻、地图服务等开始,有着巨大的发展空间。遍布互联网的免费公开资源是手机媒体的最大平台。手机浏览信息快捷、方便、廉价,如在旅途中,通过手机阅读小说、新闻,已有取代阅读纸质媒介的趋势。在日本,手机小说《深爱》销量达 250 万册,其作者的另一部手机小说《还想活下去》名列日本十大畅销书前三位。随着媒体理念和运营模式的逐渐成熟,手机媒体的诸多优势将得到进一步的显现。

在中国,手机发展的历史只有十几年,但是工信部最新数据显示,截至2015 年 12 月底,我国手机用户数达 13.06 亿户,手机用户普及率达 95.5部/百人,用户规模居世界首位。远远超过了之前覆盖人群最大的电视用户数。

5.3.1　手机报与手机出版

1. 手机报

手机报是新媒体产业中的一个重要组成部分。手机报(Mobile News-paper)是依托手机媒介,由报纸、移动通信商和网络运营商联手搭建的信息传播平台。手机报可以发送大容量的多媒体信息,包括长达 1000 字的文章、50 KB 的图片,是短信之后的又一新媒体。

手机报是早期电信增值业务与传统媒体相结合的产物,是传统报业继创办网络版、兴办网站之后,跻身电子媒体的又一举措,是报业开发新媒体的一种特殊方式。具体来说,手机报是将传统媒体的新闻内容通过无线技术平台发送到彩信手机上,从而在手机上开发发送短信新闻、彩图、动漫和WAP(上网浏览)等功能。用户可以通过手机浏览当天发生的新闻等。3G手机报的推出,可以使企业或个人或政府单位建设自己的手机报。不断推出的政务手机报、企业内刊、行业手机报、客户手机报等,成为行政管理、新闻宣传、企业客户关系处理、企业内部沟通、广告传播的一种新途径。

虽然被誉为"第五媒体"的手机报早在 2001 年就已经问世,但当时的手机报更像是手机短信的一种加强版,影响力有限。2004 年中国移动推出彩信技术之后,手机报的发展呈现出强健的发展势头。2004 年 7 月,北京好易时空公司和《中国妇女报》推出了全国第一家手机报《中国妇女报——彩信版》,引起各类媒体躁动,大家摩拳擦掌,跃跃欲试。这张彩信报纸不仅克服了短信容量小、格式单一的缺点,还可以实现用户和报人之间的互动。同年12 月,重庆各大报纸联手推出《重庆晨报》、《重庆晚报》和《热报》WAP 手机上网版,2005 年 5 月,《浙江手机报》正式开通,引发杭城报业上网热。2005年 8 月份,广东地区推出"手机报纸",该报几乎覆盖了当地所有的主流媒体,《南方日报》、《南方都市报》、《羊城晚报》、《广州日报》、《参考消息》、《新华快讯》等都涵盖其中。据统计,自 2004 年 7 月《中国妇女报》率先推出彩信版手机报后,截止到 2007 年 11 月,手机报增加到 300 多种。3 年时间,中国手机报已经经过了导入期,进入了高速成长期。数据统计,截止到 2016年 7 月,全国手机报用户总数超过 3 亿,"一省一报(端)"用户超过 2 亿,涌现出一批千万级用户的手机报新媒体。同时,报业在手机报业务上的探索和尝试也引起了管理层的密切关注。"十一五"期间,新闻出版总署正式启动了"数字报业实验室计划",明确提出要广泛利用包括"手机报"在内的多种数字出版形式,促进报纸与新媒体的融合发展,形成以纸媒为基础,数字化内容产品和信息增值服务产品齐头并进的内容产品发展格局。

　　手机报强化了时效性,可以实现信息的即时传播和接收。手机报的载体是手机,用户随时随身携带,手机报编辑可以将新闻第一时间发送到用户的手机上,省去了报纸的印发环节。和电视、电脑相比,它不受地点限制,也为用户节省了接触媒介的时间。特别是遇到突发事件时,手机报可以像网站一样实现新闻的动态传播,用户不仅可以第一时间知道新闻的结果,而且可以随时关注它的发展过程。2003 年 2 月 1 日 22 时 32 分,美国哥伦比亚号航天飞机失事 16 分钟后,新浪网把这则新闻以手机短信的方式发送给万千客户,由此开创了国内手机传播新闻的先河。直到 23 时 50 分,央视一套插播了"哥伦比亚"号坠毁的新闻,比短信晚了一个多小时;而纸质媒体要在第二天才刊登此新闻,其速度绝非以时分秒计算,而是以"天"来算计的。

　　手机报提高了互动性,真正实现了传播流程的即时反馈。传统媒体的一大弊端就是缺乏与受众的有效、即时互动,影响了传播的效果。而手机报的用户可以通过短信等方式实现与手机报编辑的有效互动,不仅可以最快地得到新闻,而且可以得到自己最想获取的新闻。通过互动反馈,每位用户可以实现新闻定制,手机报编辑可以将用户最需要看到的新闻发送过来,真正体现了传播的人性化和个性化。

手机报具有多媒体优势。手机报所发送的新闻,不是短信意义上的文字新闻,而是一个多媒体数据包。这个多媒体数据包包含了图片、文字、声音、动画等,可涵盖4开8版报纸的全部内容。这样,可以充分调动受众的视听器官,实现新闻的多维阅读。用户不仅可以去看、去听,而且还可以借助图片和动画等形式更直观地去感受新闻,更深刻地去理解新闻。

当然,手机报有优点,也有劣势。目前,手机报原创性的内容并不多,大多还是对所依靠的传统纸媒的内容拷贝。从长远看,手机报应结合自身媒介特点和受众定位探索新的报道方式,从文章结构、表达方式、语言风格等方面探索出适合自身的"个性化"的内容报道。在媒介生态方面,报纸、广播、电视和互联网经过竞争、协调和融合,初步形成的"和谐"的媒介生态,如今又面临着被手机报打破的态势。正当的竞争是促进各种媒介共同发展的前提。手机报作为新生媒介,必然要有一个向传统媒介争夺吸引力和市场的过程。正如在互联网冲击下,报纸走向了深度,广播强化了快捷,而电视强化视觉冲击一样,手机报的出现,也会促使各种媒介进一步强化自身的特点。

回顾手机报的出现历程,它的诞生不是偶然的。世纪之初,随着科学技术迅猛发展、电信技术突飞猛进,手机报是传统媒体应对挑战的产物,也是传统媒体和电信媒体联姻的成果。传统媒体面临严峻挑战,生存日渐危机,只有进军多媒体,才有更广阔的生存空间,才有发展的机遇。进入21世纪以来,媒体市场竞争日益激烈甚至残酷。如今,新技术日新月异,网络媒体对传统媒体挑战日甚,既不断融合,又无情博弈。业内流行观点认为,中国媒体经营遭遇了重要拐点,报纸、杂志两大平面媒体的广告经营额下滑严重。其中,报业情势更为严峻。传统报业面临着严峻挑战,不改革就没有出路,多媒体岂不是生存的首选?与此同时,中国移动、中国联通所运营的新兴移动通信媒体,以巨大的客户群体令传统媒体艳羡不已。传统媒体以强大的内容供应优势,移动通信媒体以超大的客户群优势,给双方带来了"双赢"的希望。

手机媒体具有显而易见的功能优势。但是,任何一种应用体验都需要时间来培养的,这一过程也是应用市场的培育过程。随着手机报这种应用形式的不断完善和发展,必然会进一步发展出更能充分体现出第五媒体的分众、定向、互动、即时特点的新的应用形式。像手机音乐、手机电子邮件、手机短信、手机博客、手机游戏等新的应用形式,很难说哪种优,哪种劣,因为第五媒体是"分众"媒体,每种应用形式,都有自己适应的分众人群,同时,任何一种应用形式的出现,也会随着人们的体验深入,不断地改进和调整。

2. 手机出版

手机出版是指手机出版服务提供者使用文字、图片、音频、视频等表现形态,将自己创作或他人创作的作品经过选择和编辑加工制作成数字化出版物,通过无线网络、有线互联网络或内嵌在手机载体上,供用户利用手机或类似的移动终端阅读、使用或者下载的传播行为[①]。

作为网络出版的延伸,手机出版具有便捷、全球化、互动性、跨文化传播等网络传播的优点。与传统出版相比,手机出版的优势首先在于便携性。手机打破了传统媒体的时空限制,用户可以通过无线互联网随时随地访问或接收即时的出版资讯,人们不需要随身携带图书,只要打开手机,就能随时随地阅读收藏在手机内的出版物;其次,它还具有交互性,手机出版物的受众不仅可以订制或下载手机出版物,还可以随时反馈对手机出版物的评价,或与在线用户交流阅读感受。同时,它还具有多媒体性,手机出版可以借助文字、图片、声音、影像等任何一种或几种的组合来进行传播。手机出版还具有高容量和个性化的优势,无线通讯技术与互联网技术结合催生的手机出版,使得阅读不再受到物理空间的限制,成千上万本存放在服务器上的电子图书,从理论上讲,可以无限时长地保存和调阅,小小的手机变成了一座移动的、永不关门的私人图书馆。此外,手机出版的受众信息收集精确,移动通信运营商拥有庞大、全面的用户个人信息,可以根据用户年龄、性别、职业、受教育程度等信息,将受众细分成群体内部特征相同、群体之间特征不同的各个用户群。细分后的每个群体都有一些相同或相似点,比如相同的兴趣点、相似的消费心理等,从而为精确传播定向信息提供了条件。

手机出版是传统数字出版转向智能数字出版的一个重要标杆,也是以传统数字出版通过移动网络、智能移动设备的普及为基础,结合互联网技

---

① 田振霞. 我国手机出版发展面临的问题及解决方案[J]. 编辑之友,2011(2):63-64.

术、计算机技术、流媒体、云存储等先进的科学技术,整理、优化、加工原有版权内容的一种出版形式,为用户呈现的主要方式为手机 App。它更加强调内容的移动化、数字化,生产模式、运营管理和运作流程的数字化,传播载体的数字化和阅读消费、学习形态的数字化。手机出版在近年得到了迅猛发展,是目前传统出版社、传统数字出版和传统辞书行业转型发展的重要机遇。

手机出版使数字内容资源突破了两大发展瓶颈。一是实现了用户数量的飞跃,手机出版物相对互联网出版物更容易实现突破的原因在于,手机用户多于互联网用户,庞大的用户群体为手机出版物的发展提供了丰厚的土壤。二是解决了支付瓶颈的约束,手机本身的计费功能解决了困扰 B2C 市场的支付难题。随着上网速度的不断提高、上网资费的进一步下调、智能手机的日益普及以及阅读内容的日益丰富,手机由于其高速、便捷的多媒体属性,将在很大程度上影响人们的阅读行为与阅读习惯。手机阅读将成为未来阅读的主流,数字出版将会通过手机这一平台,得到史无前例的激发和释放。另一方面,手机出版产业面临的内容版权保护问题、数字出版技术创新问题、盈利模式的探索问题、手机用户阅读习惯的培养问题和数字出版人才队伍的建设问题都将成为这一领域进一步拓展的棘手问题。

5.3.2 手机电视与手机广播

1. 手机电视

2003 年 11 月,美国 Idetic 公司推出了 MobiTV 系统,通过这一系统,用户可以用手机收看包括 ABC 新闻台、CNBC、探索频道和 MSNBC 等电视节目。作为手机时,和其他手机没有什么根本不同,还可拍摄照片,只要 MobiTV 用户能收到 Sprint(美国第三大移动运营商)信号,就能观看新闻和体育节目。最初每秒 12 帧,不久速度可提升到每秒 16 帧。2005 年 1 月,韩国 SKT 公司(SK Telecom,SK 电讯,一家韩国电信运营商)推出卫星数字多媒体广播(S-DMB),标志着手机电视业务的发展进入了一个新的阶段,基于数字广播电视网络的手机电视业务开始了快速发展。

2007 年 1 月 9 日,苹果公司首席执行官史蒂夫 • 乔布斯(Steve Jobs)宣布推出 iPhone,2007 年 6 月 29 日在美国上市,它将创新的移动电话、可触摸宽屏 iPod 以及具有桌面级电子邮件、网页浏览、搜索和地图功能的突破性因特网通信设备这三种产品完美地融为一体。iPhone 引入了基于大型多触点显示屏和领先性新软件的全新用户界面,让用户用手指即可控制 iPhone。iPhone 还开创了移动设备软件尖端功能的新纪元,重新定义了移动电话的功能。2009 年 6 月 9 日,苹果公司发布了 iPhone 第三代产品 iPhone 3GS。作为 iPhone 3G 的提升,3GS 中的 S 代表了 Speed(速度),意味着升级版的 iPhone 将搭载更加合理的配置,拥有更快的运行处理速度和 3G 网络载入速度。

2005 年,当时唯一拥有手机电视牌照的上海文广与中国移动合作开通手机电视"梦视界"业务,向手机用户提供下载点播和直播等形式的手机电视业务。之后,中国联通与央视新闻频道、4 套、9 套以及凤凰资讯台等 12 个电视频道联手推出"视讯新干线"手机视频服务,中国的手机电视也成为一座即待开掘的金矿。智能手机的普及已是大势所趋,手机终端的发展已经成为"媒介融合"的代表。手机的发展空间将非常巨大。手机媒体将成为普通人日常生活中获得信息的重要手段。

工信部最新数据显示,截至 2015 年 12 月底,我国手机用户数达 13.06 亿户,手机用户普及率达 95.5 部/百人。随着智能终端的普及,越来越多的用户已习惯通过移动终端观看视频填补碎片时间。随着手机增值业务的广泛应用,手机已经成为了一个新兴的并具有庞大影响力的信息传播渠道。手机上的文字、图片、声音等内容的传播覆盖了数以亿计的中国用户,创造了一个超新兴市场。随着手机终端快速地推陈出新、移动通信网络的逐年完善,目前,手机看视频、手机听广播成为了时尚。国内用户对于视频的需求也越来越明显,同时视频从 PC 端转向手机端也变成一个趋势。因此,传统媒体和视频网站纷纷掘金移动视频。2012 年 7 月,CNNIC 发布的《第 30 次中国互联网络发展状况统计报告》显示,截至 2012 年 6 月底,我国手机用户网民规模首次超越台式电脑用户,用平板电脑、手机客户端观看视频的用户数量急剧增长。

使用智能手机观看手机电视的用户数量急剧增加,主要原因在于:一是用户对电视或电脑直播、点播业务的需求不断增加,二是用户对紧要时间段节目内容的需求,如即将播出的体育节目、新闻等这类一直处于变化中的内容的需求,手机电视可以避免用户错过自己喜爱的节目。智能手机可以让用户在户外体验电视,使他们在移动中观看直播和点播内容。尤其是免费

WiFi 的普及,使用户可以任意观看节目而无需受到大量账单的威胁。因此,手机电视用户的不断增加将极大地推动手机电视业务的飞速发展。

近几年来,国内厂商纷纷推出手机电视业务。广电系统央视国际、上海文广百视通等拥有全国性手机电视牌照和大量的内容资源,商业视频网站(悠视网、PPTV 等)则拥有资金、技术、市场等优势,都在手机电视领域迅速发展成长。2011 年 6 月 30 日,中央电视台与中国移动签署框架协议,联合建设和运营中国手机电视台。目前,中国手机电视台及 PPTV 的手机应用,已经涵盖了全国各省级卫视频道。此外,地方电视台、栏目的手机应用纷纷上线,如湖南卫视的"芒果 TV"、扬州手机电视等。2011 年 11 月,山东手机台成立,2012 年 10 月 29 日,大连广播电视台新媒体中心推出了无线媒体平台大连手机台,等等。

然而,手机电视内容的缺乏降低了手机用户的黏着度。现阶段手机电视的内容主要来源于两个方面,一方面是传统电视内容的流媒体播放,另一方面是自制节目的手机再现。前者受限于传统电视供给商,后者受限于资金及创造力。因此手机电视将在很长一段时间里延续着与传统媒体内容共存的局面,但急需专门的手机电视节目的制作。传统电视以小时为单位编排节目的做法已经不能适应手机电视的要求,而随着新的业务模式的发展也会催生用户新的消费习惯。因此,作为内容供应商必须要提供符合手机终端的内容,为手机专门制作的原创作品会越来越多,而且会有独立的手机电视节目制作部门,设法创作专门的手机电视内容是吸引手机用户观看的关键。目前,行业内已经出现了专门为手机提供特色内容的节目制作者。为了在众多的竞争对手中突显优势,手机电视开始走上了跟视频网站同样的发展道路,从直播和平移传统电视的方式转向增加原创的内容。

当然,每一种媒体形式都有自己的生存空间,手机媒体不可能代替其他的媒体形式。正如广播的出现没有令报纸消失,电视的出现没有令广播消亡,而互联网也没有取代所有的传统媒体一样,手机会开拓出一片独立的新天地,但也不会使其他媒体失去生存空间。不过,由于具有种种优点,未来的手机媒体很可能处于一个比较强势的地位。事实证明,手机与报纸的结合,手机与网络的结合,手机与电视的结合,都蕴藏着巨大的发展空间。

2. 手机广播

手机广播是利用具有收音和上网功能的智能手机收听广播。有两层含义,一是随着 GPRS、4G、WAP 等无线通信技术和服务的发展、完善,依托于移动通讯网络和互联网络,用智能手机实时收听或点播网络广播节目;另外一种是指在手机中内置了 FM 广播调谐器,用手机可以直接收听电台广播节目。作为新的媒体终端,手机广播正在成为电信运营商、广电部门争夺的一个市场目标。对广播电台来说,手机广播拓展了广播的新时空,增加了节目的外延;对于电信部门来说,手机广播开发了新的商机,更是技术上的一次创新,而直接受益者则是广大的广播受众。

手机广播的实现方式主要有两条途径:一是基于通信网络,即只通过电信网来实现,但内容上则是基于与电台的合作;二是基于广播和通信的融合网络,即通过广播网实现下传。这种方式从内容到技术都是以电台为主题的。为适应手机广播的发展,专门的手机电台也在逐步建立。手机电台的实时音频广播、精品栏目回访和主持人互动留言等服务,可以由用户对手机进行语音导航和按键选择等简便方式来实现,并可感受随时随地获取移动电台的互动体验。

中国已成为手机广播最为普及的国家之一。手机广播作为我国广播事业发展的有机组成部分,不但给传统广播带来了新的面貌,而且给网络广播在内容和形式上都将带来一定的冲击。随着移动通信网络带宽的加大,网络业务资费水平的下降,智能手机的日益普及,手机广播将会获得进一步快速发展的机会。

5.3.3　手机 App

手机 App,就是安装在手机上的软件,完善原始系统的不足与个性化。随着科技的发展,手机的功能也越来越多,越来越强大。不是像过去的那么简单死板,目前发展到了可以和电脑相媲美。手机软件与电脑一样,下载手机软件时还要考虑你购买这一款手机所安装的系统来决定要下相对应的软件。早期的手机主流系统有以下:Symbian、Research in Motion、Windows Mobile. 但是在 2007 年,苹果推出了运行自己软件的 iPhone;Google 宣布推出 Android 手机操作系统平台。苹果跟安卓两款系统凭着强大的优势,迅速占领手机市场大部分份额。截至 2017 年 12 月底,我国市场共监测到 403 万款移动应用,仅 12 月我国第三方应用商店与苹果应用商店中新增 18.2 万移动应用,其中我国第三方应用商店移动应用数量超过 236 万款,苹果应用商店(中国区)移动应用数量超过 172 万款。

移动互联网时代,无现金生活、共享单车、手机阅读、手机游戏、发红包等全新的生活极速改变着我们的生活方式。2018 年是 Apple iOS 应用商店和 Android Market 推出 10 周年。自手机 APP 推出以来,它以惊人的速度和规模影响着我们的生活。近 10 年来,App 应用经济在很多方面已经走向成熟,几乎在所有行业中都扮演着重要角色,包括零售业、银行业、旅游业、快餐业、快消品和媒体和娱乐业。

1. 主流平台应用 App

微信、微博、支付宝等主流应用程序用户规模不断增长,并不断拓宽服务边界。以微信为例,2017 年微信月活跃用户达 9.8 亿,比上年同期增长 15.8%,同时,2017 年初微信上线"小程序",实现覆盖 200 余个细分行业,加强用户与低频应用的链接,5 月还上线"搜一搜""看一看",逐渐加强内容搜索服务。现阶段主流应用平台更专注于提升用户体验,深挖现存用户价值,提升用户留存率与 ARPU(每用户平均收入)

2. 共享经济 App

2017 年以共享单车、共享充电宝为代表的共享应用市场爆发,其中移动应用成为用户使用共享单车、充电宝等服务的主要入口。CNNIC 数据显示,共享单车用户增长迅速,2017 年 6—12 月,共享单车用户在半年时间内增长 1.15 亿,同时共享充电宝用户达 0.97 亿。

3. 出行 App

网约车是网络预约出租车的简称,是指基于移动互联网、以手机 App 为主要服务平台、为具有出行需求的顾客和具有出行服务资格与能力的驾驶员提供信息沟通和有保障连接服务的新型商业运行模式。2012 年 8 月,快的打车在杭州上线,同年 9 月滴滴打车在北京上线。2014 年 1 月,滴滴打车入驻微信平台,快的打车接入支付宝平台,两家迅速成为行业佼佼者。2015 年 2 月 14 日,滴滴打车与快的打车进行战略合并为"滴滴出行",并成为目前使用量最多的出行 App。由于 2018 年 5 月 6 日的顺风车事件,也将滴滴推到了风口浪尖,滴滴于 2018 年 5 月 16 日重新上架顺风车 App,并且做出一系列的整改,如人脸识别、标签下架等功能。滴滴在用车种类多样化的同时,也开通了单车、代驾、自驾游二手车等服务。已经从单一的用车服务类,转变成了出行类 app,所做的出行种类在同行中种类最多,提供的服务最多,并且朝着公益、银行合作、余额金融理财、保险产品等多元化服务方向发展。

4.移动新闻客户端

移动新闻客户端(App),即安装在用户手机等移动终端设备上为用户提供新闻的程序、应用。作为代表性的聚合类新闻 App 和门户类网站新闻App,据猎豹大数据统计的 2017 年度新闻 App 排行榜,今日头条以 18.6％和 11.4％的周活跃率夺得第一名。智能手机的广泛普及和 4G、大数据等移动新媒体技术的加速发展,使得移动新闻客户端应运而生。移动新闻客户端的兴起极大地改变了用户的新闻获取方式。

2012 年 3 月,北京字节跳动科技有限公司开发了基于数据挖掘的推荐引擎产品——今日头条,并于同年 8 月发布了第一个版本。产品口号"你关心的,才是头条"彰显了"用户至上"的理念。今日头条运用网络爬虫和算法技术抓取其他媒体平台发布的资讯内容,然后根据用户阅读、社交行为等多维度数据进行精准推荐,从而打破了传统新闻资讯千篇一律的模样。今日头条通过数据挖掘、算法标签、用户模型,可以在网络中随时随地抓取当下热门和用户感兴趣的资讯。2013 年,今日头条推出"今日头条媒体平台",为政府、机构、企业、媒体以及广大用户搭建了生产和传播信息的平台,也由此获得了源源不断的新闻资讯。截至 2016 年 11 月底,已注册的头条号超过 39 万个。2015 年,今日头条启动"千人万元计划"等项目大大鼓励了内容原创。

以今日头条为代表的个性化信息推荐平台通过计算机算法实现了用户新闻信息的个性化定制。算法将海量新闻信息与用户个人阅读兴趣智能连接,实现了信息推送的精准化。但在商业利益的驱动下,也逐渐暴露出一些问题。随着用户的信息需求趋于理性,对内容提出更高要求,由算法推荐内容模式引发的相关问题不容忽视。例如,个性化推荐引发"信息茧房"效应,即用户只关注自己定制的内容和感兴趣的领域,久而久之,就会桎梏于像蚕茧一般的"茧房"中。再者,内容质量参差不齐也一直为人们所诟病,如"标题党"现象、泛娱乐化。还有广告泛滥、功能设置冗余、用户参与度不高等问题也值得关注。针对这些突出问题,平台应加强行业自律,规范平台秩序。同时,要完善技术,做到有效的精准推荐,信息聚合平台应采用人工编辑和智能机器相结合,加强内容建设,丰富用户的信息图谱。

5.3.4　网络直播和短视频

2017 年,网络直播与短视频发展进入"下半场",新产品样态层出不穷且更替频繁。同时,直播与短视频呈现向全民平台发展的趋势,用户生产内容、专业生产内容与社交属性成为平台发展的主要推动力。在政策监管、激烈竞争、观看需求理性化的前体系,网络直播与短视频行业前景依然乐观。

直播答题是 2018 年初最火爆的互联网风口,塑造了全民答题的景观。用户只要登录直播平台,便可以由主持人引导通过在线答题瓜分奖金。直播答题发挥了在线平台的社交化的互动属性,加以现金奖励引导得以迅速蹿红。直播答题使知识竞答的参与便利性、互动性、趣味性等大幅提升,在商业利益的驱动下用户参与度与活跃度较高。同时,知识竞答的这种形式也为直播平台带来了大量用户和流量。今日头条、映客直播、花椒直播等平台推出了诸如"百万英雄""芝士超人"和"百万赢家"等直播答题产品,通过增添"答题闪电场""组队开黑"等新玩法持续增加平台的吸引力。在较短时间内,各直播平台不断加码奖金快速使用户聚集。但在快速发展和激烈的市场竞争中,直播答题出现了内容导向等问题。国家下发加强网络直播答题节目管理通知,对直播答题的节目资质、主持人条件、内容审核等进行规范管理的同时,直播答题的第一波热度退去,但作为直播平台高参与性和互动性的宣传手段之一,直播答题市场仍被看好。

在网络监管下,直播行业加速整合,不断回归理性。各平台通过差异化定位以自制内容赢得用户。虎牙直播、熊猫直播、斗鱼直播等主打网络游戏直播,通过热门网络游戏保持内容影响力;映客直播、花椒直播、一直播等饭约了平台则通过引入明星大咖、美女帅哥等在美妆、电商等生活方式领域布局;以六间房、YY 等为代表的秀场直播这种发挥网红主播的号召力进行社交直播。2017 年,语音直播兴起,以音频公司荔枝为例,荔枝的语音直播上线 3 个月收入就过千万元。艾媒咨询数据显示,2017 年中国在线音频用户规模达到 3.48 亿,预计 2019 年用户规模将达 4.86 亿。语音直播具有伴随性和多移动场景使用优势,夜间睡前时间也是语音直播的流量集中时间段。

短视频的概念来源于全球新媒体实践。与传统长视频相比较而言,播放时长通常以分秒为单位,目前对短视频的时长并没有统一的界定,一般以4—5 分钟的视频内容居多。内容覆盖多元,包括新闻资讯、技能分享、幽默搞怪、世上潮流等,具有移动化、碎片化和社交化的特点。

　　近年来,短视频行业市场迎来发展新风口,产品火爆发展且更新迅速。2016 年誉为第一网红的还是"papi 酱"。进入 2017 年,"办公室小野"已经凭借新奇的烹饪创意成为短视频领域的佼佼者。中国青年报社开展的短视频调查结果显示,49.1% 的受访者每天浏览短视频半小时以上,搞笑有趣、可以消磨时间和能学到不少生活"妙招"是用户被短视频吸引的三大主要原因。2017 年,短视频呈现草根化发展趋势,以普通用户生产内容为主的短视频构成了"快手""抖音"等大众类短视频社交平台的主要推送内容。同时,平台内容和生产主体的草根化,促使短视频内容伸长门槛降低,内容具有易模仿性与社交属性,普通用户参与兴趣高、难度小、易上手。短视频的火爆发展得益于网络技术的发展、智能手机的普及、网络资费的降低以及用户与手机的"形影不离"。更重要的是,短视频与新时代用户的信息获取和消费习惯相吻合。移动互联使用户获取信息的场景移动化、多样化、时间碎片化、心态更加随意化、情绪化、娱乐化,主打泛娱乐的短视频平台更容易让用户沉溺其中。2017 年短视频市场迎来群雄逐鹿的新阶段,"快手"和"抖音"作为行业内两大头部平台,其发展速度和影响力有目共睹。随着垂直短视频平台的兴起,短视频行业产品类型与服务更加多元,玩法更加多样,发展前景更加广阔。

　　资本的青睐与互联网巨头的进入为短视频市场带来了前所未有的发展机遇,组合产品体系化发展成为短视频平台背后互联网企业的发展战略。今日头条旗下拥有抖音、火山小视频、西瓜视频等短视频应用。三个平台分别瞄准不同层次的用户群体,通过差异化产品定位建立短视频应用矩阵,扩大用户覆盖范围和规模。一下科技公司旗下拥有小咖秀、秒拍、波波视频等,新浪微博则通过布局秒拍、一直播、酷燃等进行多产品线运营,构建短视频平台的集团军。在资讯类短视频领域,梨视频凭借其优质内容生产能力被资本青睐。2018 年 3 月,在"人民网、腾讯、歌华有线视频战略合作发布暨人民视频客户端上线仪式"上,三家宣布成立视频合作公司,共同发力直播和短视频领域。

　　与此同时,短视频和直播流等传播形式的来袭也为泄露用户个人信息提供了渠道。2017 年 12 月,360 水滴摄像头所提供的水滴直播功能陷入泄露用户隐私的风波,一些商家在未告知在场消费者的情况下,将 360 水滴摄像头调为开启状态,泄露了用户隐私。

无人机拍摄技术科技进步的方向决定媒体发展方向。无人机和航拍、图传技术的成熟,相比直升机,新闻无人机的航拍成本大大降低了。媒体向空间维度扩展的新趋势与时间维度的直播相遇,嫁接出了无人机直播。无人机售价相当于智能手机,非常具有普及潜力。

无人机直播系统是将视频录制设备安装到无人机身上,然后飞到人所不能轻易到达的现场,比如火灾区、战争区等进行拍摄,播放设备实时采集无人机拍摄的视频数据,然后通过网络进行直播的集成系统。

无人机直播对于当下大热的直播行业也算是多了一项加分技能,与传统的网络直播不同,无人机直播作为一种可移动的直播方式,不仅灵活性高,而且视角也与传统的视频采集方式不同,更为广阔。

由于无人机直播对网络、数据采集技术要求高,在国内目前还没有大范围普及,但是一些比较主流的直播平台已经开始大范围采用了,比如微吼直播今年 6 月份就对"张睿号"上水仪式进行了全程直播。配合无人机的航拍,微吼直播还使用 20 倍焦距户外监控球机来进行 360 度全景大场景拍摄。通过无线信号,全景摄像机收集的实时视频传入接收器,随后导播输出视频信号进入直播电脑,对于电脑或手机屏幕另一端的观众来说,最终才呈现出恢宏大气的场景和效果。

未来,无人机直播或将成为决定媒体制空权和媒体领导权的决定角色。随着大众拥有搭载摄像头的(自拍)无人机,爱看无人机直播的观众和无人机航拍者,将会高度重合,无人机就会成为公民记者(自媒体)的利器。他们会更多植入作者影像、观点、情感、位置和其他所谓的非客观信息。媒体或个人,在报道突发事件时,或为救援人员提供实时信息,推进、改变事件发展的速度和方向。但无人机直播要赢得制空权,还要搭载摄像头外的 VR/AR、倾斜摄像头等"武器",才能最终赢得媒体制空权。

5.4 电视新媒体

5.4.1 数字电视

数字电视又称为数位电视或数码电视,是指从演播室到发射、传输、接收的所有环节都是使用数字电视信号,或对该系统所有的信号传播都是通过由 0 和 1 数字串所构成的二进制数字流来传播的电视类型。数字电视系统从节目采集、节目制作、节目传输直到用户端都以数字方式处理信号。基于数字视频广播技术标准的广播式和"交互式"数字电视采用先进用户管理技术,能将节目内容的质量和数量做得尽善尽美,并为用户带来更多的节目选择和更好的节目质量效果。数字电视系统可以传送多种业务,如高清晰度电视(高清)、标准清晰度电视(简标清)、互动电视、BSV 液晶拼接(博视工研显示设备)及数据业务等。与模拟电视相比,数字电视具有图像质量高、节目容量大(是模拟电视传输通道节目容量的 10 倍以上)和伴音效果好的特点[①]。

　　1995 年,欧洲 150 个组织合作开发数字视频广播(DVB)项目,并成立了 DVB 联盟。DVB 联盟是一个由 30 多个国家的 230 多个成员组成的国际机构,该机构的首要目标是在全球范围内发展和推广共同的数字电视广播标准。DVB 联盟共同制定了数字电视的 DVB 标准。这是一套有关电视广播系统大家庭诸多要素的统一标准,其中最引人瞩目的是 DVB 数字卫星和有线电视传输系统的标准。这些标准已作为世界包括中国在内的统一的标准。早在 20 世纪 90 年代初,日本已经开播模拟高清晰度电视节目,从 1993 年开始,日本开始研究全新概念的电视广播 ISDB(综合业务数字广播),1994 年 11 月,在国际电联无线电通信部门会议上,日本通过决议将 MPEG－2 作为数字广播的技术基础予以采用,正式开始迈向数字电视。与日本和欧共体相比,美国对 HDTV 的研究起步较晚,但是由于它在发展数字电视机方面占有优势,特别是 1993 年成立的数字 HDTV 大联盟,使得它目前在 HDTV 的发展中具有举足轻重的作用。我国从 1996 年就开始通过卫星传输数字电视信号,卫星既能发送模拟制信号也能发送数字信号,目前,几乎所有省市的电视台节目都上了卫星,发送的都是数字信号。1998 年 9 月,我国广播电视行业的一个焦点是我国研制成功第一套数字高清晰度电视系统,成为继美国、欧洲和日本之后世界上第四个拥有数字高清晰度电视地面广播传输系统的国家。在 1998 年 9 月 8 日至 12 日的 5 天时间里,中央电视塔利用这套系统试发射了数字电视节目。1999 年的国庆 50

---

① 王冰. 浅谈数字电视技术的发展[J]. 卫星电视与宽带多媒体,2008(6):18－19.

周年庆典上,我国也在北京试播了高清晰度数字电视①。

当前,发展数字电视面临的问题还有很多,一是原先电视台设备的更换,节目的制作成本高于模拟电视,这直接造成数字电视初期节目源紧张;二是数字电视的基础是双向电视网络,现有网络由单向改为双向改造成本较高,难度很大;三是我国数字电视标准的不确定也影响了数字电视的进程。数字电视技术的发展会使电视领域开辟一个新天地,数字电视的技术优势也必然会取代模拟电视。总之,数字电视为电子信息产业提供了一个难得机遇,伴随着国标标准的建立和推广,我国地面数字电视相关产业也逐步完善,为地面数字电视的普及奠定基础。随着2012年我国《地面数字电视广播覆盖网发展规划》的出台,地面数字电视的推广和应用被提到战略高度,这也标志着我国地面数字电视将进入加速普及阶段。

通过连接机顶盒,可以将压缩的数字信号转成电视内容,在电视机上显示出来。机顶盒也叫数字视频变换盒(Set Top Box,STB),是一个连接电视机与外部信号源的设备。信号可以来自有线电缆、卫星天线、宽带网络以及地面广播。机顶盒接收的内容除了模拟电视可以提供的图像、声音之外,更在于能够接收数字内容,包括电子节目指南、因特网网页、字幕等。使用户能在现有电视机上观看数字电视节目,并可通过网络进行交互式数字化娱乐、教育和商业化活动。

需要说明的是,数字机顶盒与网络电视盒是有区别的,数字机顶盒的基本功能是接收数字电视,而网络电视盒是一个通过Internet互联网获得视频节目的"机顶盒",也就是说普通的机顶盒接的是同轴线缆,走的是有线电视网络;而网络电视盒接的是网线,走的是互联网。传统电视所收看的节目都是固定的,不能接入互联网,也不能随消费者自己的喜好支配电视节目,不具有可以加载的内容和应用。而连接上网络电视盒,通过网线或无线WiFi接入互联网,在电视机上实现网页浏览、视频影片播放、在线聊天、游戏娱乐、在线观看电影电视等,可依据自己的喜好支配电视节目,也可随意安装应用程序。再者,从节目内容上看,普通机顶盒接收的是各个电视频道,而网络电视盒是通过互联网实现各种与电脑同样的功能,如:在线观看电影电视、游戏娱乐、网页浏览、微博、博客、收发邮件、在线聊天等。

①　全球数字电视产业发展历程[J].卫星电视与宽带多媒体,2007(14).

2012 年,网络电视盒开始兴起,苹果、谷歌等巨头已经涉足 OTT(OTT 是"Over The Top"的缩写,是指通过互联网向用户提供各种应用服务)领域并开始进行新一轮厮杀。2012 年上半年,刚刚嗅到客厅革命商机的国内厂商,正忙于布局电视盒市场,市面上只有寥寥几款电视盒产品,直到 2012 年下半年,数十款品牌的电视盒开始涌入市场。消费者开始意识到,市场上有一种搭载 Andriod 系统价格非常便宜的网络电视盒,只需简单连接网线和显示设备就可以实现直播、点播、运行应用及游戏等功能,有线机顶盒拥有的功能网络电视盒都有,而且网络电视盒不但可以看直播,还可以安装各类三方应用,且内容全、更新速度快、还可以免费看。因此,在当时智能电视价格过高难以普及的情况下,用户退而求其次,选择这样一款作为过渡性产品的电视盒。

据不完全统计,2013 年电视盒销量为 1600 万左右,2014 年电视盒子销量为 2200 万左右。然而,被称为"潘多拉"盒子的各类网络电视机顶盒,在 2013 年风起云涌一年之后,开始遭遇"史上最严"的政策监管。2014 年 7 月 11 日和 15 日,新闻出版广电总局约谈了七大牌照商的负责人,就整顿互联网电视提出了明确要求,不合规的内容需要下架清理,未经批准的电视盒子不允许推向市场,停止与视频网站及电信运营商的违规合作。2014 年 11 月 4 日,广电总局为了管理网络电视盒子市场的混乱,推出行规首批屏蔽 81 个违规第三方应用,同时,广电总局针对网络电视和电视盒子再次发布禁令,要求七大牌照商对照包括"电视机和盒子不能通过 USB 端口安装应用"在内的四点要求自查自纠。随后,天猫发布声明将对 YunOS 进行系统升级,引起用户争议,之前网络电视盒子可以看直播,获取内容非常方便,一个聚合应用便可解决问题,而且内容免费,更新速度快,更全面。但是,随着广电禁令的颁布,直播不能看,电视盒子里也没什么内容了。

广电总局出台禁令,不外乎以下几个原因。一是电视屏是国家舆论管控的命脉,必须要管控,网络电视盒获取内容自由度过高,内容良莠不齐,且许多内容牌照方是收费的,而聚合类应用让用户免费观看,因此进行管控可净化低俗色情等不良视频和盗版视频,同时对于各大牌照方来说也是内容版权和收益的一种保护。二是互联网和移动互联的变革,对传统行业的影响是是巨大的,用户习惯的改变和迁移,导致网络视频广告营收迅速增长,电视的收视率和电视广告收益出现严重下滑。当用户回看时广告是可以快速跳过的,如果这种行为越来越集中,电视广告收益势必会下滑。三是电视盒的影响还延伸到有线电视业务,现在很多家庭没有安装有线电视的,尤其是年轻家庭。虽然有线电视费一个月只要十几块钱,但是用户基数大,这部分费用是相当高的。四是中国用户的付费习惯并不是很好,据统计,国内连续3~4年视频付费率只有5%,电视盒再度让用户养成免费获取视频内容的习惯,如果广电总局不进行管控,保护版权,培养用户的付费习惯,市场永远做不大。

事实上,在实际应用中,电视盒子并不具备取代有线电视的优势条件:播放时效性无法做到与电视台同步;内容传输稳定性已然受困于宽带网络质量;用户体验不够简洁,要在盒子上看影视内容,操作还是很复杂。现在看来,电视盒子的出现扮演了连接传统电视和智能电视中介的角色,是一个过渡性的解决方案,当智能电视时代的大幕拉开的时候,电视盒子就面临着"存在是否合理"的问题。作为基于互联网浪潮冲击形成的新产品,智能电视具有全开放式平台,搭载了操作系统,用户在欣赏普通电视内容的同时,可自行安装和卸载各类应用软件,持续对功能进行扩充和升级。智能电视拥有传统电视厂商所不具备的应用平台优势。给用户带来有别于使用有线数字电视机顶盒的个性化体验。智能电视连接网络后,能提供IE浏览器、全高清3D体感游戏、视频通话、家庭KTV以及教育在线等多种娱乐、资讯、学习资源,并可以无限拓展,还能分别支持组织与个人、专业和业余软件爱好者自主开发、共同分享数以万计的实用功能软件。它将实现网络搜索、IP电视、视频点播(VOD)、数字音乐、网络新闻、网络视频电话等各种应用服务。用户可以搜索电视频道和网站,录制电视节目,能够播放卫星和有线电视节目以及网络视频。智能电视将为广大用户打造一个可加载无限的内容、无限的应用的开放的系统平台,并可以根据自身需要进行个性化安装,使电视永不过时。

5.4.2　IPTV

IPTV(Interactive Personality TV)又称交互式网络电视,即利用宽带网的基础设施,以电视机、个人电脑、手机等智能设备作为主要终端设备,集互联网、多媒体、通信等多种技术于一体,通过互联网络协议(IP)向家庭用户提供包括数字电视在内的多种交互式数字媒体服务的技术[①]。

与传统的电视业务相比,IPTV 最大的特点是能够进行个性化和实时交互特点的点播服务,还可以开展类似于传统电信业务和互联网业务的其他增值服务。简单而言,IPTV 业务利用 IP 网络(或者同时利用 IP 网络和 DVB 网络),把来源于电视传媒、影视制片公司、新闻媒体机构和远程教育机构等各类内容提供商的内容,通过 IPTV 宽带业务应用平台(该平台往往不仅支持 IPTV,也支持其他业务)进行整合,传送到用户个人电脑、机顶盒＋电视机、多媒体手机等终端,使得用户享受 IPTV 所带来的丰富多彩的宽带多媒体业务内容。

在目前的商用宽带网络中,用户在家中可以通过两种方式享受 IPTV 服务。其一是个人电脑(PC),用户通过电脑上网的同时,可以收听广播节目或欣赏音乐,也可以直接在电脑上收看电视或电影等视频节目;其二是电视机＋ IPTV 机顶盒(STB),用户家里增置机顶盒,由机顶盒直接和普通电视机相连,用户通过控制机顶盒选择收看宽带网络电视节目。IPTV 能够很好地适应当今网络飞速发展的趋势,充分有效地利用网络资源。

IPTV 既不同于传统的模拟式有线电视,也不同于经典的数字电视。因为,传统的模拟式有线电视和经典的数字电视都具有频分制、定时、单向广播等特点;尽管经典的数字电视相对于模拟电视有许多技术革新,但只是信号形式的改变,而没有触及媒体内容的传播方式。IPTV 已将媒体内容承载在 IP 网络之上,真正实现了电视产业媒体传播方式的改变。

早在 2000 年初,北京大学就已经开始在学生宿舍试用 IPTV 了。从 2003 年开始,我国的 IPTV 产业开始起步,产业链上各层面的设备提供商都在积极备战,与此同时,我国两大基础电信运营商中国电信和中国网通也开始进入 IPTV 的运营领域。2004 年是电信运营商与设备厂商的探讨期和准备期。2005 年,上海文广拿到广电总局颁发的 IPTV 牌照——"信息网络传播视听节目许可证"之后,分别与中国电信和中国网通进行合作,在一些城市进行试验,推广 IPTV 业务。至 2005 年 9 月底,中国电信跟上海文广的 IPTV 试点范围已经由原先的 17 个城市扩大到了 23 个城市,而中国网通与上海文广合作的试点城市也扩至 20 个左右。电信设备商也在积极备战

---

① 吴龙. 简析网络电视的发展现状及前景[J]. 新闻爱好者,2012(10):25－36.

IPTV,国内多数设备制造企业均推出了 IPTV 的解决方案,相关科研机构也开始了 IPTV 标准规范的研究和制定①。

在中国,2006 年是 IPTV 合作模式日渐清晰,从规模试验走向正式商用,正式开启中国 IPTV 时代的一年。2006 年,在标准和技术领域,有关 IPTV 技术的研究取得了阶段性成果;在解决方案领域,支持 IPTV 业务的端到端解决方案普遍具有面向未来演进的特征,在实施层面发挥了三网融合切入点和突破口的作用;在产业合作领域,IPTV 架起了广电行业与电信行业合作的桥梁,初步构建了双方均认可的合作模式,迈出了三网融合的关键一步。作为最能代表三网融合的产业(业务)形态,IPTV 推行得成功与否,发展得良好与否,也能反映出三网融合的整体成败。

三网融合是让电信网提供电视服务,广电网提供宽带服务,一起向互联网的内容多样性靠拢,形成前两张网络相互竞争的格局。目前,中国技术成熟的互动电视有三种形态,分别是 IPTV、互联网电视、NGB(下一代广播电视网)。它们均以电视机为终端,经过网络,通往特定内容库,进行多种双向互动,包括收看、回看电视频道,点播影视剧目,玩游戏,点唱 KTV,甚至在线支付等。IPTV 对应的内容库仅数万小时,由拥有 IPTV 牌照②的广电企业集成后,存放在当地电信运营商的服务器中,由提供集成播控平台的广电企业进行监控管理。根据广电总局 2004 年 7 月颁布的法规,“开办以电视机、手持设备为接收终端的视听节目传播业务”,须取得 IPTV 牌照。截止到 2013 年,已获得 IPTV 牌照的有:上海文广、央视国际、南方传媒、中国国际广播电台以及杭州华数、江苏电视台。另外,广电体系之外还有一家民营企业——北京华夏安业科技有限公司也获得了 IPTV 牌照。

此外,广电总局于 2009 年 8 月 14 日正式下发《关于加强以电视机为接收终端的互联网视听节目服务管理有关问题的通知》,要求厂商如果通过互联网连接电视机或机顶盒等电子产品,向电视机终端用户提供视听节目服务,应当按照《互联网视听节目服务管理规定》和《专网及定向传播传播视听节目管理办法》的有关规定,取得“以电视机为接收终端的视听节目集成运

---

① IPTV 网络电视 [EB/OL]. http://www.elecfans.com/weiji/wiki/iptv.
② 在内地开办 IPTV 业务,需要《信息网络传播视听节目许可证》、《网络文化经营许可证》、《ICP 证》和《移动增值业务许可证》四证齐全,其中,前两个许可证分别由广电总局和文化部负责颁发,其余两个由信产部颁发。

营服务"的《信息网络传播视听节目许可证》。到目前为止,广电总局一共发放了两批互联网电视牌照。第一批发给了中国网络电视台、上海文广新闻传媒集团、浙江电视台和杭州广播电视台合资公司华数。第二批发给了南方传媒、湖南电视台、中国国际广播电台以及中央人民广播电台。

　　上述两种互动电视,目前均通过电信运营商的宽带网络进行信号传输。而在接收终端上,IPTV 业务只须对传统电视机加装机顶盒,即可接收、发送信号;互联网电视则需购置新一代互联网电视机。互联网电视牌照与 IPTV 牌照也有所区别,并不分成"集成"和"内容服务"两种。互联网电视对应的内容库高达数百万小时,由拥有互联网牌照的广电企业集成后,存放在该广电企业自己的服务器中,并自行管理。

　　IPTV 萌芽之初,是电信提供的业务,而后广电逐渐介入并以行政手段取得了一定的控制权。在三网融合正式实施之后,按照政策,在试点地区,广电部门负责建设 IPTV 集成播控平台,而电信部门负责传输和分发服务,二者通过分工合作、优势互补的方式共同推进 IPTV 的业务发展。在一年有余的试点工作开展后,IPTV 用户并未实现预期的井喷式增长。在试点地区,"电信运营商＋IPTV 播控平台(牌照)＋地方电视台"的发展模式遇阻重重,行业矛盾和内部矛盾逐一凸显。在非试点地区,电信和广电的行业壁垒依然存在,二者对 IPTV 的态度和做法各表一枝,资本合作难以深入开展。IPTV 牌照本该为 IPTV 业务发展扫除一切障碍,但现实中依然遇阻重重,两大部门的利益之争并未平息,反而酝酿出更多的难题。

　　试点工作实施之后,广电总局 344 号文重新设定了 IPTV 的播控模式,广电部门的播出机构电视台获得了 IPTV 集成播控权,电信部门只能和 IPTV 播控平台合作传输 IPTV。也就是说,集成播控平台作为发展 IPTV 的最重要资源是由广电播出机构负责建设和管理。2010 年 9 月,总投资超过 5000 万元,由 CNTV 建设的 IPTV 内容播控中央总平台已经建设完成,并和许多地方 IPTV 播控平台实现了对接,并统一呼号为"中国广电IPTV"。但是,这种"电信运营商＋IPTV 播控平台(牌照)＋地方电视台"的发展模式打击了电信发展 IPTV 的积极性。也可以说,2011 年 IPTV 用户增量放缓的主要原因就是 CNTV 的 IPTV 推广中遭遇了电信运营商的抵制。事实上,在电信运营商失去了 IPTV 播控权之后,对广电控制的 IPTV 播控平台参与的积极性明显下降。因为即便他们获得了部分电视节目内容的制作权,也仍须经过广电控制的 IPTV 播控平台的过滤,而且收益还需要与广电进行分成。这意味着电信运营商只能作为 IPTV 业务的"通路",这让本来希望借助三网融合进入视频制作领域的电信运营商非常失望,并使电信运营商面临更加严重的管道化趋势。

IPTV 牌照政策不仅打击了电信的积极性,也使得牌照拥有方之间矛盾凸显,尤其是 CNTV 和百视通之间的矛盾。在新的播控平台方案之前,百视通是全国 IPTV 牌照的唯一拥有者,其 IPTV 业务主要是采取"广电+电信"合作运营模式,其中广电系统负责运营牌照、内容提供、内容集成平台和机顶盒设备,电信系统负责网络建设、维护、业务计费和用户管理,双方共同进行市场拓展业务。然而,在 CNTV 中央播控平台和地方二级播控平台的新方案出台之后,百视通在全国 12 个试点地区中只剩下上海、哈尔滨、大连和厦门 4 个城市的播控业务,其余试点地区播控平台都由 CNTV 负责。电信并没有马上放弃与百视通的合作,以至于在 2011 年 7 月出现了 CNTV 起诉南京和广州的 IPTV 侵犯央视内容版权的事情。另外,杭州华数通过浙江电视台的转道也拥有 IPTV 播控平台建设权,华数的 IPTV 牌照是地方牌照,浙江范围内是华数的领地。这样在播控平台上就有了区域之争,CNTV、百视通、华数各执一块。这三者事实上由"上下级"关系变为了市场竞争对手,使得 IPTV 的未来发展面临两大隐患:一是内部矛盾造成了广电资源的内耗和重复建设,甚至在未来引起不必要的恶性竞争,不利于广电整体的发展;二是 IPTV 本属于电信与广电的共同业务,但广电试图通过播控平台完成对 IPTV 的主体身份的确认和接管,这将进一步激发两大行业间的矛盾,对 IPTV 的发展带来不可预估的后果。

就在广电和电信依旧处于分工纠葛之际,互联网电视开始异军突起,互联网电视即加载互联网模块的电视机。一直以来,由于直播内容的缺失,互联网电视业务并未与数字电视业务形成正面冲突,而"数字电视接入+访问互联网内容"的模式,也使广电部门对其发展乐见其成。今后,终端的普及也将为广电"电视+宽带"双接入的业务模式提供便利。对电信运营商而言,互联网电视业务是丰富宽带应用、提升服务价值的重要手段,且不受试点区域的限制,这种增值业务的规模和前景也值得期待。因而,互联网电视似乎受到了广电和电信的双重肯定,且并未引起直接的行业利益冲突。

据不完全统计,创维、康佳、TCL、海信、海尔、长虹等国内主流电视厂商都纷纷进军互联网电视领域,可以说,互联网电视产业链正是由终端厂商发起和推动,逐渐纳入国家监管,通过"集成服务＋内容服务"的双牌照管理制度,使持有牌照的企业充当平台播控者的角色,随后吸纳更多的内容提供商、平台运营服务商参与进来,才得以形成的。杭州华数率先选择了浏览器加搜索业务模式,以视频为核心,积聚各方势能打造适合电视机呈现的多业务内容播控平台。南方传媒在取得互联网电视运营审批后,其选择了在网络视频平台运营、互联网视频内容集成、互联网电视技术上具有丰富经验的北京优朋普乐科技有限公司作为合作伙伴,共同进军互联网电视业务。这一产业链合作模式将为互联网电视产业运营服务打造新标杆,成为新的服务标准,并对视听格局和传统电视产生重大影响。从切实推动我国信息产业发展的角度来说,用互联网电视业务取代 IPTV 成为三网融合首选业务的可能性已经大大增加。

5.4.3　移动电视

移动电视一般主要是指在公共汽车等可移动物体内,通过电视终端以接收无线信号的形式收看电视节目的一种技术或应用。但是,广义上,移动电视指一切可以以移动方式收看电视节目的技术或应用,这就包括了狭义的车载移动电视、手机电视等。狭义上,移动电视是指在公共汽车等可移动物体内通过电视终端移动地收看电视节目的一种技术或应用。

移动电视可以采用无线数字广播电视网(DMB),也可以采用蜂窝移动通信网,甚至 WiFi、WiMax 等。在我国,多采用 DMB 和蜂窝移动通信网(GPRS 或 CDMA)。首先,它具有移动性和伴随性收视的独特优势。移动电视和广播一样,都用无线信号发射和地面接收的方法。只要有数字电视接收机,就可以在发射场强覆盖的任何地方接收信号。其次,移动电视具有必视性。人们在乘坐交通工具时,注意力非常分散,原因是没有一样东西可以牢固地吸引他们的视线,移动电视成功地填补了这一空白,能够恰如其分地满足人们出行时对信息的需求。再者,移动电视拥有庞大的收视群体,移动人群遍布各行各业,来自四面八方,数量相当可观。

作为一种新兴的数字技术,移动电视技术受到业界的广泛关注。1998年起,北美和欧洲已经开播 DTTB(数字电视地面广播节目),许多国家先后宣布了它们的 DTTB 发展和实施计划。移动电视最早出现在新加坡,2001

年率先在 1500 辆公交车上使用,随后迅速普及到中国的香港、台湾等地。2002 年,上海正式推出以公交车辆为主要载体的移动电视商用系统及其相关服务,是中国首个也是全球第二个普及移动电视的城市。2003 年 1 月 1日,上海东方明珠移动电视开播,作为国内第一个移动电视频道,目前已经在上海市区 150 余条公交线路的近 4000 辆公交车上安装了移动电视机,其中 90% 的线路贯穿中心城区,目前日受众达 310 万人次。自东方明珠移动电视开播以来,北京、武汉、长春、南京,长沙等十多个城市也相继开始在公交车上开播移动电视,到 2004 年年底,北京市已有 73 条线路的约 4000 辆公交车安装了移动电视机。据不完全统计,目前国内已有上海、北京、南京、广州、合肥、长沙、郑州、深圳、兰州、青岛和大连等城市开通或正在启动移动电视业务[①]。

目前,全国的公交车移动电视节目主要以新闻、休闲、咨询、娱乐类节目为主,除此之外,还包含健康咨询、新闻热点、娱乐新闻、幽默笑话、小品相声、广告、时尚服饰、英语媒体新闻等。例如长沙移动电视现每天播出 19 小时,栏目近三十个,涉及新闻、娱乐休闲、体育、生活资讯等众多与市民息息相关的方面,具有很强的信息性、时效性、实用性、可看性和互动性。具有短小精悍、形式多样、内容丰富、贴近生活的特点。由于受众群体的短暂接受和分散性流动性特点,节目的内容编排和制作呈现出不同于传统的重复性规律。内容的短小精致发挥了公交车移动电视媒介的优势,利于受众在乘车的短暂时间内观看到比较完整的节目,了解到最新动态。

当前,移动电视中,新闻资讯类节目在整个内容生产中比例明显不足,成为公交移动电视良性发展的隐患。创办公交移动电视的初衷是建立户外广告的新兴投放媒体,这一功能定位一直延续至今。有研究表明,公交电视的节目内容主要是新闻短讯、娱乐和广告,而广告播放的时间、频次有的甚至占了节目播出总量的 1/2,公交电视商业赢利的意图表现明显。然而作为一个信息载体依靠广告独当一面,这种极不平衡的内容构成,不仅有损媒体信息传播功能完全和健康地发挥,从长远来看,还将会招致媒体品格的下降,最终遭受众遗弃。这一点在低俗和虚假广告充斥版面的报纸媒体已得

---

① 胡忠青. 移动电视的广告优势[EB/OL]. (2005－7－)http://finance. sina. com. cn/leadership/jygl/20050715/17571802742. shtml.

到验证。打造新闻信息的"移动"传播实体,改变公交移动电视新闻资讯类节目的传播弱势现状,充分发挥其新闻信息传播的渠道优势,需要一种意识、一个行动,即在受众意识的指导下创办自制节目,把移动电视建成新闻信息传播的"移动"实体。伴随自制节目始终的受众意识则是提升移动传播实力的关键。

思考题:

1. IPTV 与智能电视的区别及联系是什么?
2. 对于快播这个案件,你怎么看?
3. 网络广播与网络电视各自的特点分别是什么?
4. 搜索引擎有哪几类? 请举例说明。
5. 为什么说 SNS 社交网站已经趋于没落?
6. 维基百科的互联网理念是什么?
7. 请举例分析手机报与手机出版的发展现状。
8. 请举例说明数字化杂志和书籍的发展现状。
9. 微博与微信的特点是什么? 二者有何区别?

第 6 章　新媒体与教育的革命

自智能时代开启以来,新媒体技术的发展影响了我们生活的方方面面,甚至在某种程度上重新定义和解构了我们的社会和生活。当今社会,信息传播方式已经发生了革命性的变化,这是一个信息海啸和知识超载的时代。新媒体传播的最大特点是无限信息、无限传播和无限互联,由此开创了一个信息传播的新纪元,知识具有了超越时空和无限存在的网络属性。

从某种层面上来说,人们可以从网络上获取一切可能与教学相关的知识,而且网络知识的丰富和精彩程度甚至超过了课堂本身,这给传统教学方式带来了前所未有的挑战,当然这也带来了传统教育重生的机遇。因为网络时代知识的存在和传播属性,当今社会上出现了诸多具有创新性、甚至是革命性的教学方式,如慕课、翻转课堂等超越时空、阶层和财富限制的新媒体教育,以至于有人就此断言,传统意义上的学校、课堂和教学方式将在一段时间内消失。

那么,新媒体教育在当下是一种怎样的形态? 未来的教育将如何发展? 新媒体是否就此革了传统教育的命? 这将是本章中我们将要着重讨论的问题。

6.1　DIKW 金字塔

1934 年,美国诗人 T. S. 艾略特在一首名为《岩石》的诗中写道:
"我们在生存中失掉的生活在哪里?
我们在知识中失掉的智慧在哪里?
我们在信息中失掉的知识在哪里?"
据美国教育家哈兰·克利夫兰考证,这是有史以来关于知识结构的最早版本。通过引用艾略特的诗句,哈兰·克利夫兰于 1982 年在《未来主义者》一书中提出"信息即资源"。其后,这种观点进一步发扬光大,美国教育家米兰·瑟兰尼在 1987 年撰写了《管理支援系统:迈向整合知识管理》,罗素·艾可夫在 1989 年撰写了《从数据到智慧》,进一步丰富这个理论体系。

　　我们知道,传播知识与启迪智慧是教育的主要任务,因此在进一步探究新媒体教育之前,让我们先了解一下"DIKW 金字塔"模型所构建的关于数据、信息、知识及智慧的递进过程。DIKW 是英文 Data、Iformation、Knowledge、Wisdom 的缩写。1988 年,美国组织理论家罗素·艾可夫在其就任国际一般系统研究学会主席的发言中,勾勒出了这个金字塔模型,见图 6-1。

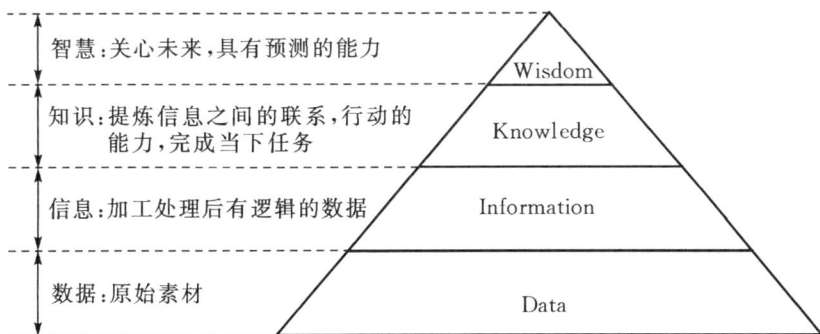

图 6-1　"DIKW 金字塔"模型

　　数据是数字、文字、图像、符号等,是通过原始观察及量度获得的最基础的数据,在没有处理之前,没有任何意义;信息是通过分析数据关系获得的有逻辑和价值的数据(谁,什么,何时);知识是通过归纳、演绎和应用信息产生的,知道"为什么""如何",可以进行相关决策和解决问题,能够积极地指导任务的执行和管理;智慧是在知识的运用和实践的基础上产生的,是人类所独有的一种能力,通过经验、阅历、见识的累积,形成对事物的深刻认识,找出解决方案的能力,以及对事物发展的前瞻性看法。

　　如果单纯从"DIKW 金字塔"这个模型来看,知识体系的演进层次似乎是单向的,但是从系统整体来说,这个过程又是逆向演进的。在人类漫长的历史长河中,前人的智慧在传播中是衰减的,尤其是随着信息时代以来信息生产和传播的极大丰富,人类的知识体系更是一个衰退的过程,当人类的智慧通过传播成为知识,知识又淹没在信息爆炸的洪流中,成为传播介质上的数据。

在古典/传统教育时代,知识传播主要是通过课堂来完成的,这是纸质媒介的属性决定的,虽然自古登堡印刷术发明以来,知识随着书籍进入了平民阶层,但是因为书籍的质量、体积和价格的限制,个人根本无法拥有全部的书籍,因此图书馆和学校成为了传统时代知识和智慧的圣殿,可以说,传统的教育方式是由信息生产和传播的方式决定的。

但是,数字时代开启以后,信息的生产、储存和传播发生了根本的变化。现在只需有一部可以连接互联网的手机,就可以拥有无限的信息。根据"DIKW 金字塔"模型理论,拥有无限信息之后,根据知识演进过程,从理论上来说,你也可以拥抱无限智慧。当然,人有限的大脑容量决定了个人知识的有限性,但是通过网络连接的电脑和生命个体所组成的却具有无限性。

这就是新媒体时代的教育革命所发生的基本情境。

6.2 新媒体教育的形态与特征

1962 年,计算机界最伟大的传奇人物之一,图形界面、超文本和协同软件等基础技术的发明者,计算机交互和互联网的先驱——道格拉斯·恩格尔巴特(1925—2013)提出一项名为"增进人类智慧:斯坦福研究院的一个概念框架"的研究计划,提倡个人计算机的广泛传播,将个人计算机与"互联的计算机网络"结合起来,从而形成一种大规模的、世界性的信息分享效应,这个计划可以说是互联网教育的雏形。

数字时代开启以来,传统的教学模式受到了前所未有的冲击,各种新的学习模式如潮水般涌现,依托云计算、大数据挖掘、多媒体等信息技术,以互联网为载体,来进行学习与教学的教育形式不断推广,其中最具有冲击力和革命性的便是基于新媒体的在线教学(e-learning)。

美国是 e-Learning 教育的发源地,美国教育部在 2000 年度《教育技术白皮书》里对"e-learning"的阐释是通过互联网技术进行的教学及相关服务。1998 年以后,e-Learning 教育在全世界范围内兴起。与传统教育相比,新媒体教育能够突破时空限制,降低教育门槛,改变教学资源分布不均衡的现状,为人们提供丰富的学习内容,满足人们不同的学习需求。

现在,我们只要有一台联网的计算机或智能手机,就可以在虚拟教室中实现远程授课、课件共享和兴趣小组的教学互动。这种在线教学方式是由网络学习资源、网上学习社区和网络技术平台构成的全新的学习环境。

中国互联网络信息中心(CNNIC)发布的《第 37 次中国互联网络发展状况统计报告》显示,截至 2015 年 12 月,我国在线教育用户规模达 1.10 亿人,占网民的 16.0%。按照教育内容的不同,在线教育分为中小学教育、职业考试、职业技能培训、语言培训、出国留学、兴趣教育、儿童早教、大学生/研究生教育、综合教育等九大领域,见图 6-2。

2015 年在线教育各领域用户使用率

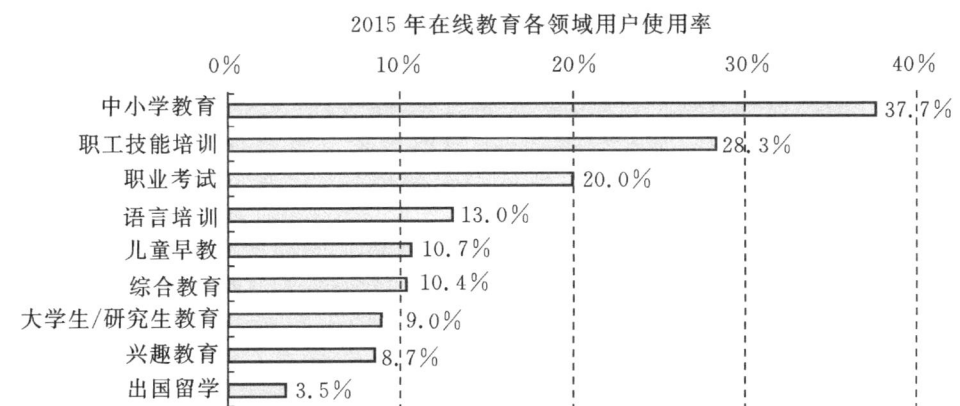

来源:CNNIC 中国互联网络发展状况统计调查

图 6-2　2015 年在线教育各领域用户使用率

2015 年 4 月,教育部出台了《关于加强高等学校在线开放课程建设应用与管理的意见》,提出要在 2017 年前认定 1000 余门国家精品在线开放课程。到 2020 年,认定 3000 余门国家精品在线开放课程。

在线开放课程在世界范围的迅速兴起,正在促使教学内容、方法、模式和教学管理体制机制发生变革,给各层面教育教学改革发展带来了新的机遇和挑战。目前,在全世界范围内有影响力的在线教育模式主要有慕课(MOOC)、翻转课堂(Flipped Classroom)以及视频公开课。

网络在线课程由网络课程资源和网络课程活动两部分组成,传统的网络课程大都是放在某个校园网或局域网的,是为学校或特定机构的教学服务的,需要专门注册登录才能进入;一般学校内的网络课程,大都是辅助课堂教学的;而在远程教育系统则以独立形式存在为主。在里,我们主要分析公开的、非局域网性质的在线教学。

6.2.1 慕课

慕课英文名称为"MOOC",是一种大规模、开放的在线课程(Massive Open Online Courses)。这一创新性的教学模式是由加拿大学者戴维·可米与拜伦·阿力克桑德拉在 2008 年率先提出来的,通过互联网技术,无论任何人,在任何时间和任何地方,都可以学到任何知识。很快,这一创新性的教学模式得到斯坦福等世界名校的响应和实践,近年来在全世界风靡开来。

需要说明的是,这一课程不同于传统的电视广播、互联网、辅导专线、函授等形式的远程教育,也不完全等同于目前网络上普遍存在的教学视频公开课,更不同于基于网络的学习软件和在线应用,其鲜明特征是"名校、名师、名专业、名课和网络公开课"。在"慕课模式"下,大学课程、课堂教学、学习进程、学习体验、互动过程等可以完整地在线实现。

英国《卫报》记者克罗尔·卡德瓦拉德注册了 Coursera 的《遗传与进化学导论》课程,与来自世界各地的 36 000 名虚拟同学参加了这一课程。她认为,视频讲座并没有什么新奇之处,但是课程论坛却让她感到震惊,她说:

"论坛上,同学交流的热烈程度十分惊人。关于显性突变和重组问题,有成千上万人提问和回答。学习小组自发地形成:这些小组分别组建于哥伦比亚、巴西和俄罗斯。还有一个小组在 Skype 上交流,有的甚至在现实生活中交流。而且这些虚拟同学非常勤奋!"[①]

概括来说,慕课主要有以下几个特征:

一是开放性。慕课向所有人开放,谁都能学,不限于某个学校或机构的正式学习者,无需注册和缴费就可以学习。其开放性还体现在课程建设或活动组织方面,任何人都可以为慕课提供学习资源和话题,都可以参与各种学习交流活动,既包括线上的,也包括线下的。

二是大规模。这不仅意味着学生数量大,课程的数量和规模也很大。传统的网络课程学习者人数往往不多,以正式学习者为主;慕课的学习人数动辄成千上万,除了正式学习者之外,也包含各种临时学习者。因为课程注

---

① [美]杰里米·里夫金. 零边际成本社会[M]. 赛迪研究院专家组译. 北京:中信出版社,2014:118.

册人数多,每门课程容量可达数万人,理论上来说没有数量限制。2011 年,美国斯坦福大学教授塞巴斯蒂安·特龙将其主讲的研究生课程《人工智能》放到网上,当课程开始时,来自世界上 190 多个国家的 160 000 名学生学习了该课程。

三是游戏化。慕课的教学一般短小精悍,其视频课程被切割成 10 分钟甚至更小的"微课程",由许多个小问题穿插其中,学习过程类似于电子游戏的通关,只有答对过关之后,才能继续听课。如果遇到无法解决的问题,学生可以在线交流以获取帮助,助其闯关。

四是灵活性。这既包括时间和空间上的自由灵活,又特指教学方法的灵活性。慕课的评价方式灵活多元,它既使用客观、自动化的线上学习评价系统,来进行随堂测验、组织考试、自动批改等,同时还引入同伴互评、相互批改、小组合作等,比如考试通常由同学评分,一门课的每份试卷由同班的五位同学评分,最后分数为平均数。

"慕课模式"资源的开放性以及信息的易获取性被认为是未来五年内会对高等教育产生影响的第一大重要趋势。EDX 总裁阿纳特·阿加瓦尔认为,"这是教育界 200 年来的最大的创新……这将重塑教育……改变大学并在全球范围内实现教育的民主化。"①很快,革命性的"慕课模式"风靡世界,世界各地出现了一批相当有影响力的慕课平台。目前,国外主流的慕课平台主要有三个:Coursera、EdX 与 Udacity。

Coursera(coursera. Org)成立于 2012 年 4 月,由斯坦福大学的两位教授达芙妮·科勒与安德鲁·吴发起创办。根据 Coursera 网站的统计数据,截至 2016 年 2 月 20 日,已有 138 所大学加入其中,向来自全世界的 17 821 942 名学习者提供 1804 门课程。目前,Coursera 可以向经过签名认证顺利完成课程的学习者颁发证书。

Udacity(udacity. Org)成立于 2012 年 1 月,由斯坦福大学教授塞巴斯蒂安·特龙发起创立。2012 年 6 月,Udacity 宣布与培生教育集团(Pearson EducationLtd)合作,希望获得证书的学习者需要在培生集团的考试中心完成结业考试。Udacity 还发布了一个免费的就业匹配计划,可以将学习者的简历和成绩发给包括 Google、Facebook、Twitter 在内的众多合作公司。

---

① [美]杰里米·里夫金. 零边际成本社会[M]. 赛迪研究院专家组译. 北京:中信出版社,2014:118.

edX(edx. Org)成立于 2012 年 5 月,由麻省理工学院和哈佛大学联合推出,是三大平台中唯一的非营利性平台。该平台基于麻省理工的 MITx 计划和哈佛大学的网络在线教学计划,主要目的是配合校内教学,提高教学质量和推广网络在线教育。目前,edX 向学习者提供三种证书,即荣誉代码证书(Honor Code Certificate)、身份验证证书(ID Verified Certificate)和 X 系列证书(XSeries Certificate)[①]。

目前,国内也出现了一大批知名慕课平台,如清华大学研发出的中文 MOOC 平台——学堂在线(xuetangx. com)、上海交通大学设计开发的好大学在线(cnmooc. om)、由北京果壳互动科技传媒有限公司创立 MOOC 学习社区——“MOOC 学院”(mooc. guokr. com)、华东师范大学慕课中心 C20 平台(C20. org. cn)、深圳大学基于超星设计开发的优课平台、爱课程网与网易云课堂开发的中国大学 MOOC 平台,等等。

“慕课模式”的出现对推动中国教育的跨越性和均衡性发展具有战略意义。当前,从全国范围来看,教育资源主要集中在首都北京以及东部沿海等大中城市,东部沿海一带的教育资源分布比中西部均衡丰富,城市高于农村,城镇高于城郊,教育资源分配不均匀。中国乡村学校的信息化程度很低,当地教师运用信息技术授课的能力还不足,优质教育资源也比较匮乏。

随着中国宽带中国战略的实施,到 2020 年,网络基本覆盖中国全部行政村,届时,借助于“互联网＋教育”,就可实现习近平总书记所说的,“通过教育信息化,逐步缩小区域、城乡数字差距,大力促进教育公平,让亿万孩子同在蓝天下共享优质教育、通过知识改变命运。”[②]

6.2.2 翻转课堂

一般认为,“翻转课堂”(Flipped Classroom)起源于美国科罗托多州落基山脉的林地公园高中。2007 年春天,该校化学老师乔纳森·伯尔曼和亚伦·萨姆斯使用屏幕捕捉软件录制 PowerPoint 演示文稿播放和讲解,并把结合实时讲解和 PPT 演示的视频上传网络,帮助学生们补课。后来,他们

---

① 荣誉代码证书不验证学习者的身份. 学习者只需完成课程就能免费获得;身份验证证书需要通过照片和证件确认学习者身份,这种证书根据课程不同收取不同的费用,目前只有部分课程能够提供;X 系列证书只有在学习者完成某一科目的系列课程并通过评估与考核之后才能获得。
② 这是习近平主席在 2015 年 5 月致国际教育信息化大会的贺信中的一段话。

让学生在家自行观看教学视频,在课堂上完成作业,学生遇到困难时可以向老师和同学请教。这种教学模式与传统教学模式正好相反,传统教学模式是在课堂上听老师上课,回家做作业,因此这种课堂教学模式被称之为"翻转课堂"。

传统教学的学习过程由两个阶段组成:第一个阶段是"信息传递",通过教师和学生、学生和学生之间的互动来实现;第二个阶段是"吸收内化",是在课后由学生自己来完成的。"翻转课堂"对此进行了重构。"信息传递"是学生在课前进行的,老师不仅提供了视频,还可以提供在线辅导;"吸收内化"是在课堂上通过互动来完成的,教师能够提前了解学生的学习困难,在课堂上给予有效辅导,同学之间的相互交流更有助于知识的吸收内化。

然而,林地公园高中这种"翻转课堂"的教学模式的尝试还仅限于传统的校园范围。真正将"翻转课堂"这种模式推广到全世界的是可汗学院(Rhan Academy)创始人——孟加拉裔美国人萨尔曼·可汗,他将制作的教学视频公开发布在互联网上,供全世界所有学习者免费共享。2011 年 3 月,萨尔曼·可汗在美国加州举行的"TED"(Technology、Entertainment、Design 的缩写)大会上介绍"可汗学院"的成长故事。演讲结束时,主持人比尔·盖茨走上前,紧紧抓住他的手说:"太好了! 这真的很神奇,我认为你预见了教育的未来"。

事实上,萨尔曼·可汗这一颠覆传统教育的创举出于偶然。他原本在一家基金公司工作,2004 年,可汗的表妹纳迪亚遇到了数学难题,她向远在另一个城市的表哥萨尔曼·可汗求助。通过雅虎通聊天软件、互动写字板和电话,可汗帮她解答了所有问题。很快,他的侄子、外甥、外甥女也纷纷前来讨教。后来,可汗把自己的数学辅导材料制作成视频,放到 YouTube 网站上,供更多的人分享,受到网络学习者们的热烈追捧。

2007 年,萨尔曼·可汗创立了一家教育性非营利组织——可汗学院,旨在利用网络通信技术进行免费授课,现有关于数学、历史、金融、物理、化学、生物、天文学等科目的内容,教学视频超过 3500 段,使命是让免费教育真正成为可能,让每个人都能享受到最优质的教育。比尔·盖茨认为:"(可汗)他是一个先锋,他借助技术手段,帮助大众获取知识、认清自己的位置,这简直引领了一场革命!"数据显示,全球有 5600 万中小学生观看他的教学视频,凭借一个人一根网线,可汗颠覆了美国的传统教育。

概括而言,可汗学院所引领"翻转教育"模式具有以下特点:

一是教学视频新颖。可汗学院的教学视频长度一般在 10 分钟以内,每个视频针对一个特定问题。视屏中讲解的教师是隐身的,只看到一块电子写字板书写的文字、数字、公式,听到老师妙趣横生的解说,这使学生将注意力放到知识点上,忽略教师的存在,在色彩和形象的冲击下增强了记忆。同时,10 分钟时间的设定,没有超出学生普遍的注意力持续时间。

二是教育模式创新。在可汗学院的教育体系中,一个很重要的模式是"满十分前进"模式。在特定的章节与单元的练习中,只有最后达到了十分,才可以进入到下一个单元的学习。这种练习系统的设计,弥补了传统教学中通过考试来对学生进行学习检测的缺陷,保证每个学生搞懂每一个基础观念。

三是教育系统人性。学生可以在任何条件许可的地方,不依靠老师,通过视频自主学习。这打破了传统课堂教学空间与时间的限制,打破了教室的规章制度的束缚。学生可以按照自己的步调学习,在不懂的地方暂停、重播。老师可以利用可汗学院设计的评估检测系统,透过数据、曲线与表格,老师们可以知道学生在哪里暂停、学习的速度与质量,帮助教师真正了解学生。

四是教学资源共享。可汗学院的所有教学视频完全公开免费,可以供人们自由观看与分享,全世界任何人都可以免费享受到优质教育;同时,人们也可以通过网络把自己的资源进行共享,任何有经验和能力的人都可以选择在网上注册成为辅导老师,对任何想学习的学员进行无偿指导。

理论而言,借助任何一台联网的智能终端,世界上任何一个人都可以享受到可汗学院的"翻转课堂"课程,享受到免费的优质教育。从这个角度而言,可汗学院确实掀起了一场新媒体教育的数字革命。对专业教师而言,可以在开放的优质教育资源中,寻找与自己教学内容相符的资源作为课程教学内容,这就极大提高了资源利用率,使学生接触到国际性优秀教师的最新教学内容,弥补优质教育资源分布不均衡的现状。

目前,可汗学院提供的免费课程大多是可以标准化订制的数理化,人文学科的内容比较稀缺,而且主要集中在 K12 教育阶段①。

6.2.3　视频公开课

无论是慕课还是翻转课堂,都属于视频公开课,其重点均在于大规模优质教学内容的共享,其教育理念均来自于人类的"知识共享"观。如果说在传统媒介时代,知识的普及受到了技术的限制,那么计算机和网络通信技术的发展为"知识共享"提供了无限的支持。人们最早接触到的开放且免费的网络教育方面的资源起始于 1971 年的古登堡计划。

1971 年,尚在伊利诺伊大学读书的美国大学生迈克尔 • 哈特(Michael Hart)发起了著名的古登堡计划(Project Gutenburg)。这是一个免费的图书协作计划,通过互联网技术,以自由的和电子化的形式,为任何人大量提供版权过期、可以进入公有领域的书籍。跟维基百科一样,其内容来源都是由志愿者编辑完成并审查的,同时将这些内容电子文本化。

可以说,先行者古登堡计划为 21 世纪初麻省理工学院(MIT)启动的全球大学开放教育资源(Open Educational Resources,OER)奠定了基础。2001 年,麻省理工学院启动"开放课件"(Open Course Ware,OCW)计划,通过网络系统大规模地开放和共享校本课程资源。开放教育资源运动根据其内容特点分为"开放的协议与标准"(Open license and standard)、"开放的内容与资源"(Open Contents and resources)、"开源的软件与工具"(Open source software and tools)三部分,这里主要指的是教育资源的开放。

随后,耶鲁、哈佛、牛津、剑桥、英国开放大学等世界名校纷纷加入这一运动。在今天的数字时代,知识共享已经成为教育和社会发展的创新力量。2011 年 4 月,麻省理工学院校长查尔斯在接受《纽约时报》采访时说:

"公开课程材料在这个市场驱动的世界里看起来似乎是反常规的,它不符合当今崇尚物质的价值观潮流,但是实际上它却和我所认为的麻省理工学院最好的信念是一致的,那就是'创新'。公开课程材料表达了我们的信念,即教育是可以通过不断扩展接触信息的途径并不断鼓舞更多的人参与

---

① "K12"中的"K"代表 Kindergarten(幼儿园),"12"代表从小学一年级到高中三年级的 12 年中小学教育,K12 是国际上对基础教育的统称。

来得到发展的。"①

限于语言方面的障碍,中国加入全球大学开放教育资源的行动比较晚。尽管在2003年,大陆的中国开放式教育资源共享协会便已成立,但因为多以国内高校为对象,在社会上影响力极为有限。而此时,海峡对岸的台湾,开放式课程计划(Opensource Opencourseware Prototype System,OOPS)的志愿者团队已经翻译了近6年开放课,到2010年底,他们已经翻译了1000多门课程,300多个小时的视频课程内容。在中国大陆,直到活跃在网络上的视频分享平台和字幕组的加入,国外视频公开课才进入到国内网友的视野中。

2010年初,在国内互联网资源分享平台Very CD的牵头下,人人字幕组、TLF字幕组与OOPS团队建立联系,三家商定分别翻译,资源共享。很快,国外高水平大学的优质视频公开课引起大陆网友的关注,成为论坛和社交平台的热点。从2010年下半年开始,国内知名门户网站如网易、新浪、搜狐、腾讯等纷纷推出世界名校公开课以及国内名校公开课,现在译介的国外视频公开课内容已经非常丰富,涵盖人文科学、社会科学和自然科学。

概括而言,视频公开课主要有以下特点:

一是教育资源开放。目前的视频公开课完全在线开放,将全世界最优秀的教育资源完全无偿地开放。在无私奉献的字幕组的译介下,广大学习者跨越地理障碍及文化边界,学习者无需申请入学手续,无需缴纳学费,就可以和名校在校学生一样享受优秀的教学资源。

二是课堂呈现完整。视频公开课在真实的、具有师生互动的教学环境里拍摄完成,完全真实地记录现场授课。教师在传统的课堂授课,面对真实的学生,随时应对真实的教学问题,具有身临其境的现场感。

三是教学资源优质。视频公开课都是精心挑选出来的优质资源课程,在教师的精心设计组织下完成的。学习者远在千里之外,就可以近距离体验名校、名师、名课的风采,接收当下最前沿、最顶尖的教育。

在这种"知识共享"理念的推动下,国内视频公开课建设也开始了。2011年3月,复旦大学与网易合作启动"网络公开课",向全社会公开学术资

---

① 李岩,陈杰,李晓坤. 从网易公开课到基础教育的开放教育资源[J]. 中小学信息技术教育,2012(12):82
 —84.

源,首批推出台湾学者的四集系列讲座《执拗的低音》,成为国内首个在门户网站推出公开课的大学。2011 年 5 月,教育部正式启动视频公开课建设工作,同年 9 月,国内高校首批 20 门视频公开课在爱课程网及合作网站推出。

2012 年 2 月 8 日,高教司发布了《关于开展 2012 年度精品视频公开课推荐工作的通知》,在"985 工程"高校试点建设的基础上,将精品视频公开课建设学校范围扩大至"211 工程"高校及少量具有鲜明学科特色优势的高校,计划"十二五"期间将建设 1000 门精品视频公开课,其中 2011 年首期建设 100 门,2012—2015 年建设 900 门。

6.2.4　知识付费

知识付费是近年来在线教育领域出现的一个新名词,在今天这个知识盈余的时代,人们获取知识的渠道从传统的书本和课堂转移到了网络,各行各业的精英们以成功者和导师的身份向人们贩卖经验和知识。被狂奔的信息洪流所席卷的、担心被巨变时代抛弃的、梦想在导师们的指导下创业的、耽于知识碎片化和快餐化的网民们,开始接受知识付费这个古老又时髦的概念。

逻辑思维的创立者——罗振宇是知识付费模式的先行者,2013 年逻辑思维推出付费会员制,2015 年 12 月逻辑思维得到 App 正式上线,罗振宇已经在知识付费领域深耕多年,也积累了庞大的用户和粉丝群体。2016 年,知识付费产品迅速爆发:3 月,千聊上线;4 月,知乎发布值乎;5 月,知乎 live 上线,果壳网分答上线;6 月,喜马拉雅 FM 试水知识付费;10 月,蜻蜓 FM 上线付费专栏;12 月,做内容付费技术服务的小鹅通上线……各类知识类付费产品层出不穷。

2016 年被称为中国知识付费的元年,经过三年多时间的发展,知识付费的用户增长极为迅速,推出知识付费服务的传统平台和创新平台也越来越多,知识付费已经成为当下知识创业者的新风口。喜马拉雅 FM 第一个付费节目《好好说话》上线当天销售额就达到 500 万;果壳在行推出的分答,仅用 42 天就获得了超 1000 万授权用户、100 万付费用户。

《新媒体蓝皮书:中国新媒体发展报告(2018)》指出,截至 2017 年底,我国知识付费用户达到 1.88 亿人。2017 年,中国知识付费产业规模约为 49.1 亿元;预计到 2020 年,知识付费产业规模可能将达到 235 亿元。

概括而言,知识付费类节目主要有以下几种模式:

1.知识课程类,具有课程的系统性与连贯性,如众多英语学习类 App 薄荷阅读、流利说、扇贝,等等。薄荷阅读地宣传口号是——"每天 10 分钟,100 天读完 4 本英文书,轻松积累 10 万字阅读量"。薄荷阅读基于微信公众号,向用户提供英语课程内容;然后在微信上建立学员社群,通过学员讨论、交流营造良好的学习氛围,通过班主任引导和督促,激励用户在朋友圈打卡,从而吸引更多的用户群体,完美融合英语学习与社交传播。

2.知识咨询类,其特点是提供各类专业化的 O2O 咨询服务,如果壳网推出的在行知识咨询平台,聚合了大量业界行家和专家资源,为人们生活中遇到的各种问题答疑解惑。同时,其推出的线下服务又具有了一定的社交性,可以突破日常交际圈层的限制,进而结交到更多行家里手,助力个人发展。

3.知识分享会,期中最具代表性的是知乎 live,作为知乎推出的实时语音问答产品,主讲人对某个主题分享知识、经验或见解,听众可以实时提问并获得解答。其特点类似线下分享会,要求短时间内分享前沿的思想和观点。

4.知识精读类节目,以罗振宇的得到 App 为代表。其特点是强调干货分享,强调对知识的筛选和提炼,类似现实中的简报和读书会,该类节目契合了当下人们耽于知识快餐化、堕于深度阅读,过分依赖外界信息输入的趋势。此类知识节目新颖快速,但是往往碎片化,缺乏系统性的知识建构。

5.SaaS 型工具,SaaS 全称为 Software－as－a－Service(软件即服务),即为知识生产者搭建平台,提供全方位的软件服务。其中最具有代表性是短书,短书是为教育和内容工作者提供的 SaaS 型服务平台,包含内容付费、在线课堂、教学直播、内容电商、招生营销、客户管理、社群运营、数据分析等八大模块,协助客户打造线上知识品牌,完成用户沉淀,实现商业价值。

6.3 新媒体教育的瓶颈

这些"开放的在线课程"是否会颠覆大众教育的传统模式呢?

对于当下风行的在线教育热潮,我们在热情拥抱新事物的同时,也需要反思其实际的教学效果。《金融时报》专栏作家迈克尔·斯卡平克曾说网络公开课"名过其实"。人们不会老老实实地看公开课的视频,因为视频讲座很难让人集中注意力。"一些在线讲座网站点击量惊人,但人们坚持不了多久,就会切换至 Facebook。在新闻领域中,我们认为用户连续观看三分钟视频就是不错的成绩,而连续观看五分钟已经是巨大的成就了。"①

事实上,的确如此。当一个人希望从网络上学习到新知识的时候,必须具备强大的自我管理能力,能够抵挡来自时刻在线的干扰。同时,他必须具有良好的自主学习能力和信息素养的基础,能够合理地安排自己的学习时间。否则,他很快就会在万花筒般的网络世界迷失。缺乏有效的监督和自我管理,当然也包括社会和企业的价值认可,这是网络课程完成率底下的一个重要原因。诚如迈克尔·斯卡平克所言,人们在观看三五分钟之后,很可能就被在线的朋友们的社交活动所吸引,转眼之间就忘记了自己的学习目标。

目前,国外媒体广泛引用的一个数据是,90%的学生都没有完成慕课课程。宾夕法尼亚大学的研究结果证实,慕课的"辍学率"甚至达到了96%。2013 年,圣荷西州立大学进行了一项实验,该校推出三门低成本网络入门课程加入慕课进行实验,这项实验在开始之初备受瞩目,因为它被加州州长在新闻发布会上高调宣布,但最终效果却差强人意。他们发现,接受网络课程无法完成在课堂上听教师讲课的各种细节。

2012 年,eDX 网校的第一堂课有 15.5 万人参加,这一虚拟课程的报名人数相当于麻省理工学院 150 年来学生人数的总和。eDX 总裁阿瓦特·阿加瓦尔对未来的在线教育带来的颠覆性充满信心。Udacity 创始人塞巴斯蒂安·特龙也曾经预测,在未来 50 年内,会有 10 家机构负责传播高等教育。但是,慕课教学效果的差强人意,大多数慕课签约率也极少,大学和其他机构的员工积极使用慕课的激情开始减退,开始排斥那种在线课程替代教室里教授面授的念头。Udacity 开始放下教育大众的野心,转而联合企业提供培训。

相对而言,主要针对 K12 教育的翻转课堂模式与传统课堂的结合比较紧密,那么翻转课堂模式是否能够广泛推行呢?有人已经指出,"翻转课堂"

---

① ［英］迈克尔·斯卡平克. 网络公开课名过其实［EB/OL］. http://www. ftchinese. com/story/
001049666? source＝viewpc.

可能会加重学生的课外负担。如果每节课前都让学生在家自学 15 分钟,中小学一天 6~7 节课,至少要有 5 节新课,就需要观看 75 分钟的"微课"。这些时间并不包括理解消化和做练习的时间,以及必要的课后复习作业。

对此,上海市教委基础教育处处长倪闽景认为:

"从现在的慕课现状来看,有人认为可以实现基础教育的课堂翻转,大量的知识可以放在课外通过网络来自主学习,但是我认为这种做法是有悖教育伦理的——在课程标准高度统一和考试模式极其单一的情况下,让学生大量利用课外时间学习,势必会加重学生课业负担。"[①]

这种观点是对当下慕课热的一种难得的清醒的认知。

当前,人与机器的交流并没有达到人类之间交流的程度,学生的学习和成长绝不仅仅是知识点的累积,更多的是情感的交流、团队的合作,这些在传统校园里才能感受到的东西对于人格的形成至关重要,这些也绝不是冷冰冰的机器屏幕所能培养出来的。正所谓,在哪里学习比学到什么更为重要,一个完美的环境对于一个人的成长是至关重要的。虽然,学生们可以在网络上形成小组交流,但是这些都取代不了面对面的感性的交流。

6.4 新媒体教育与传统教育的融合

毫无疑问,新媒体教育给传统教育所带来的冲击是巨大的,新媒体教育为大众教育开启了一个全新的数字世界,为实现公平、共享和共创的知识和教育的民主化铺就了一条道路。新媒体教育是未来教育发展的大趋势,这是不容置疑的,但是在当下,传承百年的传统教育暂时是无法被彻底取代的。借助于互联网和数字通信技术来改善备受诟病的传统教育,或者实现新媒体教育和传统教育的融合,是比较可行的一种方式。

对学习者而言,可以通过互联网来免费获取世界上最优秀的教育资源,这有助于打破优质教育资源的垄断和分布不均。在线课程不受时空限制的特点使学生自主选择学习内容成为可能,借助当前的在线教育系统,学生可以自行在网上搜寻众多的网络课程。在自主学习过程中,可以跳过已掌握的内容,重复播放难懂或还没有掌握的部分,组成网络学习小组在线沟通交

---

① 徐丽遐,倪闽景,陈玉琨. 慕课,能否翻转课堂[J]. 上海教育,2013(34):73 - 73.

流,然后在课堂上就发现的问题与教师互动。

对老师而言,可以借助在线教育制作自己的在线课程,将个人的知识和思想传播到全世界,在大规模思想和知识的传播中,实现"有教无类"教育理想;可以从庞大的网络资源库中寻找适合自己课程的教学资源,从而丰富和完善自己的教学内容,接触到当今世界最前沿的学科知识和最先进的教学理念;同时,借助在线教育系统和大数据,老师可以掌握学生在线学习中遇到的困难,从而对学生个人和课程内容进行及时的调整,从而提高教育质量。

对于教育体制而言,必须积极应对新媒体教育对传统教育模式带来的"破坏性创新",审时度势,改革传统僵化的传统教育体制。目前,网上绝大多数在线课程一般都是无法获得学分的,然而一旦学生可以获得学分,拿到社会和企业认可的学位和证书,就能获得普遍的认可。那高校的存在价值又在哪里,仅仅凭借大师和图书馆吗? 现在,这些都可以在网络上免费获取! 或许,最后只有百年以来的校园传说和象牙塔的情怀可供怀念。

此外,对于职业培训来说,在线教育近年来发展迅猛。企业可以通过购买在线教育来进行员工培训,个人也可以通过在线的职业培训来获取一技之长。以网易云课堂为例,其平台上的每门微专业都根据热门工作岗位需求进行定制,精炼的课程体系确保用户能掌握某种技能。考核通过的学员,还能获得网易、丁香园、蘑菇街等企业的就业推荐,这也是职业培训迅猛发展的重要原因。

事实上,新媒体教育的发展所引发的革命性的效应,就现在而言并不是对于传统学校模式的革命,而是从信息和知识传播的媒介和方式而言,旧有的知识生产和传播体系已经被颠覆。过去,我们通过书籍、课堂和专家来获取知识,知识是相对确定和封闭的;现在,我们可以通过互联网和社交媒体来进行讨论、沟通、分享、协作,知识是开放的,没有边界的。基于知识分享和公平分享的理念,新媒体教育给当今社会所带来的最大的改变是赋予这个世界上任何一个人免费获取优质教育资源的权力,这对于发展中国家以及落后地区的人们而言,是尤为重要的。

如果说古登堡印刷术的发明将知识普及到了平民阶层,开启了文艺复兴以来的人类文明;那么数字时代以来的知识分享则是将知识普及到了每一个人,连接起了地球上的每一个大脑,新的知识和智慧在知识的分享和连接中被创造出来,因为,知识只有在传播和分享中才具有生命和价值。诚如戴维·温伯格所言:"房间里最聪明的人不是站在讲台前给我们讲课的人,也不是房间里所有人的集体智慧。房间里最聪明的人就是房间本身:房间联接人们和思想并联接外部的网络。"或许,这才是新媒体教育的革命性所在。

思考题:

1. 新媒体教育当如何与传统教育进行融合?
2. 新媒体教育发展的瓶颈在哪里?
3. 什么是视频公开课? 其特点是什么?
4. 何谓翻转课堂? 其特点是什么?
5. 何谓慕课? 其特点是什么?
6. 请举例阐释 DIKW 金字塔这个概念。

第7章 传统媒体的转型与改革

1994 年，美国未来学家迈克尔·克莱顿（Michael Crichton）就将报纸称为"媒介恐龙"；华盛顿邮报的媒介批评家霍华德·库兹（HowardKurtz）则称报纸产业正弥漫着"死亡的气息"①。2004 年，美国北卡罗来纳大学的菲利普·迈耶教授明确提出："到 2043 年第一季度末，日报的读者将归零"。他的依据是全国民意研究中心（NORC）的数据和他制作的"日报读者数量变化趋势图"。2005 年秋，日本每日新闻原总编辑歌川令三在《报纸消失的日子》一书中指出：日本报纸消失的日子是 2030 年②。作为报业大国的日本、美国的报业发展，无疑对中国具有较大的参照意义。近年来，以微博、微信等为代表的新兴媒体快速发展，成为受众的"主流媒体"，对报纸、杂志、广播、电视等传统四大媒体的市场空间形成了巨大的竞争压力。在新媒体的严重冲击下，有危机感的传统媒体纷纷采取各种途径向新媒体转型。

7.1 报纸的数字化转型

7.1.1 我国报业的数字化转型

作为传统媒体的代表，各报业集团在互联网时代面临着发行量下滑、广告市场遭遇分割、媒介融合盈利难以实现等生存困境。面对新媒体的挑战，2006 年 8 月，原新闻出版总署提出"数字报业"战略，引导各报业集团探索数字化转型升级，推动报业集团战略布局、内容创新、流程再造、盈利模式等一

---

① ［美］罗伯特·G. 皮卡德. 美国报纸产业［M］. 北京：中国人民大学出版社，2004.
② 王君超. "报纸消亡论"：十年论争与思考——兼论报业转型与媒介融合的研究成果［J］. 新闻与写作，2014（3）：29 - 33.

系列改革,进而实现传统报业集团向现代全媒体传媒集团的转型升级,由此启动了"数字报业实验室计划"。传统报业集团开始积极探索数字化内容生产、制作、播出、显示终端等多种数字出版形式和经营模式,形成了我国报业特有的几种转型升级模式和发展路径①。

一是系统化转型。系统化转型是指根据顶层设计,对报业集团的资源配置、流程再造、内部结构、运营管理、体制机制、业务终端等进行系统化、全面化的数字转型设计,进而建立全新的数字化媒体结构体系和全媒体的思维,进而实现1+1大于2的系统整合功效。系统化转型改革最激烈,布局最彻底,同时也是难度最大、风险最高的。如重庆日报报业集团按照系统化转型路径,推进集团所属传统平面媒体向全媒体转型升级,加速集团新闻产品、产业结构调整,打造集团"一体化全媒体技术平台"建设,建设报纸与新媒体一体化的"采编中央厨房",构建5A级智能化全媒体系统,打造区域性电子商务平台,建设集团数据库和云阅读项目等,实现了传统报业数字化转型的实质性突破。

二是延伸化转型。延伸化转型是指依托报业集团的原有内容、品牌、资金、媒介、广告、人才等资源,根据产业链延伸和品牌延伸等理论,对集团原有媒体产品链加以合理延伸,进行媒体产品再次开发,以提高媒体产品的附加值。这种转型路径是在原有的报业集团组织框架之内进行延伸,不改变报业集团原有体制机制,改革风险较小,阻力较少。出于对传统因素的制约和市场风险的考虑,全国的报业集团和媒体大多选用这一转型路径。如广州日报报业集团将《广州日报》的品牌延伸到不同平台的新媒体用户,推出《广州日报》新的手机客户端和广州日报大洋网等。

三是创新化转型。创新化转型是指通过创新手段,对集团体制机制进行变革,对集团资源进行优化重组,根据市场变化,发掘存量资源的价值,进行重组、整合、优化,为集团数字化转型提供充分保障,进而带动庞大的传统报业体系转变,渐进式地改变新闻生产的结构、思维、观念和理念。如广州日报报业集团依托上市公司粤传媒,以投资、收购股权的资本运作方式寻求新媒体领域高附加值、高成长性项目,推动新媒体跨越式发展,进而建立全新的新媒体内容发布渠道和媒介生态体系等。

---

① 韦文杰. 报业集团数字化转型的路径、特征及风险规避[J]. 传媒,2014(8):32-34.

四是整合化转型。整合化转型是指突破媒介边界、行业边界、地域边界，实现集团之间的强强联合，进而通过整合资源，创新体制机制，实现新的发展。如重庆日报报业集团突破平面媒体与网络媒体的边界，组建了重庆华龙网传媒有限公司，重庆商报与腾讯公司合资创办腾讯·大渝网，与百度公司合资创办重庆—百度网，与国家工信部和重庆中小企业局合作创办了重庆中小企业网等。

当前，我国报业转型的一个典型的成功案例是澎湃新闻。澎湃新闻（以下简称"澎湃"）是上海报业集团斥重金打造的一个新媒体项目。对"澎湃"新媒体项目，上海报业集团高层的期待是："它从一张传统报纸出发，做一个原创的、互动的、严肃的、有思想和价值观的、针对都市中高端人群的政经类新闻产品。""澎湃"上线后广受好评，其成功因素主要有以下几点：

一是定位精准。上海报业集团在多个方案中，选中"东早"设计的"澎湃"新媒体项目，将其作为上海报业新媒体试验的探路者，一个重要原因就是"澎湃"的定位极为清晰。"澎湃"明确表示：他们不做新媒体门户。"澎湃"清醒地意识到，必须改变与新媒体门户在低端层面比拼的被动局面，专注自己最擅长，而新媒体门户们又相对薄弱的领域——高品质的专业化资讯，充分发掘自身在揭示真相、阐释意义、传播思想方面的优势，在信息超载的时代重塑信息价值，打造含金量高的信息产品。所以，"澎湃"将其战略定位聚焦在"打造时政和思想平台"。他们立志成为中国第一时政品牌。现在看来，"澎湃"这一定位还是比较精准的。

二是内容生产优势。在传统媒体行业信心跌入冰谷之际，"澎湃"掌门人邱兵底气十足地说："报纸还没有理由死。"这种底气来自"澎湃"母体"东早"10 年的专业积累，以及由此炼就的内容生产优势。"澎湃"清醒地守住自己的内容生产优势，致力于打造资讯超载时代的内容高地。"澎湃"全面坚持原创深度报道，避免走入迎合碎片化信息消费潮流、放弃固有核心优势的新媒体转型误区。"澎湃"没有跟风拷贝新媒体的内容生产模式，而是反其道而行之，坚持原创，主打时政和思想。他们认为，在资讯泛滥时代，生产稀缺信息和思想才是王道。

三是互联网思维。理解互联网思维，就不应把思维的目标、状态和结果固定在狭隘的框子里。针对互联网思维，"澎湃"的策略不是迎合，而是超越。他们在充分考量自身和新媒体对手优势以及劣势的基础上，设计出自己的内容生产和传播战略。"澎湃"做了一个巨大的风险投资,就是敢于割舍已在市场上站稳脚跟的纸媒,将主力内容团队移师于新媒体。"澎湃"现有的近50个栏目的生产方式,完全不同于纸媒的版面概念。这些栏目多是由微信公共号孵化出来的。新媒体项目全平台搭成前,"澎湃"以项目小组作为动员单位,在原有采编部门特色基础上开办一系列微信公众平台,形成东方早报系微信方阵,以作练兵之用,同步完成了各类型资讯提供者的跑马圈地。

四是政策红利与财政扶持。支撑"澎湃"一炮走红的还有雄厚的公共财政支持和可观的政策红利。"澎湃"首战告捷,与政府有力的财政支持不无关系。当然,政府出手扶持传统媒体,也是有选择、有条件的。上海传媒改革决策者从众多竞标方案中,选择了"澎湃"予以扶持,看中的就是其背后的潜力和前景。成就"澎湃"的还有政策红利的因素。此前传统媒体在市场化和新媒体转型中之所以处处被动,固然与传统媒体自身原因有关,还与外部环境包括政策环境有关[①]。

7.1.2 西方报业的数字化转型

西方发达国家的报业,是最先陷入衰退困境,也是最早改革应对的。关于传统报业的未来发展趋势,西方无论学界还是业界,至少在以下两个方面已初步达成共识:一是数字化转型已成必然宿命,传统形态难以长久;二是多数字平台的建立与信息发布,并非转型成功的标志。在模式探索和路径选择方面,虽充满变数与争议,但西方报业数字化转型的三种路径仍值得我们借鉴与思考。

1. 数字收费,回归内容价值

《纽约时报》等报纸的探索,在一定程度上实现了内容价值在数字平台的移植与变现,为报业的有效转型带来了希望。正因为如此,数字收费在西方已成普遍趋势。报纸在数字平台上实施有偿阅读的探索,始于1997年的华尔街日报。但真正引起全球关注的,是纽约时报建立"付费墙"(paywall)所取得的令人惊异的成果。这一模式影响之大,使得"paywall"一词很快成为英文词典的新词和维基百科的新词条。目前,美国有70%以上的日报采

---

① 张涛甫. 新一轮传媒改革时代的开启——"澎湃"新媒体解读[J]. 新闻记者,2014(11):40-45.

用这一模式。

《纽约时报》在经历一次失败的尝试之后,于 2011 年 3 月 28 日再次推出 paywall,并获得成功。此次成功的标志有三个:一是付费用户大幅度增加,一年之内从零增长至 45.5 万个,截至 2013 年 3 月的半年平均有价发行量不仅止跌,而且猛增 73.05%,并一直保持两位数的增长;二是订阅收入大幅度增加,2012 年第 3 季度便超越其数字广告收入,进而导致连同纸媒在内的发行总收入历史性地超越广告,首次成为报纸的最大主营收入来源;三是并未对网络流量带来明显影响,2015 年 1 月的月独立访客数仍高达 5454.8 万,在美国仅次于未实施 paywall 的《今日美国》。最新的数据是,该报的付费网络订户于 2015 年 3 月首破 100 万大关,比 3 年前翻了一番,目前为全球之最。

获得类似成功的英国样板是《金融时报》,该报早在 2007 年就建立了 paywall,是英国主流报纸的领头羊。同样是在 2012 年,该报的收费数字订户数量首次超越纸质版发行量,两种发行的收入相加更是超过了广告收入。2015 年上半年,该报有偿数字订户继续保持两位数增长,接近 52 万,加上纸媒有价发行量,总数达 73.7 万,再创该报创刊 125 年来的最高发行纪录。两报数字收费实践的最大亮点,在于其颠覆了报业长期以来高度依赖广告的经营模式,众所周知,自 1833 年以《纽约太阳报》为先驱的报业大众化转型以来,早期凭借优质内容向知识分子和精英们出售赚钱的办报方式就渐告消失。报纸以接近白送的价格广泛抵达受众,进而以换取的巨大注意力向广告商卖钱(后来无线商业电视台的盈利模式与之相似)。特别是 20 世纪 70 年代之后,报纸广告价格飙升,大众传媒因而成为最赚钱的行业之一。

上述两报的探索,在一定程度上实现了报人们梦寐以求的内容价值在数字平台的移植与变现,为报业的有效转型带来了希望。正因为如此,数字收费在西方发达国家已成普遍趋势。美国最大报业集团甘尼特公司旗下日报,除《今日美国》以外,几乎都建立了 paywall。这表明实施数字收费战略的报纸数量还在快速增长中。英国 11 种全国性日报中,历史最久的《泰晤士报》、发行量最大的《太阳报》、仅存的对开大报《金融时报》和《每日电讯报》等多数报纸及很多地方报纸也都建立了 paywall。这一风潮也席卷了德国、丹麦等欧洲其他国家及加拿大、巴西等一些美洲国家,巴西城市报纸的付费用户所占比重甚至超过了上述欧洲国家。

2. 免费开放,做大信息平台

免费开放模式最引人瞩目的成就是建成了大型信息服务平台,并获得了海量受众,且受众数量仍保持高速增长,这为实现互联网公司那样的盈利模式创造了条件。与数字收费截然不同的思路,是顺应互联网"免费""共享""海量传播"等特性,建立以原创信息为主的大型信息服务平台,通过做多客户、做大流量并尽可能为"进入"提供方便来换取注意力,进而获得广告和其他形式的收入。其代表报纸是英国的《每日邮报》和《卫报》,而其坚持免费路线的动力之一,正来自数字收费之"弊端"。

《卫报》是一家有 194 年历史的老牌严肃报纸,该报网站也走免费路线,也重视国际化和引入原生广告,在内容拓展方面,该报放弃媚俗,注重原创。该报根据自身定位,努力从深度和广度上满足受众需求。深度方面,该报耗费巨资将自己及其更古老的姊妹刊《观察家报》(该报被称为当今世界最古老的星期天报)的历史版面数据化,建成"数据档案"(Digital Archive)向公众开放。目前 Archive 已覆盖全部历史内容,包括 200 年来的全部版面、近1300 万篇文章和 100 多万幅图片。作为一份历史悠久的严肃报纸,《卫报》涵盖了英国各时期的重要事件和大量独家新闻(如前些年关于维基解密和斯诺登的独家系列报道),对中高端读者及研究人员有很大吸引力。

在广度方面,首先该报不仅利用其资源在网上设立了电影、音乐、图书和大量视频内容,还组织专门团队创建包括市政服务和国际重大事件在内的数据库。其次是积极占领各类数字平台,最大限度地扩大受众接触面。该报 2009 年就在英国报界率先推出移动客户端,此后便努力涵盖包括社交媒体在内的各种 App,例如,其 Facebook App 2012 年就获得 700 万的下载量。2013 年 2 月,该报又开发出基于 UGC 的全新 App"目击",使其 App 的种类多达近 10 种,且横跨安卓、苹果等多系统及 iPad、Kindle 等多平台,2014 年又成为最早在谷歌眼镜开展新闻服务的报纸之一。再者是辅以收费手段,除对 Archive 内容收费外,该报自 2014 年起还推出有偿的会员制服务。会员分"资助者"(Supporter,多为个人)和"合作者"(Partner,多为机构)两种。前者的"资助"费每月 5 英镑、每年 50 英镑,会员可获得赠票、赠书及会见记者、总编等线上和线下的额外服务。

数据显示,该报网站 2015 年 7 月的独立访客数为 1.37 亿,再创新高并重登英语报纸网站世界第二的宝座(仅次于《每日邮报》网站),其中日访问量为 800 万,同比增幅达 34.9％(英国 ABC 数据);截至 2015 年 3 月 29 日的 12 个月数字广告等收入则同比增长 20％,达 8210 万英镑。

3. 数字优先,变身网络公司

传统媒体的"数字优先"有广义和狭义之分。广义是指由传统平台优先变为包括网络和移动在内的所有平台的齐头并进,即"先生产(数字)内容,然后通过合适的平台发布"。狭义则指真正意义上的数字优先,即将数字平台的内容生产与发布置于压倒的优位,所谓"数字第一,纸媒第二"。广义做法已很普遍,甚至可上溯至数字报纸的诞生(在我国是 2006 年)。但这种泛化与模糊无助于勾勒清晰的路径,也不利于探索真正意义上的融合与转型。狭义的数字优先战略之所以充满挑战,是因为目前对绝大多数西方报纸而言,纸质版广告和发行仍是最主要的收入来源,将纸质版置于次要地位甚至关闭纸质版,意味着主要现金流的丧失,报社将立刻陷入困境①。

此外,美国报业转型的另一个经典案例是《华尔街日报》。《华尔街日报》是最早进行数字化转型的媒体之一,也是实施数字化转型最成功的财经报纸。2010 年《华尔街日报》日平均发行量(包括数字订阅用户量)环比增长 0.5％,成为同期美国 25 家最大报纸当中唯一一家发行量有所增长的报刊,同时,其 2010 年日平均发行量中约 1/5 来自于数字版的订阅,而 2011 年数字版发行较上一年的增幅高达 21.9％。据媒体稽查联盟(AAM)发布的报告称,2013 年《华尔街日报》仍然是美国销量第一的日报。《华尔街日报》之所以能逆流而上,概而言之是其在数字化转型中告别了以产品为中心的传播理念,转而强调以用户为中心的转型路径。不同于以产品为中心传播理念下所对应的受众,用户这个概念更能体现以数字化为核心的新媒体时代的传播特征,即赋予传播活动更强的互动性以及传播对象更强的个性化。新闻博客聚合网站《赫芬顿邮报》一位高管称:"在《纽约时报》,对于作者和编辑而言,'发表'通常意味着报道完结,但在《赫芬顿邮报》,'发表'则是一则新闻报道生命的开始。"这句话揭示了以产品为中心和以用户为中心两种传播理念的本质差异。

概括而言,《华尔街日报》数字化转型成功的关键主要有以下几点:

(1)内容为王,以丰富、差异化的高品质内容服务于用户。在数字化时

---

① 辜晓进. 西方报业数字化转型的三种路径[J]. 新闻与写作,2015(11):22 - 28.

代,《华尔街日报》传承内容为王的传统核心竞争力,每天头版都会刊登一篇几千字的长篇报道,这些文章都是由记者策划专题并进行独家采访,花费 1~3 个月的时间独立完成的,所以《华尔街日报》总是以独家报道带给读者惊喜,并在历史上 32 次获得普利策奖。报社 1600 多名采编人员每天为数字用户提供 1000 多篇高质量的稿件,涉及数千家公司的深层背景介绍、特写和其他特色报道,专业、独家的高品质内容保证了用户的高度依赖性,这是其超越其他竞争媒体的根基。

(2)服务为王,以定制为导向的个性化、精细化服务。《华尔街日报》网络版早期实行完全付费阅读模式,培养了受众长久以来良好的媒介使用习惯。新闻集团舵手默多克调整了《华尔街日报》网站的收费架构,为用户提供三个层次的内容服务:普通用户可免费获取部分新闻,为数字订户提供更为详细的新闻资讯,为额外付费的用户提供高端定制的财经新闻。《华尔街日报》以定制服务为导向,满足不同层次用户的信息需求。此外,依托道琼斯公司丰富的信息资源,《华尔街日报》建立了强大、专业的数据库服务系统。

(3)关系为王,以社交网络为引领聚合用户。《华尔街日报》数字内容十分注重利用社交平台来调动用户在信息生产与传播过程中的主动参与性,通过社交网络来大规模聚合用户。其网络版的每篇文章顶端都有链接到 Facebook、Twitter 的标志,随着平台的扩展,个别文章也可以链接到 Instagram(照片分享的移动应用网站)和谷歌社交网站。此外,视频还可以分享至 Youtube(视频分享网站)和 Podcast(播客),也可以链接到苹果的应用移动商店。在 Facebook 的《华尔街日报》主页上,平均每一个小时就有一条今日精选新闻的链接被推送。社交网站和移动技术的不断发展,为新闻报道提供了前所未有的渠道,把用户提升到了自媒体记者的高度。

(4)移动为王,以移动互联和移动终端为核心的多元渠道构建。构建多元化的移动信息接收平台,是该报数字化转型的关键所在。自 2008 年起,《华尔街日报》发布了针对不同手机版本的客户端程序,尽可能地增加覆盖领域,且采取先免费后收费的推广策略。尤其是在 2009 年推出苹果手机客户端后,意外实现了一种与苹果公司为代表的"合作分成"新模式,即《华尔街日报》报社将采编的内容制作成数字产品,之后利用苹果公司的移动应用商店平台进行销售,从而获得分成收入。2010 年《华尔街日报》开发平板电脑移动客户端,月订阅费为 17.99 美元①。

7.2　广电的数字化转型

7.2.1　我国电视的数字化发展现状

2003 年,我国就开始实行有线电视数字化,并在 2008 年全面推进地面数字电视的发展。我国数字电视由 IPTV 网络电视、卫星数字电视、地面数字电视、有线数字电视四大类构成,其中,有线数字电视所占比例最大,是我国数字电视产业发展的主要推动力。据《中国广电 2016 第二季度有线电视行业发展公报》数据显示,截至 2016 年二季度,我国有线电视行业总用户数达到 2.53 亿户,数字电视用户 2.08 亿户,数字化率 82.23%。IPTV 用户净增近 2000 万户,其中 1~6 月,IPTV 用户净增 1991.7 万户,总数达到 6581.2 万户。

1. 国内数字电视发展的新业态

当前,国内数字电视在发展上有以下几种新的产业形态:

(1)"TV+"视听媒体新业态。"TV+"新业态模式是由"互联网+"行动计划发展而来的一种模式,其本质是以视听新媒体形态实现 TV 效能的最大化,而业态的规模化发展是形成产业效应的前奏。融合互联网后的广电媒体以双向、多渠道、跨屏等形式,进行内容的传播与扩散,并以交互化、实时化、社交化、个性化、融合化等特征为业态延伸方向,由此生发出无限可能的视听媒体新业态。

(2)电视+社交媒体。社交电视(Social TV)是在用户观看电视节目的背景下同时提供传播及社交互动的服务。CNN、BBC 等国际主流广电媒体都早已应用社会化媒体来加强网络平台的建设,试图增加诸如与朋友分享链接、添加评论、扩展用户的网络身份等手段以触及更广大的人群。而社交电视业务由节目制作公司等内容提供商、电视台等电视服务商、广电网络等电视运营商和社交网服务商共同打造,形态千变万化。在电视节目的基础上,可整合社交互动、情境感知、收视率调查、视频聚会、语音传播等各种

---

① 马锋,王毓."多王共存"用户为大——《华尔街日报》数字化转型路径[J]. 中国出版,2015(4):62-65.

服务。社交属性让电视从一种单向的广播式传播中彻底解脱出来,使观众与观众之间、观众与电视台之间、观众与内容提供商甚至广告主之间形成一种衔接。因此,广电媒体应及时借力社交媒体"两微一端"放大影响力,有效地留住社交平台上的用户。如央视以强大的内容资源为主导,辐射电视、PC、移动各端,打造跨媒体、广覆盖的多屏传播平台。社交端通过"@央视新闻"官方微博、"央视新闻"微信公众号和央视新闻客户端三大新媒体传播渠道,增强电视用户黏性。用户通过央视新闻客户端,不仅能收看央视新闻频道的直播,还能将电视新闻"广播化",通过点击"听电视"按钮,即可收听央视新闻频道直播的音频。在央视栏目界面,用户可以订阅 60 多个央视品牌栏目,收看最新和往期的节目。"央视新闻"新媒体经过两年多的发展,截至 2014 年底,微博、微信、客户端用户总数已突破 1 亿,已然成为主流媒体与互联网用户融合互动的重要平台。

(3)电视＋视频网站。目前,电视与网络视频重叠受众已超过 1/3。据《中国网络视听产业报告》数据显示,截至 2014 年,中国网络视频用户已超过 4.39 亿,其中手机视频用户超过 3 亿,网络视听服务已成为网民在线消费时间最长、覆盖细分群体最多的基础性网络服务。用户数量的不断攀升彰显着视频行业高速发展的态势,为适应我国互联网用户普遍年轻化的特点,电视娱乐节目在受众定位上也往往与这一群体相吻合,并通过电视节目版权输出到视频网站,带来互联网用户消费的增量;另一方面,初现品质的"纯网生"视频节目也纷纷反哺电视频道,为节目创新提供新的动力。

(4)电视＋电商。节目内容通过电视或网络视频,直接链接到电商平台,最终实现从信息告知到边看边买的模式转化。如 SMG 影视剧中心与天猫深度合作下的《女神的新衣》节目、东方卫视开年大戏《何以笙箫默》等,观众不仅能看到明星演出,还可以掏出手机在天猫上买到明星身上的服饰。

(5)"F2O(Focus to Online)"模式(电视焦点事件＋电子商务)。其作用机制是借助热点事件在电视等媒体形成的扩散效应,电商平台迅速推出相应产品(如美食、服饰等),满足瞬间激增的新需求,从而进一步推动热点事件的升温,形成媒体和电子商务之间的良性互动。F2O 模式对于电视等媒体、电商平台是一种双赢。电视媒体带来的热点事件效应,能够转化为实际的商业订单,这既是一种影响力的体现,也为未来商业模式的开发创造了条件;电商平台借助热点事件也实现了平台引流、营业额的进一步增长。未来,媒体之间的融合将进一步地加深,所有的媒体都会共生于一个大的营销平台上,在消费者的每一个消费决策上有不同的媒体去支撑、推动。电视媒体将成为拥有用户大数据的重要注意力入口和行动力入口,在电视屏幕上实现商品的体验、互动、购买,这是未来电视消费的最大突破。

(6)电视+大数据。其最大价值在于积累并经营用户,实现下一步电视广告的精准投放。传统媒体有着丰富的内容资源,在节目首播时能在第一时间吸引观众的注意力,然而却缺乏积累并经营用户数据的大数据业态。在吸引了观众的注意力以后,如何积累并经营用户数据成了首要解决的问题。Netflix 的首部自制连续剧《纸牌屋》成为大数据应用的经典。尽管有营销噱头的成分,但毋庸置疑,大数据与视听媒体的结合是大趋势。电视媒体通过机顶盒的数据、各种手机电视的数据,完全可以形成用户(而不是观众)的数据库,并利用大数据分析节目,使大数据成为视听媒体的驱动力①。

2. 传统广电转型典型案例

目前,国内传统广电转型比较成功的是湖南广电,其新媒体转型主要是从以下三个方面展开的:

(1)受众转型。面对新媒体形塑的新生态,湖南广电积极探索连接受众的方式,试图将原子化受众转变为链接式用户,而这种连接行动主要从以下三个维度出发。一是从分散到聚合。过去,对电视媒体而言,观众是静坐在电视机前的孤立且分散的大众,媒体机构只需做好生产和编播环节,就能让具备强大魔力的视听内容抵达受众。直到互联网崛起,大众开始拥抱除电视之外的其他娱乐方式,号称"电视湘军"的湖南广电正是凭借对信息技术的敏锐洞察,充分利用移动 App、社交媒体等新传播渠道,将分散的受众汇聚起来,让电视观众和网络用户实现对接融合。2013 年跨年狂欢夜上,湖南广电推出基于电视互动的移动社交应用"呼啦",让电视观众通过手机屏幕汇聚于呼啦星球,与其他呼啦用户一起参与电视互动。如此一来,湖南广电便顺利地将分散的观众汇聚成了圈子化的用户,强化了电视与观众之间的联系。2014 年 4 月,湖南广电又重磅推出"芒果独播战略",宣布今后湖南卫视的自制节目将由芒果 TV 独家播出。不到一年时间,芒果 TV 全平台

---

① 石长顺,梁媛媛. 现代视听新媒体产业模式创新研究[J]. 现代传播:中国传媒大学学报,2016,38(2): 118-124.

的日均活跃用户数已近 3000 万左右,芒果 TV App 下载总量超过 6000 万次。二是从被动接收到主动参与。例如,2014 年金鹰电视艺术节期间,湖南卫视首次推出互联盛典晚会,在晚会直播中引入了极具互联网特质的"弹幕"元素,电视观众兼网络用户可以通过芒果 TV 移动端和 PC 端对晚会内容进行吐槽或点赞,这些评论内容都可能以"弹幕"的形式出现于电视直播屏幕上;2015 年跨年演唱会上,湖南卫视更是联合芒果 TV 推出 360 度全方位直播,用户可以通过芒果 TV 自行选择机位,观看除电视画面之外的台前幕后的实时动态。三是从同质化到个性化。无论是移动社交应用"呼啦"的开发,视频网站芒果 TV 的独播,或是基于社交媒体的互动运营,湖南广电通过多种媒介渠道的融合与联动来汇聚观众、积淀用户,其更关键的意义还在于大数据的积累与应用。早在 2004 年,湖南卫视就确立了"快乐中国"的品牌定位,而后又在多年的发展中逐渐将目标受众定位在青春向上的年轻人群。除了主推金鹰独播剧场和王牌综艺节目之外,湖南卫视还通过对观众及用户数据的监测和分析,创新推出了钻石独播剧场和青春进行时两大周播剧场,以古装偶像＋青春偶像的优质剧集来进一步锁定年轻观众,让芒果式青春更具特色。

(2)内容转型。在传统媒体日渐式微的今天,湖南广电凭借强大的内容制作能力和品牌效应,打造出了《爸爸去哪儿》《我是歌手》等一系列现象级节目,吸引了一大批兼具传播力和消费力的忠实的年轻观众,从而使其新媒体转型之路具备了先天的优势。湖南广电充分运用互联网思维对电视节目进行产品化开发与市场化运营,而这一从节目到产品的升级之路主要包含了两个过程。第一阶段,是对优质内容进行整合营销,将电视节目打造为现象级 IP 资源。例如,湖南卫视在播出一档节目或是一部电视剧的档期内,往往都会在老牌综艺节目《快乐大本营》《天天向上》中开设该节目或电视剧的专场,同时,芒果 TV 也会持续更新与之相关的花絮片段或衍生节目,而移动应用"呼啦"上也会推出特别专区,为用户关注节目动态、参与电视互动及线下活动提供通道。第二阶段,即对现象级的 IP 资源进行全产业链的开发和运作。《爸爸去哪儿》可谓是 IP 运作成功的典型案例。作为一档户外真人秀节目,《爸爸去哪儿》以"星爸＋萌娃"的角色组合、亲子互动加户外体验的内容元素,吸引了一大批跨越不同年龄、不同阶层的庞大的粉丝群,不断掀起收视狂潮。随着节目的热播,湖南卫视顺势推出了《爸爸去哪儿》同名手机游戏,游戏玩家可以扮演节目中的星爸萌娃开启跑酷闯关。该款游戏上线首日下载量即破百万,注册用户不久便上亿,日活跃用户超过 300 万;而在节目收官不到一周,《爸爸去哪儿》同名电影就开始拍摄,并在 2014 年春节档斩获 7 亿票房。从电视节目衍生出同名游戏、同名电影、同名图书等多类型产品,将传统电视产业链延伸至游戏、电影及图书等多个领域,这一过程体现出明显的跨界思维,而这种跨界行动也极大地促进了《爸爸去哪儿》节目 IP 的经济增值。

(3)渠道与产业模式转型。在电视媒体领域,作为行业先锋的湖南广电着力打造生态型体系,以内容为核心,对内整合所有渠道、终端等资源,对外则尝试在电视、互联网、企业及其他社会机构之间建立联系,形成彼此共栖共荣的生态系统,致力于构建一个以市场为导向的媒介融合生态圈。首先,湖南广电内部生态圈的构建所秉持的是生态整体观,即遵循整体优化原则,通过内部资源的优化配置来打造"内容+平台+应用+终端"的一云多屏的传播生态。其次,在建立内部生态体系的同时,湖南广电也非常注重与外部社会资源之间的对接与合作。2015 年 4 月,湖南广播电视台正式完成转企改制,与芒果传媒资源整合成立湖南广播影视集团。在全新的市场化体制下,芒果传媒担当了整合各类社会资源的连接平台。换言之,湖南广电正是以芒果传媒作为市场主体,在生态互动观的指引下,遵循互动共进原则,与各种媒介资源、商业资源进行资源置换和优势互补,从而构建全产业链的生态系统①。

7.2.2 我国广播的数字化发展现状

广播媒体的初期数字化转型主要是借助互联网技术实现传统广播电台节目的网络化呈现,用户可以通过互联网直播或回放收听传统广播电台的节目。随着媒介融合的推进,传统广播电台对网络音频市场的开拓也逐渐从基本的"广播网络化"向"网络化广播"发展,将互联网的及时性、丰富性、多媒体性、互动性等更好地与传统广播相结合,推出多种网络音频平台及产品以满足用户的需求。2010 年 7 月,北京人民广播电台推出了国内第一个

---

① 蔡骐. 媒介融合时代的电视媒体转型之路——以湖南广电的新媒体转型为例[J]. 现代传播:中国传媒大学学报,2015,37(11):124-128.

个性化、自定义的网络电台——菠萝网络电台。用户可以在电台的音频资料库中自由定制节目,形成自己的专属电台,每个专属电台都能实现节目内容实时更新,网友还可以通过互动功能对每个"菠萝台"进行评论或推荐。

近年来,中央人民广播电台、中国国际广播电台等百余家传统广播电台先后在新浪微电台中开辟了自己的微电台,不仅突破了以往收听广播的地域及终端限制,丰富了用户收听广播节目的渠道,还让用户在收听广播的同时可以借助微博平台发表自己的意见和想法,实现"边听边聊"的效果。与此同时,以新浪乐库、QQ 电台为代表的依托门户网站的网络音乐电台,以豆瓣电台、人人电台为代表的依托综合 SNS 的网络音乐电台,以巨鲸、酷我音乐盒为代表的聚集版权资源、打造客户端的网络音乐电台等商业化网络电台和以糖蒜、萤火虫等为代表的个人电台快速发展。国外的潘多拉网络电台(Pandora Radio)、Last. fm、Imeem 等网络电台也紧随互联网 SoLoMo (Social + Local+Mobile)的发展趋势,推动广播媒体逐步摆脱早期的广播向网络延伸发展的思路,按照互联网的理念和规律拓展市场。

概括而言,数字化广播在发展上主要有以下几个特色:

(1)优化社交属性,增强网络广播。在实现网络电台收听从"页面"向"桌面"转变的同时,多种社交功能的加入使得用户之间的交流、分享更加便利,沟通黏性的增强在很大程度上提升了用户收听网络电台的忠诚度。与传统广播相比,网络电台为用户建立自己的专属页面,将基于用户收听习惯的智能化歌曲推荐与交友、留言、微博等社交化元素融为一体,提供更加丰富的个性化服务,以增强用户的忠诚度。例如国内的酷我音乐盒,注册用户的专属页面会记录此前收听的歌曲、用户分享的内容以及选择的应用,酷我音乐盒提供了酷我宠物、酷我 K 歌、广播电台、电子钢琴、评书小说、大麦票务等数十种应用,用户可以根据自己的需求启动应用。同时,酷我音乐盒推出了 VIP 会员服务,可享受 APE 歌曲无限下载、高清 MV 下载、专属服务器高速传输、本地网络优化、去广告、积分加速、尊贵身份标志、音乐空间装扮、音乐空间背景音乐、上传本地音乐、完美音质音乐试听、海量音乐下载服务等。

(2)注重挖掘"注册用户"的价值。2011 年 6 月在纽约证券交易所上市的美国潘多拉网络电台(Pandora Radio),其系统会根据用户的操作行为重新计算并修正用户个人的音乐库,推送更加符合个人习惯的歌曲,提供个性化的音乐播放服务,显著提高了用户忠诚度。据统计,每个用户月平均在线时长达十小时以上,潘多拉网络电台系统拥有 80 亿次以上的"喜欢键"和 14 亿个"私人电台",平均每名注册用户拥有的"私人电台"数量约为 17 个。截止到 2013 年第一季度,潘多拉活跃用户数量已达到 5190 万,占全美网络电台市场份额的 71.7%,控制着美国广播收听市场 6% 的份额。国内有超过 10 家的网络电台市场专门为有声读物提供各种相关的服务,主要依靠线上下载、收听付费和线下实体出版发行盈利。盛大文学收购天方听书网后推出手机客户端"盛大天方",包括五大图书分类——生活百科、儿童读物、都市言情、玄幻武侠、悬疑恐怖,并逐渐向移动互联网领域拓展。对于基于 PC 端的天方听书网,网站提供有声小说频道(武侠玄幻、都市言情、恐怖悬疑、穿越历史)、儿童频道(童话、寓言、儿歌、教育)、白领频道(健康养生、两性私语、职场励志、营销管理)、杂谈频道(古典文学、现代文学、笑话幽默、影视原生书)等内容,同时部分内容提供多种风格的音频,如男声版、女声版、搞笑版等。除免费专区的内容外,用户需要支付"听币"收听,或每月支付 30 元享受畅听服务。除提供有声读物资源外,还通过活动策划和推出相关奖励机制鼓励用户参与有声读物的录制,如"寻找中国最美乡音"等活动。

　　(3)移动化与跨终端的渠道布局。很多网络电台加强了基于云技术的网络电台应用研发,提供多平台互联的一站式服务,使得电脑、手机、平板电脑等不再是独立的网络电台渠道终端,彼此之间可以通过无线技术实现与云端的信息交互,形成多平台互联的智能终端。电脑、手机等终端拥有同步音频列表,无需重复搜索、重复添加、重复下载,让网络电台收听变得更加方便和智能。虽然国内移动互联网收听音频的费用较高,使用手机进行在线收听的接受度目前还处于较低水平,但多家音频网站如百度音乐、酷我音乐盒、QQ 音乐、搜狐听书、天方听书等都推出了自己的手机客户端,也有一些网站利用新技术突围移动互联网音频收听业务。如多米音乐推出"音乐云"概念,用户行为被记录在云端服务器上,可以通过 PC、手机、掌上电脑、音响、车载音响系统等不同终端设备进行同步收听[1]。

---

① 赵曙光. 从"广播网络化"到"网络化广播":广播媒体的数字化转型[J]. 传媒,2014(11):45-47.

7.3 我国传统媒体数字化转型的总趋势

在我国,推动传统媒体和新兴媒体在内容、渠道、平台、经营、管理等方面的深度融合,已上升为国家战略,成为打造新型主流媒体,建成拥有传播力、公信力、影响力的新型媒体集团的行动指南。

7.3.1 传统媒体转型数字化发展态势

2015 年,我国传统媒体顺应新环境,积极探索发展规律,"互联网十"融合实践创新变革有声有色。以微博、微信和新闻客户端为主体的"两微一端"正成为中央和地方传统媒体积极适应移动互联网趋势,向新媒体进军的主要手段,也成为各媒体类门户、资讯网站和平台紧跟时代大潮、进一步开拓发展的契机。微博、微信普及率高,用户端蓬勃发展。相关调查显示,截至 2015 年 8 月,经认证的媒体类微博约为 26 259 个,其中传统媒体微博 17 323 个。传统媒体微博中,报纸类 3571 个,约占 21%;电视类 7312 个,约占 42%;电台类 3002 个,约占 17%;杂志类 3359 个,约占 19%;通讯社类 79 个,约占 1%。媒体类微博已经形成大规模的集群。

以人民日报、新华社、中央电视台为代表的主流传统媒体,大胆探索"中央厨房""全媒体平台""智慧融媒体"等,主导深度融合发展格局。目前,人民日报社已拥有 44 家网站、118 个微博机构账号、142 个微信公众账号和 31 个手机客户端,用户总计扩展到 3 亿,正在推动用户的全方位覆盖、传播的全天候延伸和服务的多领域拓展。新华社客户端总下载量超过 6500 万,新华新版网络通过集成文字图片、视音频等多种呈现形式,聚焦发生在全球各地的重大新闻,以多媒体形态、立体化表达为网民推出全新沉浸式体验。中央电视台新闻微博、微信、微视频及客户端"三微一端"用户达到 2.3 亿,央视网月度独立访问用户 5.15 亿[①]。

另据最新《微信数据化报告》显示,截至 2016 年 2 月,微信公众账号已超过 1000 万,其中泛媒体类公众号比例最高,超过 1/4。数量众多的媒体公号发挥着巨大的传播力。新媒体指数监测数据显示,2015 年 1 月 1 日至 11

---

① 唐绪军,黄楚新,王丹. 互联网十下的中国新媒体发展特色[J]. 新闻战线,2016(11).

月 30 日,每周 WCI(微信传播力指数)排名前 1000 的微信公众号共发布文章 212 万余篇,总阅读量超过 814 亿人次,点赞总数达到 5.1 亿次。媒体类微信公众号是"媒体＋社交网络"的产物,这种组合带来了一种新的传播格局,即新闻借助强社交链广泛传播,因为文章价值、趣味性和给人以情感触动等因素加上朋友之间相互信任的背书使得相应的新闻得到大量转发。微信已经成为网民新闻资讯获取的重要来源,新闻广度(新闻 APP)＋新闻过滤(微信等社交平台)成为网民获取新闻的左右手。

此外,Trustdata 市场调查机构的数据表明,继 2014 年 7 月 22 日"澎湃新闻"上线后,2015 年广东"并读新闻"(4 月 15 日)、北京"无界新闻"(9 月 16 日)、武汉"九派新闻"(9 月 23 日)和重庆"上游新闻"(11 月 18 日)也接续上线,形成了"东澎湃、西上游、南并读、北无界、中九派"的局面。

7.3.2　传统媒体转型的商业盈利模式

(1)广告类。未来的新媒体广告生态圈可能会出现这样的情况:一是一批专业性网站(如虎嗅网、钛媒体等)和众多的自媒体(如"吴晓波频道"等)成为内容供应商;二是会出现一批内容分销商,像"今日头条"、Zaker 等;三是有了内容生产商与分销平台后,会出现数字化广告的分销商,比如杭州的泰一指尚、传合网络等企业。日前,微信官方对外宣布,正式联合广点通推出微信公众号广告投放公测服务,粉丝超过 10 万的微信公众账号才可以自助申请成为"流量主",为"广告主"展示广告,并按月获得广告收入。换言之,对一个微信平台的新媒体产品而言,拥有 10 万以上用户便可能具有一定的广告价值。视频的商业模式更清晰,如果一则视频的周点击量能够保持在 50 万以上的话,就已经具有一定的商业价值了,会被冠名、广告插入等。例如国内目前较大的互联网财经社群吴晓波频道,其包括微信公众订阅号、财经类脱口秀视频及音频、书友会等具体互动形式,"吴晓波频道"于今年 7 月 8 日宣布在文章中插刊商业广告。为此,他们还专门就"开始在专栏中插刊广告"做了一个投票,7550 人参与,约 23％反对,7％"愿意付费阅读,但不愿意看到广告",71％"支持这样的做法"。结果是,广告插文中并没有引起多少用户反感,但大多数公号转载文章时会提示出处,但全部剥离了广告。媒体要学会不会因为发布广告而伤害到用户体验,摸索到相对用户友好的盈利模式。

（2）交易类。在探索新商业模式的过程中，传统媒体与电商的结合引人关注，也出现了"媒体电商"这一新词汇。"媒体电商"被广泛使用在媒体从事电子商务，或者是非媒体业务之外的实体商业业务的统一称谓，但尚无准确或者精准的定义。发行量巨大的传统媒体，其价值其实远远不止是一个资讯平台，更是一个虚拟的、宽广的流量平台。传统媒体借助互联网的力量将被重新赋予移动互联入口和平台的意义，或许会获得重生的机会。当然，网购用户有几成仍旧读报，读报读刊用户又有几成有网购习惯，这都是值得探讨的问题。2014 年成都商报在传统媒体与移动互联网的共融发展上做了一次创新尝试，推出《社区电商周刊》，如果读者对周刊展示的任何商品产生兴趣，即可使用任何扫码软件拍下报纸上的二维码，定制自己的购物生活。《社区电商周刊》首刊扫码量 5 天便达 52 万次，特推的上千个商品（每天特推 200 个商品）均在 1 小时内被读者扫码抢完，一些产品甚至在 5 分钟内就被抢购一空。截至 2014 年 7 月，成都商报《社区电商周刊》已经出刊 15 期，总扫码量突破 110 万次。成都商报已形成自有的"媒体电商"模式——"一刊（《社区电商周刊》）、一网（成都商报买够网）、N 店（买够网京东店、天猫店、苏宁易购店、微信店等）、多终端（2000 个中高端社区，1500 家红旗连锁门店）"，形成一个完整的闭环，继而打造成都"放心生活"社区电商综合运营平台。此外，钱江晚报旗下的 O2O 电子商务平台——"钱报有礼"，则定位为垂直专业电商平台，区域细分与市场细分相结合，各站点可独立运营、推广、结算。待积累大量用户行为数据后，"钱报有礼"将考虑转型为对用户进行细分的综合电商。"媒体电商"不是脱离媒体本身进行电商业务，而一定是基于媒体自身的几个基本优势而展开的，包括介质、渠道、区域、公信力、影响力、整合力等。《城市画报》在线下的杂志上有很多精品店铺的推荐，也在其微信公众号上挑选一些精选的商品，进行限时销售或者拍卖，这种将媒体通路价值发挥最大化的做法值得很多传统媒体关注。

（3）服务类。OTO 是由 TrialPay 创始人兼 CEO Alex Rampell 提出的一种电子商务模式，这种模式一定程度上缩短了消费者的决策时间，"OTO"是"Online To Offline"的简写，即"线上到线下"。OTO 商业模式的核心是把线上的消费者带到现实的商店中去，在线支付购买线上的商品和服务，再到线下去享受服务。成功的线上引流，要充分利用全媒体优势，要有精准锁定的目标人群，针对性地进行 offer 设置、创意设定和投放计划，明确互动方式和原则,精妙设计的文案等等。例如浙商传媒[①] 2014 年提出了打造"中国商界最大的 OTO 综合服务平台"的口号。浙商传媒拥有 18 万高质量用户,以及庞大、精准的用户数据库。基于用户需求开发相应的不同媒介形态组合产品,并利用互联网技术挖掘目标群体大数据背后的需求,打造综合性服务平台,为用户提供"学"(培训)、"游"(旅游)、"购"(购物)、"赛"(创业创新大赛)等一揽子生意和生活的解决方案。把线上这些用户转移到线下来,则要定期举办小型的沙龙以及各种活动,以活跃会员,提升和拓展人际圈,创造商业合作机会,并将尝试通过咨询、培训、代销等方式拓展后端收费。再如继《上海观察》、《澎湃 The Paper》之后,上海报业集团 2014 年 9 月上线的另一大新媒体项目——《界面》,走的是类似"彭博"定位的金融资讯服务商路线。《界面》是一个互联网金融信息服务平台,它为个人及机构投资者提供具备影响资本市场能力的内容。产品包括新闻网站、移动客户端、微博和微信产品、定制信息产品以及信息推送产品。在此基础上,打造基于用户的线上线下交易平台和财富管理终端,以资本为纽带,引领行业整合,迅速在资讯服务、数据服务、交易服务、投资者关系等领域完成布局[②]。

思考题:

1. 请以《澎湃新闻》为例分析我国传统报业转型的发展路径及其特点。
2. 请以湖南广电为例分析我国传统广电转型的思路与方法。
3. 《华尔街日报》的数字化转型对我们有何借鉴意义?
4. 对于《纽约时报》的"付费墙"模式,你怎么看?
5. 国内数字电视在转型方面有几种产业形态?
6. 请举例说明我国数字化广播的发展现状及特色。

---

① "浙商传媒"隶属于浙江日报报业集团,是一个以浙商为主的企业家和商人综合服务平台,拥有线上线下深厚的用户和人脉资源。线上,《浙商》杂志以"引领中国民营商业力量"为宗旨,是民营企业的"活教材"。还出版《浙商·金融家》、《浙商·商会圈》、《浙商·收藏家》、《浙商·悦生活》等系列杂志,已形成了杂志、微信、微博、世界浙商网"全媒体矩阵"。

② 雷全林. 看得见的新媒体商业模式[J]. 传媒评论,2014(9):39-41.

第8章 新媒体的产业化运营

新媒体产业是指以数字技术、计算机网络技术和移动通信技术等新兴技术为依托,以网络媒体、手机媒体、互动性电视媒体、移动电视、楼宇电视等新兴媒体和新型媒体为主要载体,按照工业化标准进行生产、再生产的产业类型[①]。从产业角度来说,新媒体特指主体内容产品和主要营运收入均源于数字化网络及"点对点"传播模式的媒介机构、企业和关联实体。基于这一概念,像中国中央电视台这样,以传统媒体为母体,渐进性发展新媒体的大型媒体机构,尽管在诸多方面拥有产业化优势,但在其源自新媒体的内容产品和主营收入未占主导地位之前,尚不宜列入新媒体产业的主流。类似的情形在全球范围内普遍存在。目前,主宰着数字化网络和"点对点"传播的领导者并不是媒体业,而是 IT 业,整个新媒体产业处于结构性的融合过程中,内在驱动力是将"点对点"的传播模式嵌入所有现存传播模式之中,并鼓励其成为主体传播模式[②]。

8.1 新媒体产业概述

新媒体产业是信息产业、传媒产业、文化创意产业相融合的产物,在电视、报纸等单向传播模式之外,提供了某种颠覆性的、或者说是融合性的新传播模式。从传播社会学的角度看,新媒体产业可称为基于平民时代并且加速转动平民社会的"超级引擎"。在这个时代,凡是出现一种能够促进、加速平民相互联系、传播信息的媒介,都会直接导致经济、生活、社会和政治方面发生重大改变,甚至导致社会重建。当今的产业化的新媒体恰好提供了

---

① 宫承波,翁立伟。新媒体产业论[M]. 北京:中国广播电视出版社,2010:5.
② 周笑. 新媒体产业格局及发展趋势解析[J]. 电视研究,2011(01):13 - 16.

前所未有的日常化、便捷的、廉价的交往与传播载体和模式,显然大规模地改变了平民日常生活,推动平民时代进入了一个新的、充满生机、也充满不确定性的时期[①]。

新媒体的产业特质,首先在于利用技术优势极大地降低了社会公众进行信息消费的综合成本,从而实现了对传统媒介产业价值链的纵向量级化整合。其次,是在量级化整合的平台上实现了精确的分众化传播。两者的综合,构成新媒体得以对传统媒介的产业结构施加巨大影响的根本原因。

从产业结构上来说,新媒体产业包括内容提供商[②]、软件及技术提供商、网络运营商、平台提供商、终端提供商、受众、监测机构。新媒体的内容主要来源于三部分,即专业的媒体机构、企业、个人,而企业和个人层面的内容提供主要是以技术的发展和普及为实现基础。软件及技术提供商主要负责产业链中的业务、资费、管理等环节涉及的软件和技术。网络运营商拥有骨干和核心网络资源,通过建立虚拟网络进行运营服务,为平台提供商提供网络支持,包括无线网络运营商、固网运营商、数字广播运营商等。平台提供商为网络分享、交易等服务提供网络实现空间。终端提供商是新媒体传输的最终环节,是新媒体内容传给受众的实现工具,包括电脑、电视、手机等[③]。

近十几年来,无论是国际还是国内,新媒体产业都得到了长足的发展。其中,尤其以最具有发展前景的网络视频、手机电视等业务引起市场的强烈关注,移动互联网相比固定互联网逐渐表现出了优势,包括移动便携、技术应用快、产业链调整密集、跨领域合作优势凸显等。此外,新媒体产业的发展呈现出全球化趋势,一些新媒体跨国企业开始在全球进行产业整合,充分利用各国优势资源降低生产成本。当前的新媒体产业发展趋势体现在布局全球化、市场开拓和技术研发创新化、经济规模化、资源集约化、"三网融合"化、竞合一体化、产品功能化等方面。

中国目前是世界新媒体用户第一大国,拥有全球最活跃的新媒体产业和最丰富的新媒体应用,是全球最大且仍具巨大潜力的新媒体市场。《中国新媒体发展报告(2015)》指出:当前,新媒体发展重心正在向亚洲转移。截

① 李宏梅. 数字经济时代的新媒体产业[J]. 国际学术动态,2009(01):47-48.

② 内容提供商指内容的提供者和制作者。

③ 潘晓慧. 金盟. 基于社会网络视角的新媒体产业合作关系及影响因素分析——以深圳新媒体产业为例[J]. 东北农业大学学报(社会科学版),2013,11(05):92-96.

至 2014 年年底,中国互联网用户为 6.49 亿,占全球总数的 21.6％。但在用户增长方面,欧美发达国家已近饱和,因此,全球下一个 30 亿网民时代,将有 90％的网民来自于发展中国家。近年来,移动互联网的发展重心转向亚洲的态势明显。无论是在中国、印度等发展中国家,还是在日本、韩国、新加坡等发达国家,移动网络基础设施发展态势良好,用户增长迅速,市场规模极速扩张,新媒体市场活跃度和创新能力飞速提升[①]。

8.2 国外新媒体产业的发展现状

8.2.1 美国新媒体产业的发展状况

美国是全球最早在三网融合背景下实现新媒体产业跨界发展的国家。1993 年 9 月,美国推出的"国家信息基础设施"工程计划(又称"信息高速公路"计划)就是其加速经济和社会向信息化时代整体转型,抢占世界信息产业制高点的一项重要决策。1996 年,美国实施新的《电信法》,取消了电信和电视业互不进入对方市场的限制,为三网融合扫清了法律障碍,此后 10 年间,美国迅速发展成为全球三网融合程度最高的国家。电信和广电行业的双向进入,使美国的信息传播市场呈现出媒体、通信产业一体化的发展趋势,尤其是在终端消费市场上,基本实现了用户每月付 15~20 美元,就可以享受 260 多个数字电视频道、1000 余部电影和免费拨打北美区域内电话的"三网合一"服务。在媒介融合政策的支持下,加上传播技术的更新,美国的视听新媒体产业发展迅速,网络视频的普及也极大改变了美国电视业的竞争和服务格局,在融合的初级阶段,电视、电话及宽带网络的三网融合被称为"捆绑服务"。电信企业和有线电视运营商在三网融合的技术和基本设施方面各有特色,但又均存在不足。

随着技术和市场的发展,一些优秀的媒体公司逐渐发展成为独立向用户提供一体式捆绑服务的跨行业公司。其中,美国有线电视新闻网(CNN)、福克斯广播公司(Fox)、微软全国广播公司节目(MSNBC)等是美国传统电视媒体向视听新媒体转型早期的佼佼者。CNN 作为世界知名的新闻资讯

---

① 新梅. 中国新媒体 2015 报告发布 从"跨行业"走向"全产业"[J]. 新闻采编,2015(4):47-48.

类电视媒体,以首创 24 小时新闻直播、最快速度对重大新闻事件进行现场采访的方式,开创了全球电视新闻播报的全新时代,获得巨大成功。在三网融合时期,CNN 力图通过对既有资源的整合和对传播网络建设步伐的提速,抢占新的传播阵地。从 1995 年建设网站开始,CNN 不仅率先在美国电视界开展了与网络传播的融合对接,还随着 YouTube、Facebook、Twitter、博客等新媒体形式的出现,在重要事件报道上与之展开合作。CNN 的视听新媒体发展策略主要体现在传播网建设、终端应用软件开发及跨平台营销三个方面。CNN 凭借多年积累的品牌效应和雄厚资本力量,充分发掘媒体的技术优势和管理优势,将其旗下新闻频道、金融频道、体育频道、机场电视网、广播网和国际频道整合进 CNN.com 站点,并在首页增设了博客频道、移动频道等专区及互动新闻 iReport 频道,将基于传统电视媒体播出的音视频内容与新兴传播渠道实现网络对接,通过在线互动和线下服务相结合的方式,拓宽了原有传播网的局限性。目前,除了线上互动业务如 iReport 新闻之外,CNN 的线下服务已经扩展至旅行信息服务(Hotel Partner)、手机服务(CNN Mobile)和电商服务(CNN Shop)等领域。Fox 广播公司也是较早进行视听新媒体建设的美国传统电视媒体之一。继 2005 年以福克斯电视网为基础,整合旗下资源开办福克斯交互媒体平台(下辖福克斯网、福克斯体育网、福克斯新闻网和福克斯电视台网站)之后,2007 年 3 月,Fox 公司联合 NBC 环球公司和全美广播公司(ABC),共同投资创办了全球领先的在线视频服务提供商——Hulu.com。为了进一步发挥传统电视媒体的内容优势,Fox 广播公司的上级母公司新闻集团于同年推出了视频共享服务网站 MySpace TV,向全球网络用户提供 Fox 旗下的优质音视频内容。随着移动互联网和社交媒体的兴起,Fox 新闻频道还与 Facebook 展开合作,借助其社交平台开设了专门的页面①。

　　有效的新市场开拓和新技术研发是美国新媒体产业的两大特点。支撑这两大特点的是高度发达的美国商业体系孕育出来的大型企业,以及实力雄厚的高等院校、科研机构和风险投资体系培养出来的大批自由创业者、研究者和中小企业。微软和谷歌都是这两大特点的典型受益者。在 2008 年的全球金融危机中,以谷歌、微软、Facebook 等为代表的新媒体产业,基本

---

① 杨状振. 美国视听新媒体产业发展现状[J]. 视听界,2015(1):91-97.

呈现逆市增长态势。2010年8月,《Inc.》杂志评选出美国5000家发展最快的中小企业,其中媒体公司为60家,其中89%是以移动通信网、宽带互联网和有线电视网为传播平台的新媒体。美国新媒体产业竞合一体化战略在大型企业之间越来越多地显现。为了在竞争中巩固其垄断地位,微软、谷歌、苹果等美国大型企业,更加关注提升研发能力、扩大市场规模、提升资产规模。根据美国商业企业数据库(Business and Company Resource Center)的相关资料(由美国国际数据集团和哥伦比亚大学图书馆提供),在数量巨大、快速成长的中小媒体公司群体中,最具潜力的优质企业,在经过资本市场的资产交易和价值发现后,大都很快被大型乃至巨型企业以并购等方式吞并,成为它们的新鲜血液。如苹果、谷歌、微软、Facebook等公司迅速壮大规模的过程,离不开对那些技术先锋型中小科技公司持续不断地兼并[1]。

2017年的美国传媒行业在整体上保持平稳发展,但深入观察美国传媒业的内部动态与统计数据,仍然能够发现美国传媒业在2017年所面对的新格局与新挑战。特别是在美国大选与特朗普上台的背景下,传统主流媒体在声誉上受到严重打击。美国大选期间在主流媒体与社交媒体中的"假新闻"至今都仍旧是美国新闻业讨论的热点话题。这就决定了传统媒体不仅需要继续寻找如何在融媒体时代生存的途径,还需要重建受众信任,并担负起社会责任。在传统媒体走势持续下行的情况下,美国政治格局和舆论的急速转向无疑使得传统媒体本已不乐观的生存前景雪上加霜。互联网与社交媒体领域,谷歌和脸书(Facebook)的"双巨头"模式依然稳固,但其中也存有变数。年轻一代互联网用户日益钟情于Instagram和Snapchat这种更注重"可视化"效果的社交媒体,同样对于社交媒体的产业格局产生影响。虽然尼曼新闻研究室仍旧看好谷歌和脸书(Facebook)在传媒市场的表现,但在未来的数年间,美国的社交媒体市场格局仍然存在着发生变化的可能。美国传媒业正处在一个缓慢涌动但却具有颠覆性的社会变革漩涡之中。虽然其产业结构和发展趋势没有剧烈变化的迹象,但政治环境改变和技术进步等因素也在悄然影响着美国传媒产业的总体格局。美国传媒业依然将面对传播技术演进、政治风向转变和用户消费习惯改变的多重挑战。

---

[1] 鞠立新. 中外新媒体产业发展现状的比较研究[C] 中国传媒大学全国新闻学与传播学博士生学术研讨会.2012.

8.2.2　欧洲新媒体产业的发展状况

在欧洲,新媒体产业主要呈现出"媒介融合"的发展趋势,传统媒体逐渐向新媒体融合发展,并且将视频、音频、语音和数据通信服务融合,使得广播电视、电信业与互联网之间的界限日益模糊,正改变着传统音视频传播模式以及人们的视听消费习惯。

"三网融合"是实现"媒介融合"的必经过程。它不但包括原有的传统媒体产业,而且包括以原有的传媒产业为中心并参与融合其中的 IT 业、电信业和电子产业等。正是互联网、通信、音视频传输技术的发展,而催生出网络电话、网络电视、IPTV、手机电视等新的内容格式和服务。传媒产业的经济学特征,决定了它属于政府规制型产业。在新传播技术条件下,视听新媒体(手机电视、IPTV、移动电视等)尽管突破了广播电视网面临的频谱"稀缺性"限制,但随着其快速发展,"三网融合"仍面临着一些产业壁垒。美国、欧洲在新媒体产业的发展中都十分注重政府规制和市场机制相互配合,不断改变、调整与规范对传媒业的管理模式和政策法规。可见,实现传媒产业的结构变迁与加快新媒体的产业化进程,完全依靠市场机制并不现实,还需要对新媒体进行规制。美国的视听新媒体已经自动纳入其健全的危机传播管理体系,作为国家紧急广播系统的一个重要组成部分,而且发挥越来越大的作用。面对美国新媒体产业和媒介资本的竞争,欧盟为促进新媒体产业发展,也制定了一系列法律和法规,对电影和视听业加强控制和指导。例如,"欧洲电影遗产"、"网络电影宪章"、"电视无国界指令"、"视听媒体服务指令"等。1997 年,欧洲委员会公布《通信、媒介与信息技术融合以及规制执行绿皮书》;2005 年 6 月,为适应数字技术融合环境下信息传播的"政策融合",欧洲启动"i2010 战略计划"(The i2010 Strategy)面对新媒体产业的规制和欧盟的新媒体的"数字鸿沟"(Digital Divide),研究者们担忧,"欧盟的新政策势必带来国家间的不平等,商业利益的垄断和公共服务的丧失"。

欧洲新媒体规制的特征为:(1)政策主导:从"政策融合"到"技术融合"及"三网融合"。西方国家常常保持传统视听媒体法律规制的延续性,在此前提下将视听新媒体纳入既有规制范畴,从而实现以"政策融合"方式来推动媒介"技术融合",并最终推进"三网融合"。因此,欧洲新媒体的服务或内容生产与传统广播电视服务与内容生产相得益彰。(2)产业规制:政治经济学与公共利益的双重模式。在"三网融合"中,电信业与传媒业历来受到政府的高度规制。在规制的思维方式上存在着两种既对立又统一的模式:一是政治经济学模式,强调规制对利益集团的影响;二是公共利益模式,重视失败导致的政府干预。(3)利益考量:文化、政治与信息传播安全。全球化浪潮带来了新媒体传播无疆界、多元文化保护等问题,为传承民族文化、维护信息安全和传播秩序,以及保持适度竞争,各国政府和媒体部门都在一定程度上对新媒体进行规制,制定媒介市场的制度壁垒,消除媒介产业发展的负面影响①。

8.3 我国新媒体产业的发展

近十年,中国的新媒体产业发展迅速。2006 年,我国新媒体产业市场总值为 1140 亿元,占传媒产业总值的近三分之一。其中,移动媒体和网络媒体两大板块均实现了较快增长。移动媒体包括手机电视、手机广播、手机短信、手机游戏、移动电视等;网络媒体包括网络游戏、网络广告、网络视频、博客、各种下载业务等。2007 年,我国传媒产业的总产值为 4810 亿元,新媒体所占比重为 28.07%,约为 1350 亿元;2008 年,我国传媒产业的总产值约为 5440 亿元②。此后,我国新媒体产业的发展持续高歌猛进。

8.3.1 我国新媒体产业发展状况及其特点

当今新媒体产业发展的主要动力来自科技创新,特别是信息技术和互联网领域的创新,在这样的大环境下,我国新媒体产业发展的特点有:

1. 网民规模巨量为新媒体产业发展打下坚实的基础

根据 CNNIC 的《第 41 次中国互联网统计报告》(以下简称《报告》)数据显示,我国网民规模从 2010 年的 4.57 亿增长到 2017 年底的 7.72 亿,增长了 68.93%。我国手机网民规模从 3.03 亿增长到 2017 年的 7.53 亿,增长了 148.51%,是网民增速的 2 倍左右。

---

① 鞠立新. 中外新媒体产业发展现状的比较研究[C] 中国传媒大学全国新闻学与传播学博士生学术研讨会.2012.

② 黄传武. 我国新媒体产业市场分析[J]. 通信企业管理,2009(3):82-83.

2.新媒体产业发展势头强劲,具体表现有:

(1)网络广告市场继续高速增长,智能广告与原生广告异军突起。根据艾瑞咨询的数据,2017 年,我国网络广告市场的规模高达 3828.7 亿元,电商广告占比近 30％,电商广告收入为 1140.95 亿元,占比 29.8％,为第一大网络广告细分市场;搜索广告为 938.03 亿元,占比 24.5;信息流广告收入为 555.17 亿元,占比 14.5％。互联网媒体广告收入的马太效应明显。新浪网、搜狐网等门户网站的广告收入增速较低甚至出现负增长,而腾讯、阿里巴巴、百度、今日头条、新浪微博等互联网广告收入继续保持高速增长态势。[①]

细分市场	2015 年	2016 年	2017 年
搜索广告	31.2	26.4	24.5
电商广告	26.9	29.5	29.8
品牌图形广告	14.7	13.6	12.3
视频贴片广告	8.3	8.3	7.7
富媒体广告	3.6	3.6	3.4
信息流广告	7.9	11.2	14.5
分类广告	3.2	3.3	3.1

图 8-1 2015—2017 年互联网细分广告市场比例(单位:％)

图表资料来源:郭全中.快速进化中的中国新媒体产业[J].新闻与写作,2018(7):55-63.

(2)游戏产业市场规模大。根据中国文化娱乐行业协会信息中心与中娱智库联合发布的《2017 年中国游戏行业发展报告》显示,2017 年中国游戏行业整体营业收入约为 2189.6 亿元,同比增长 23.1％。移动游戏高速增长,网页网游出现下降。在网络游戏内部移动游戏以全年约 1122.1 亿元的营业收入领先,占网络游戏的市场份额达 55.8％;客户端游戏营业收入约为 696.6 亿元,占网络游戏市场比重为 34.6％;在网络游戏产业领域,基本形成了腾讯和网易的双寡头市场结构。

(3)网络直播和短视频市场规模增大。首先,根据中国演出娱乐行业协会网络表演(直播)分会和"中娱智库"联合发布的《2017 中国网络表演(直播)发展报告》报告显示,2017 年我国网络直播市场整体营收规模达到 304.5 亿元,同比增长 39％。截止到 2017 年末,全国共约有 200 多家公司

---

① 郭全中.快速进化中的中国新媒体产业[J].新闻与写作,2018(7):55-63.

开展或从事网络直播业务。艾瑞咨询的《2017 年中国短视频行业研究报告》报告显示 2017 年我国短视频收入规模达 57.3 亿。

3.新媒体资本运作频频

在相关产业政策利好、消费产业升级等多重因素的推动下,传媒业市场持续繁荣,再加上并购政策松绑、互联网巨头大举并购等的刺激,传媒业并购市场活跃。互联网传媒企业由于发展潜力大,已经成为各类资金追逐的重点目标。今日头条 2017 年营业收入 150 亿元,以 220 亿美元的估值获得 20 亿美元巨额融资,以支撑其在微头条、短视频、抖音和悟空问答等各个业务线的全面拓展;2017 年爱奇艺完成了一笔 15.3 亿美元的可转债认购,主要认购方为百度、高瓴资本、博裕资本、润良泰基金、IDG 资本、光际资本、红杉资本等,其中百度认购 3 亿美元。

当下,我国新媒体产业发展势头强劲,具体表现有:

(1)互联网广告产业高速增长。根据艾瑞咨询的数据,2014 年我国互联网广告收入同比增长 40%,高达 1540 亿元,比 2010 年的 325.5 亿元增长了 3.73 倍。2014 年我国网络广告收入保持 40%的高速增长,超过了全国电视和报纸的广告收入之和。同时关键字广告超越电商广告,成为网络广告第一大细分市场,品牌广告的市场份额在下降,视频贴片广告的份额在稳步上升,见图 8-2。移动广告占比大幅度增长,逐步超越 PC 端成为主流。

表 8-1 2014 年互联网细分市场收入及市场份额 单位:亿元%

类别	收入	市场份额
搜索关键字	438.9	28.5
电商广告	400.4	26.0
品牌图形广告	326.48	21.2
视频贴片广告	123.2	8.0
独立分类广告	30.8	2.0
富媒体广告	56.98	3.7
文字链广告	1.54	0.1
电子邮件广告	40.04	2.6
其他广告	121.66	7.9

（2）游戏产业市场规模大。游戏工委、CNG 中新游戏研究联合发布的《2014 中国游戏产业报告》显示，2014 年游戏市场实际销售收入达到 1144.8 亿元，同比增长 37.7％；比 2008 年的 185.6 亿元增长了 5.17 倍，年均增长 86.14％。在游戏销售收入中客户端为第一大市场，为 608.9 亿元。

（3）互联网金融初具规模。2013 年被称为"互联网金融元年"，此后 P2P 快速发展，众筹融资开始起步，互联网支付和基金销售不断创新。截至 2014 年 7 月底，中国人民银行为 269 家第三方支付企业颁发了支付业务许可证。

（4）大规模并购频繁发生。在相关产业政策利好、消费产业升级等多重因素的推动下，传媒业市场持续繁荣，再加上并购政策松绑、互联网巨头大举并购等的刺激，传媒业并购市场活跃。近几年来阿里巴巴、腾讯、百度、奇虎 360 和小米公司等互联网巨头积极进入传媒业，通过收购等手段来大力布局自身的互联网生态[①]。

8.3.2 几类代表性新媒体产业模式

1. 短视频产业模式

短视频指一种视频长度以秒计数，主要依托于移动智能终端实现快速拍摄和美化编辑，可在社交媒体平台上实时分享和无缝对接的一种新型视频形式。它融合了文字、语音和视频，可以更加直观、立体地满足用户的表达、沟通需求，满足人们之间展示与分享的诉求。

最早的短视频快手于 2011 年上线，目前雄踞 2017 年中国短视频类 App 年度排行榜第一位，2012 年秒拍、有料上线，2013 年小影、微视、魔力盒上线，至此，立足于社交平台的移动短视频拉开帷幕，短视频从创业期进入应用转型期。2013 年，秒拍联手社交平台新浪微博完成 2500 万美元的 B 轮融资，用户量级达千万，同期腾讯推出与之抗衡的微视，2014 年快手涅槃重生，主打草根的亚文化短视频，深受三四线城市青年的喜爱。2015 年，工具摄影型短视频软件小咖秀等成为新兴短视频分支，迫于市场空间被挤压微视被腾讯抛弃。2016 年内容创业者纷纷涌入短视频大军，垂直领域出现诸多制作精良的短视频内容制作商，如主打生活方式的"一条"，主打财经领域的"功夫财经",主打体育短视频的"秒嗨",主打美食的"日食记"、"罐头美食",与此同时逐渐形成三大短视频平台——"秒拍、美拍、快手"三足鼎立的形势。2016—2017 年出现大规模对短视频内容创业者的补贴,短视频资讯智能分发也是这一时期重点探索的内容,以头条视频为典型代表。随着智能手机和 4G 网络的普及,打破了视频消费的时间和空间局限,推动着短视频行业的快速发展。数据显示,2017 年中国短视频市场规模将达到 53.80 亿元,增长率为 175.9%。①

短视频产业链有三个核心端:内容生产端、平台端、分发端,内容生产商给平台端提供内容,平台端通过自有平台分发,或内容生产商直接在平台端和分发端分发。短视频的内容生产模式包括 UGC、PGC 和 MCN 三种,借鉴其他领域的内容生产机构生态模型构建出短视频内容生产的三层金字塔模型:UGC(User Generated Content)用户以社交满足为主,不追求极致商业化,构成内容金字塔的底部生态;PGC(Partner Generated Content)通过专业生产和运营成为最具价值的头部内容创作者,当前正逐渐向垂直化和精细化领域寻求突围,占据内容金字塔的顶端;MCN(Multi—Channel Network)则主要为中高端内容创作者提供 IP 版权管理等服务,保证内容创作的高品质,成为内容金字塔的腰部。

目前内容生产端由原先的"UGC＋PGC"向"UGC＋PGC＋OGC"转型,平台端主要包括综合性社交平台、摄影工具型平台和短视频聚合平台,分发端有中心化分发、资讯智能分化,即在大数据基础上的个性化推荐、以及社交分发。目前短视频的商业变现模式主要有广告营销、付费分成、电商和 IP 变现。②

短视频行业的商业变现渠道有:

(1)广告:符合短视频平台特点的新型广告形式广告费一直以来都是传媒行业的主要盈利渠道。广告与短视频平台结合之后衍生出了三种主要的广告形式。首先为植入广告,由于短视频多为自生产情境性内容,将广告的产品信息通过隐形手段融入内容生产中既符合了广告主的诉求也减少了受

---

① 中商产业研究院. 2018 年中国短视频行业市场前景研究报告. 〔DB/OL〕http://www.askci.com/news/chanye/20180301/160524118867.shtml. 2018.3.1
② 中商产业研究院. 2018 年中国短视频行业市场前景研究报告. 〔DB/OL〕http://www.askci.com/news/chanye/20180301/160524118867.shtml. 2018.3.1

众的抵触情绪,其次为贴片广告,贴片广告主要表现为前置贴片和后置贴片。最后为流量广告,流量广告是目前应用最广泛的广告形式,其优点为穿插在视频列表中,可以依托用户持续注意力来实现内容的曝光。与贴片广告相同,流量广告也拥有无数的广告位,只要穿插合理就可以实现营销效果。其缺点是由于用户可以自主选择是否观看流量广告,所以如果不进行精准化投放,流量广告达不到其宣传效果。

(2)电商:短视频平台导流迎合用户视频消费习惯随着用户使用习惯的变化,视频消费已经成为新一代的消费方式。短视频以时间短,门槛低,信息承载量大以及更加直观能够刺激消费欲望的优势成为电商的合作对象。目前短视频平台的电商营销主要以 PUGC(Professional User Generated Content,即"专业用户生产内容"或"专家生产内容")个人网红导流自营网店和 PGC 通过优质内容导流短视频平台自营电商为主,短视频平台目前虽仅以此两种方式为主,这也足以说明视频营销市场未来广阔。目前电商与短视频平台正在探索更加多样化的营销方式,其中各大电商通过与短视频合作收集用户 Cookie 进而实行大数据精准化营销的方式收到了较佳的宣传效果,这样的成果也正激励他们继续迈进。

(3)用户付费:多样付费方式开启付费新时代目前新媒体用户处在代际人群更替阶段,用户多为 80 后、90 后,此年龄阶段的消费者对于视频付费认可度高,除此之外随着支付的便捷化,优质内容的催生,用户付费渠道已经成为短视频平台的重要收入来源,主要表现在三种方式,即用户打赏、会员付费、产品付费。用户打赏的方式起源于直播平台,打赏以虚拟形式呈现但是可以兑换成金钱,内容制作方所收金额需要与平台方分成,此种盈利渠道虽然在短视频平台中没有被广泛应用,但却是值得探索的领域。产品付费是指用户为了获得某一个视频的观看权而进行的付费行为。在产品付费形式中,知识类视频、技术类视频是付费视频产品的主打内容,由于其内容具有较高的专业价值,所以成为未来垂直内容付费的突破口。PGC 将着力进攻此类视频内容的生产,为短视频平台建立核心竞争力。内容方、平台方、MCN 是短视频产业链中最为重要的三个环节,每个环节都可以通过自己的优势来挖掘无限的商业价值。内容方可以通过着力打造优质内容来吸引更多流量;平台方则通过渠道优势,实现用户付费、广告费等多元化收入;MCN 作为内容方与平台方的桥梁,通过整合各种资源,引导广告投放、内容生产、发行等为各方提供数据与技术的支持。①

抖音短视频是目前短视频行业中的典型代表。抖音是今日头条旗下的一款音乐短视频 App,于 2016 年 9 月上线。仅半年时间,抖音短视频的日均播放量已过亿,日活跃用户量高达数百万。从 2017 年 3 月开始,抖音短视频的下载排名直线上升,到 2018 年 4 月,抖音已经在中国应用商城免费总榜及免费摄影与录像榜中均排位第一。抖音之所以能在短时间内迅速"火"起来,主要依赖于其自身优势以及恰当的传播方式。

(1)抖音短视频以"年轻人的音乐短视频社区"为定位,专注于吸引 20—29 岁喜爱音乐的年轻用户。他们对音乐、舞蹈、视频剪辑拥有极高的热情和创造力,追求个性的生活态度和有趣的生活节奏。抖音短视频具有个性、酷炫、新潮、时尚、节奏感趣味性强等特点,吸引着音乐短视频这一垂直领域的广大年轻用户,成为当下富有活力的年轻人的聚集地。短视频不仅是用来"看"的,同时也是用来"玩"的。抖音短视频使用简便易操作,用户可以任意选择一首歌曲,在 15 秒内通过具有节奏感的肢体动作和特效剪辑创作出一个充满创意的音乐短视频作品,上传或分享。抖音短视频具有个性迷你 MV、特色滤镜、美颜道具、创意多段混剪、特效、调节拍摄快慢、发起全民挑战等特色功能。丰富的个性化服务为产品注入了新鲜的活力,刺激了大众的创作欲望。不同于其他短视频平台的 UGC 模式,抖音短视频更倾向于 PUGC(Professional UserGenerated Content)模式。一个场景、一种情绪、一次观察,甚至是一段无主题的自拍视频,视频创作者在特色音乐和特效镜头的加持下,自由随性、节奏明快、开门见山地自我展演,观看者则可以评论或转发。抖音短视频突破了传统视频要素过全的陈旧叙事逻辑和框架,既降低了传播成本,也减轻了受众的心理负担,使得产品本身具有强大的吸引力和市场竞争力。

(2)名人助力品牌推广。依靠明星造势,发挥名人效应,在扩大品牌影响力以及内容传播的同时,也可以依据明星的属性明确产品自身的定位。抖音的爆红与明星等大流量主有着密切关联。2017 年 3 月 13 日,拥有千万微博粉丝量的著名相声演员岳云鹏转发了一条模仿并带有抖音水印的微博,抖音第一次进入公众视野,抖音短视频的百度指数首次出现猛增态势。

---

① 马月飞.短视频行业产业链特征与商业运营模式[J].记者摇篮,2018(12):94—95.

2018 年春节期间,抖音邀请到何炅等年轻人喜爱的明星拍短视频发红包,用户在看视频抢红包过后,自己也可以发红包参与其中。大年初二开始,抖音短视频连续稳居中国应用商城单日下载量榜首 16 天,日活跃用户数量达到 6176 万,增长率为 78%。借助明星造势,抖音短视的品牌知名度得以成功提高。

(3)进驻爆款综艺增加品牌曝光。随着时代和技术的发展,过去常用的依靠应用商店、搜索引擎进行 App 推广的方式逐渐没落,而爆款综艺为互联网 App 的引流以及品牌形象的确立提供了新的可能。在短视频领域内,快手冠名《奔跑吧兄弟》《吐槽大会》,火山小视频冠名《极限挑战》《爸爸去哪儿》,抖音短视频面对激烈的市场竞争,同样选择进驻爆款综艺来增加品牌曝光。在综艺节目的选择上,抖音短视频充分考虑了综艺受众与自身目标受众的匹配度,以及综艺的定位与自身个性潮酷的品牌定位是否相符。因此,抖音冠名了《快乐大本营》《中国有嘻哈》《明星大侦探》《热血街舞团》等热门网综,双方受众的高契合度和节目的影响力成为抖音增加用户量的有力推手。另外,不同于快手短视频在各节目中安插的固定广告语"记录世界纪录你",抖音短视频选择结合节目特色定制更具有个性化广告语,如在《明星大侦探》中"抖音越玩越嗨,办案脑洞大开"的广告语深入人心。线上线下推广相结合。在线上,抖音短视频出品了各类 H5 创意小游戏在各大平台推广,如"世界名画抖抖抖抖起来""抖音,找啊找啊找爱豆"等,凭借明星名人效应和创意,扩大自身品牌影响力,强化娱乐调性。在内容上,抖音在提高产品影响力和传播广度的同时,还与多个线上平台互动合作,扩大影响力,如抖音于 2017 年 4 月与同为音乐社交平台的网易云音乐进行资源互换合作,互相引导用户,更新歌单。抖音短视频的分享功能使得发布成功的抖音短视频可以随时随地分享到微博和微信朋友圈,通过扩展传播场所的方法,进一步提高了自身的影响力。除了线上推广之外,抖音也通过展开线下活动进行品牌推广。通过举办 2017 年全国青少年才艺大赛、抖音咖 Party 等线下活动,增加用户参与度和关注度;举办"抖在成都"活动,举行抖音大咖的线下聚会;抖音达人亮相《快乐大本营》节目现场展示才艺等,都提高了大众对抖音短视频的品牌认知度。[1]

---

[1]　徐驰.以"抖音"为例看短视频行业的发展与规制[J].传媒,2018(20):52-53.

2.知识付费产业模式

近年来,随着互联网优质内容的增长、相关产权政策的实施以及国内互联网用户版权意识的增强,以音乐、视频付费为切入口,为优质内容付费的模式逐渐被用户所接纳。作为内容付费的新风口,尽管略晚于音乐及视频领域的付费,知识付费的发展在 2016 年也迅速进入快车道,几乎每个月都涌现出新的知识付费平台,并在短期内迅速累积了大量用户,2016 年也因此成为"知识付费元年"。2017 年,知识付费产业向细分领域扩展,深度化、垂直化趋势不断加强。不同于音乐、视频等领域的内容付费,知识付费的本质是以互联网开放平台为依托,在付费基础上,实现知识积累和认知盈余的共享,从而达到信息的优化配置。经济的发展提供了大批活跃资本,付费方式的便利推动了移动支付的普及,而互联网用户的知识焦虑进一步催生了知识付费行业的爆发。以专家学者、行业大咖、网红大 V、明星以及专业内容生产机构等为主的生产者通过不同类别的知识付费平台,将自身的理论知识、专业素养及认知积累等内容经由知识付费平台的包装、展示和推广,形成标准化的付费产品,出售给用户;用户向知识付费平台支付费用以获取产品,生产者再从和平台商议的分成机制中获取报酬,从而实现基于互联网的知识产品化,进一步实现其商业价值(见图 8-2)。①

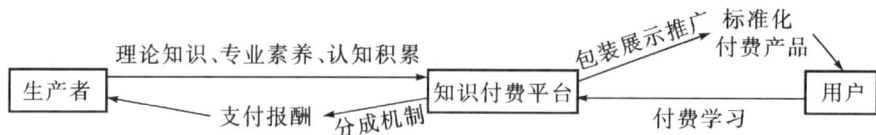

图 8-2 知识付费内容产品化及商业化转换过程

知识付费平台繁多、种类多样。2017 年 3 月,传统电脑客户端起家的社区平台豆瓣推出"豆瓣时间",知识付费领域形成了以知乎 Live、得到、喜马拉雅和分答为核心的"四大战国"行业格局。以知识付费内容生产、平台类型、传播载体进行分类,当前中国知识付费平台大体可以归类为以下几种

---

① 【皮书数据库】:汤璇,2017 年中国互联网知识付费产业发展报告,中国传媒产业发展报告(2018),2018 年 05 月,10 页,https://www.pishu.com.cn/skwx_ps/databasedetail? SiteID = 14&contentId = 9750471&contentType=literature&subLibID=)

类型：

(1)内容生产。目前知识付费产业的内容生产来看，知识付费平台主要分为专业生产(Professional Generated Content，PGC)与用户原创内容(User Generated Content，UGC)。PGC 由平台直接参与知识产品的策划、制作和把关，并针对目标用户进行包装和推广，以得到、喜马拉雅为主要代表；UGC 则开放了普通用户的知识分享渠道，以知乎、分答为典型代表。

(2)平台类型。根据平台类型的区别，可以进一步划分为提供综合类信息的大众化平台、专注于特定行业或领域的垂直化平台以及以社交媒体为依托的社交型平台。大众化平台提供的知识题材较为广泛，因此面向的受众也更为宽泛，以知乎、分答、得到、喜马拉雅等为代表；垂直化平台深耕于特定领域，提供更为专业和深入的知识咨询，面向更为细分的目标受众，以36 氪、钛媒体、丁香医生等为典型；社交型平台以其互动性为特色，在知识的专业和深度上略有欠缺，以微博问答和微信公众号为主。

(3)传播载体。知识付费的传播载体，可以细分为文字类产品、音频类产品和视频类产品。文字是知识生产和传播中最古老的载体，兼顾传达效率与深耕的特性，对内容生产者的要求较低，既可以快速提供知识和信息，也可以成为深度学习的传达载体，以知乎、微博问答为主；音频类产品满足了移动场景下的碎片化知识获取需求，以其便携性和伴随性在知识付费载体中占据了一席之地，以喜马拉雅 FM 为典型；视频类产品可以进一步细分为课程专栏和培训直播，前者由平台提供技术支持，内容生产者自主上传课程，以网易公开课为代表，而后者则用直播的形式进行知识分享和培训，以猿辅导为典型。

知识付费产业模式可分为以下几种：

供给端的产业模式：生产者费用抽成知识付费平台为生产者的认识盈余和知识共享提供了变现的渠道，精简了知识生产的流程、减少了产品制作的参与方，从而大幅缩短知识产品的制作周期，加速了生产者的获利周期。获利高、周期短的产业模式进一步推动了供给端的发展。从供给端来看，目前国内知识付费的产业模式主要为生产者费用抽成。平台通过与生产者商议的分成机制，在知识产品中抽取一定比例的平台运营费用，这也是目前国内最主流、最直接的知识付费产业模式。

需求端的产业模式：付费问答、付费讲座、专题订阅。从知识付费的需求端来看,目前产业模式大体上可以分为基于用户特定问题而形成的付费问答、基于生产者单次特定主题而形成的付费讲座以及基于长期系列的专题订阅。付费问答以分答、微博问答为典型,产品包装形式简单,生产成本较低,以其迅速、低价的特性为优势,但是也存在着面向单一问题、涉及知识内容相对较浅、供给端收入较低等问题。以知乎 Live、分答小讲为代表的付费讲座一定程度上保证了产品的制作周期,可以提供较为深度的知识产品,同时一对多的知识分享模式保证了单价和效率,使得平台和生产者可以获得较为可观的收益;但是付费讲座在即时互动上略有欠缺,付费讲座的产业模式极大地仰赖于供给端的 IP 化程度与品牌影响,明星效应与 IP 包装对该模式的成功运作影响较大。专题订阅的生产周期更长,一般都有较为详细的产品策划,专业性更强。以喜马拉雅 FM 和得到为代表,其模式优势在于保证了供给端长期且稳定的优质内容供给,有相对固定的需求端规模,消费者可以获得更好的系统学习。然而该模式也同样存在 IP 运作及互动问题。

产品销售的产业模式:社群模式、知识电商和内容打赏除了直接面向供给端和需求端的产业模式,基于产品销售的模式不同,又可以区分为社群模式、知识电商和内容打赏三类产业模式。社群模式通过极具个人特色的内容生产者形成社群效应,以会员费的方式获取产品报酬,以逻辑思维和荔枝微课为代表;知识电商则基于平台打造的"知识产品超市",通过产品本身的售卖实现商品化过程,以喜马拉雅 FM 和得到为代表;内容打赏则更多依赖于用户在获取相关知识或咨询后,自发的付费行为,以微信公众号、36 氪和简书为代表。[1]

3. 新媒体影视产业模式

目前,我国新媒体影视产业链的构成,主要包括文学创作方、投资方(广告商)、制作方、营销发行方、传播平台以及衍生品开发几大环节。

(1)文学创作方。好的创意和剧本,能够为影视制作、营销宣传、衍生产品、粉丝经济提供素材,它也是一部作品能够立足、完整产业链循环的基石

① 汤璇,2017 年中国互联网知识付费产业发展报告,中国传媒产业发展报告(2018),2018 年 05 月,10 页,https://www.pishu.com.cn/skwx_ps/databasedetail? SiteID=14&contentId=9750471&contentType=literature&subLibID=)

和灵魂。以 2014 年为例,2014 年网络热播的自制剧,大多改编自火爆的网络小说,版权价值逐年提升。2014 年,网络小说版权费平均升至 $100\sim200$ 万元。一方面,新媒体影视业的剧本可以凭借原创聚合平台,形成具有版权价值的剧本文学库或编剧人才库;另一方面,可以通过文学合作,打通盛大文学、腾讯文学、百度文学等资源,保证作品的规模与质量。

(2)投资方(广告商)。广告商的投资是新媒体影视行业最主要的资金与收入来源。目前,广告商成为新媒体影视产业链的最大贡献者,其对新媒体影视的关注与投入持续走高,促进了整个市场的繁盛。曾有观点认为,新媒体影视尤其是微电影,就是加长版的广告片,商业价值大于艺术性。然而,随着内容品质的提升,电影将逐渐摆脱广告商定制的加长广告片的刻板印象,从被动创作走向主动吸引,促进艺术与商业更好地融合。

(3)制作方。新媒体影视的制作方主要包括传统的专业影视剧制作公司、原创影视工作室和团队、新媒体影视内容运营平台、新媒体影视制作公司、视频网站、电视台。目前,国内出现了很多具有一定影响力的新媒体影视运营平台,如芭乐影视、V 电影网、淘梦网、爱微电影网以及其他 UGC 小平台等。平台化公司除了发行优势外,也开始涉足影视剧的制作。大型互联网公司均成立了自己的影视部门,如乐视影业、合一影业、爱奇艺影业等。电视台与新媒体正处于互补融合期。一方面,电视台在制作经验与传播渠道上具有优势,是新媒体影视行业重要的内容制作方之一;另一方面,电视台在节目上引入优秀的网络自制内容,对视频网站实现反哺,也是扩大新媒体影视内容影响力的平台之一。

(4)营销发行方。灵活多变、富于创新的营销策略,使影视作品的传播力得到进一步强化。对于新媒体影视尚不成熟的内容品质来说,营销和包装助推了内容的繁荣。行业发展初期,微电影主要借助视频网站及自媒体平台进行传播。随着新媒体影视进入繁盛期,其发行和营销逐渐走向规模化、市场化。芭乐传媒、淘梦网、新片场等专注于新媒体影视的专业营销平台,具备了强大、专业的营销团队与雄厚的渠道资源;同时,各大视频网站借助平台优势,运用互联网思维,逐步拓展自制内容以及影视剧的营销发行业务。目前,芭乐传媒、淘梦网、V 电影新片场、爱微电影网(微影工厂)堪称新媒体影视行业的四大发行平台。

(5)传播平台。目前,视频网站是新媒体影视的主要传播平台。2014

年,视频网站更加重视新媒体电影的传播,爱奇艺、优酷、腾讯、迅雷等主流视频网站纷纷设立了微电影频道,网罗精品微电影及网络剧,爱奇艺还开启了"网络大电影计划",收录网络大电影300余部。随着网络技术和商业模式的发展,在线视频网站由传统的视频播放平台,逐渐走向集内容生产、营销、推广、播放于一体的综合性平台,将是新媒体影视平台化运营的发展趋势。未来,新媒体影视传播会进一步建立集播放、营销、会员、商城等于一体的互动娱乐平台,朝着真正意义上的"网络院线"模式发展。2014年,移动智能终端作为一个信息传播介质,在新媒体影视产业链中的地位更加重要、影响力更大。手机视频作为新媒体影视的重要传播平台,主要由两个部分组成。一部分由视频网站的移动客户端构成,另一个部分是通信运营商自有的手机视频平台,如中国移动手机视频业务、中国联通手机视频业务等。近年来,通信运营商投入更多的资源,扶持手机视频业务的开展和市场发展。手机视频业务成为通信运营商重要的战略布局。通信运营商手机视频与视频网站自有的移动端传播平台之间,既相互合作又彼此竞争。一方面,通信运营商与视频网站是平台与内容的合作,双方从中进行收益分成;另一方面,视频网站也在积极开发自己的用户付费市场,与通信运营商的手机视频点播包月业务也形成了竞争局面[①]。

8.4 我国新媒体产业发展的影响因素

"三网融合"是目前媒介融合和产业融合的最新发展和突出表现,我国新媒体产业模式创新绕不开这一宏观语境,它在很大程度上决定了新媒体产业未来的发展方向,广电业与电信业的融合渗透将直接影响新媒体产业发展的生态环境,并有力地作用于新媒体产业发展模式。在政策方面,国务院决定加快推进我国电信网、广播电视网和互联网三网融合,形成新的经济增长点。2010年至2012年重点开展广电和电信业务双向进入试点,探索形成保障三网融合规范有序开展的政策体系和体制机制。2013年至2015年,总结推广试点经验,全面实现三网融合发展,普及应用融合业务,基本形成适度竞争的网络产业格局,基本建立适应三网融合的体制机制和新型监管

---

① 卢迪,吴晓莉,赵敬. 2014年新媒体影视业发展特征及产业链分析[J]. 中国电视,2015(6):52-58.

体系。这一利好政策为传媒产业发展带来历史性机遇与挑战。

新媒体产业模式受到地域化因素影响明显,具体到我国,一系列相关的"中国化"因素有[①]:

(1)供给因素。供求关系是新媒体产业模式选择和创新时需要考虑的首要因素,供给因素是其中的一个方面。与发达国家相比,我国新媒体产业在起步方面并不算晚,无论是网络媒体产业、手机媒体产业还是互动性电视媒体产业,目前都已经走出酝酿和萌芽期,步入产业发展的起飞阶段。然而,由于产业模式不科学、产业政策不配套、产业机构不合理等原因,新媒体产业在生产和营销环节发展得并不平衡,主要表现在两个方面。其一是产业结构发展不平衡。一方面是新媒体产业外部结构不平衡;另一方面,在各新媒体产业内部,其产出结构也不平衡。在我国网络内容产业中,资讯、娱乐类的内容服务是最主要的利润来源。其二是地域发展不平衡。作为服务业和知识经济的新媒体产业多集中在经济发展水平较高的东部沿海地区以及一些一线城市,如北京、上海、广州、深圳、南京、杭州、西安等地。这些地区有足够的产业启动资金、规模庞大且质量较高的用户群以及相对完善的网络基础设施,发展新媒体产业有得天独厚的优势。而在经济水平相对落后的西部地以及广大中小城市和农村地区,新媒体产业发展水平普遍较低,有的地区其至尚未起步。

(2)需求因素。新媒体产业的需求因素是新媒体用户的结构特点、使用期待、使用习惯等。从用户数量看,我国新媒体产业已无可争议地位居世界前列,且仍有很大增长空间和发展潜力。在用户结构方面,我国新媒体产业尤其是网络媒体和手机媒体,均呈现出明显的年轻化和高学历化态势。在网络媒体用户中,10～30 岁的用户比重占 55% 以上,10 岁以下及 30 岁以上的用户分别约占 1.7% 和 41.9%;高中以上学历的用户比重占 50% 以上。手机媒体方面,在智能手机用户中,年龄在 35 岁以下的用户比重高达 89.3%,35 岁以上的用户比重仅为 10.7%。正是这种年轻化和高学历化的用户结构,在很大程度上决定了我国新媒体使用行为显著的娱乐化倾向。

(3)制度因素。制度因素属于政治环境范畴,对新媒体产业发展有直接影响。所谓政治环境,是指制约和影响新媒体产业管理和运作的各种政治

---

① 宫承波,翁立伟. 我国新媒体产业[J]. 当代传播,2012(03):56 - 59.

要素及其运营所形成的环境系统,而制度因素则是其中的重要方面。目前我国正处于社会主义初级阶段,必须坚持以公有制为主体、多种所有制经济共同发展的基本经济制度。新媒体产业模式的选择与创新不能偏离这一制度,必须在其所设定的基本框架内进行。新媒体产业属于传媒产业的一部分,不但对我国国民经济发展具有重要意义,而且对于国家意识形态的巩固也发挥着不可小觑的作用,因此新媒体产业坚持以公有制为主体就非常必要,这突出地表现在新媒体产业发展过程中政府的重要地位和作用上。当然,在市场经济环境下,传媒产业作为一个经济实体,其发展也离不开多元化的融资渠道,这就要求在基本经济制度框架内应当进行合理的资本运营。

(4)政策因素。如果说制度是政治环境的宏观表现,那么政策就是制度的微观映射。从国外新媒体产业的发展历程来看,政策对新媒体产业的发展及其运营模式至关重要。无论是韩国、日本对于文化创意产业的直接资金扶持,还是欧洲诸国为推进媒介融合和产业融合而达成的统一的技术标准,都是首先从政策层面解决产业发展瓶颈,从而推进产业运营模式创新。

(5)文化因素。文化是决定新媒体产业模式选择与创新的深层因素。从本质上讲,影响和决定新媒体产业模式的文化因素,实际上就是由新媒体用户所构建的文化环境和文化表征。我国是一个拥有五千年文明史的文化大国,文化底蕴相当深厚,数千年的历史积淀形成了中华民族勤劳、质朴、勇敢、善良的民族品格,也形成了独特的审美文化。比如,由于长期受儒家文化熏陶,中国人讲究温良谦恭,笃信中庸之道,"仁、义、礼、智、信"作为儒家精髓已深入到国民的文化血脉之中;再如,中国是一个多民族国家,历史发展过程中不断发生的民族融合使得中华文化也具有一种鲜明的融合性特征,等等。作为文化创意产业重要分支的新媒体产业,其内容产品的生产和制作不能不面对我国独特的文化环境和文化积淀。

另外,我国目前正处于社会转型期,中西文化交融碰撞,文化环境复杂多变,如西方后现代主义文化思潮即对新媒体内容及其用户影响强烈,其零散化、碎片化、无中心的文化特征对新媒体产业运营及其内容产品的作用是显见的。新媒体产业模式创新,不仅要考虑这些文化因素的影响,还有必要对其加以积极引导。

8.5　我国新媒体产业未来的发展趋势

2015 年 6 月 24 日,由中国社会科学院新闻与传播研究所和社会科学文献出版社共同发布的新媒体蓝皮书《中国新媒体发展报告(2015)》认为:在国家顶层设计的强化下,中国新媒体在社会发展中的战略地位进一步提高,快速移动化与融合化助推新媒体的功能不断拓展,影响力不断扩大。新媒体与政治、经济、传媒、文化的深度融合效应不断释放正能量。各种新思维、新技术、新应用、新业态竞相呈现,助推中国成为移动互联网大国。

国家出台了一系列政策鼓励新媒体产业发展。2015 年,国家继续加大对新媒体产业的扶持和支持力度,出台了一系列力度较大的利好政策,为促进新闻出版企业的转型升级,国家新闻出版广电总局、中华人民共和国财政部出台了《关于推动传统出版和新兴出版融合发展的指导意见》;国务院发布了《关于积极推进"互联网＋"行动的指导意见》,助推互联网从消费互联网向产业互联网转型;国务院发布的《促进大数据发展行动纲要》对于大数据产业的发展是重大利好;《中华人民共和国电影产业促进法(草案)》提升了文化产业水平、对促进电影产业健康发展具有重大意义;《三网融合推广方案》推动了信息网络基础设施互联互通和资源共享。

在我国进入消费升级新时代的历史大背景下,在"互联网＋"与"大数据＋"的政策推动下,我国新媒体产业将依然处于高速增长阶段,预计到 2016 年底,我国网民和移动网民数将双双破 7 亿。在未来,PC 互联网会逐渐衰落,大数据的挖掘能力能为新媒体的内容生产、传播受众带来更精准的指导,从而提升新媒体的精准定位并不断优化改进,为受众带来更个性化和他们想要的定制优化媒体服务;同样,新媒体的营销变现能力则能为大数据挖掘打开变现渠道,从而赋予大数据更多的额外价值。因此大数据是新媒体的支撑,新媒体回过头来又可以反哺促进大数据发展,可以说大数据＋与新媒体之间的良性互动是符合未来产业发展方向的。

2015 年被称为 VR 元年,VR(Virtual Reality,即虚拟现实)被认为是下一代互联网和下一代移动计算平台。目前,在用户、技术、硬件、内容、开发者、渠道、资本等七大力量的推动下,资本投资青睐、创业团队激增、越来越多的创业者和内容团队开始进入 VR 领域,分发渠道和线下渠道正在逐步建立,VR 产业进入快速发展期。现有 VR 设备主要有 VR 头盔、VR 一体机和 VR 眼镜三大类,综合多个市场调研结果,中国 VR 重度用户近百万,浅层用户有 1700 万,潜在用户 2.86 亿,VR 产业的潜力巨大①。可见,基于移动化、智能化、数据化的新媒体产业将接过新媒体产业发展的接力棒,新媒体产业将会延续高速增长态势,更好地满足和激发用户的潜在需求,创造更大的新媒体产业市场。

思考题:

1. 新媒体产业的结构和特点是什么?
2. 请举例分析当下新媒体影视产业的发展现状及特点。
3. 请举例分析当下网红经济的产业现状及特点。
4. 请举例分析当下短视频产业的发展现状与特点。
5. 请举例分析当下网络游戏产业的发展现状与特点。

---

① 唐绪军,黄楚新,王丹. 互联网＋下的中国新媒体发展特色[J]. 新闻战线,2016(11).

第9章 ｜ 新媒体的问题及其对策

　　1982 年,加拿大科幻作家威廉·吉布森在其科幻小说《燃烧的铬》中第一次提出"赛博空间"(Cyberspace)这个概念。作为哲学和计算机领域中的一个抽象概念,赛博空间又被称为"在线空间"、"网络空间"、"网络世界"等。赛博空间主要指计算机以及计算机网络所创造的虚拟交流空间,但它不仅仅限于计算机网络,所有基于数字信息技术的社会活动均包含在内,也就是说,这个虚拟的赛博空间与现实世界有着千丝万缕的联系。

　　然而,基于智能硬件和数字通信技术所构建的赛博空间的特殊性,如虚拟、匿名、自由、开放、超时空、去中心、扁平化等特点,现实世界中高度层级制的结构秩序在赛博空间里被彻底解构了。乌托邦主义者们很容易将网络世界看作超脱于现实世界国家、政治和法律之外的超空间,他们认为赛博空间是一个绝对自由和解放的所在。前"感恩而死"(Grateful Dead)乐队成员、全球最著名的黑客之一——约翰·P. 巴洛在其 1996 年撰写的《赛博空间独立宣言》中就对现实世界的政府们大声宣布:

　　"工业世界的政府们,你们这些令人生厌的铁血巨人们,我来自网络世界——一个崭新的心灵家园。作为未来的代言人,我代表未来,要求过去的你们别管我们。在我们这里,你们并不受欢迎。在我们聚集的地方,你们没有主权。"①

　　但是,这个虚拟化的赛博世界并不是一个绝对意义上的乌托邦,现实世界中各种复杂的社会关系在虚拟世界中没有消失,而是以数字化的形式在这个网络化世界中生存和衍生。数字化的新媒体技术在改善和创新我们这个世界的同时,在信息容易获取和泛在化传播的同时,在实现互联网＋生活

---

① 约翰·P. 巴洛. 网络/赛博空间独立宣言[M]//高鸿钧. 清华法治论衡(第四辑). 北京:清华大学出版社,2004.

的同时,也带来了一系列前所未有的问题,每个人、每个企业、每个政府和国家都可能面临信息安全、网络犯罪、网络暴力等诸多问题。

因此,如何构建赛博空间与现实世界的互动关系,如何处理赛博空间给现实世界带来的问题和挑战,如何确立赛博空间的数字秩序等诸多问题,就成为每一个现实人和数字人都应该考虑的问题。

9.1 赛博空间的特征

在漫长的人类岁月中,金字塔一样的层级制度一直稳定地统构着人类社会,强调分工、职能的细致化,这是与集权管理体制相适应的。现代工业文明以来,人类社会的组织分工越来越精密,官僚组织结构就像一台冷酷的机器,生命个体沦为机器的零部件,个性、创造性和积极性往往被无情地扼杀了,机械式的服从和栅格化的生活成为个体生命在世间的宿命。在这样一个中心制的体系中,信息传播的速度和知识生产的效率被极大地和衰减和降低了。

但是,自信息时代以来,赛博空间中的秩序体系被彻底地颠覆和重构了,赛博空间采取了去中心化的设计与管理方式。在互联网建设之初,赛博之父们采取了分布式网络的构建方法,这就保证了网络上的每一台计算机都是一个平等的、拥有无限连接的权力和途径,从而形成了一个没有中心、也没有边界的、超越物理时空限制的超时空——赛博空间。

概括而言,赛博空间主要有以下六个特征:

(1)虚拟性。赛博空间是一个由信息、数字、思想、虚拟、现实和想象构成的跨越"物理空间"和"心灵空间"的超空间,其中的人和物都是由数字 0 和 1 构成的,是现实世界的虚拟化、数字化形式。网络哲学家迈克尔·海姆认为:"赛博空间表示一种再现或人工的世界,一个由我们的实践所产生的信息和我们反馈到实践系统中的信息所构成的新型社会实践交往空间,标志着属人世界数字化、虚拟化存在。"[①]

(2)匿名性。在超越物理时空限制的赛博空间中,人们的身份往往是匿

---

① [美]迈克尔·海姆. 从界面到网络空间:虚拟实在的形而上学[M]. 金吾伦,刘钢译. 上海:上海科技教育出版社,2000:79.

名的、虚拟的数字角色,往往消除了社会身份的限制。在赛博空间中,交往主体的身份识别往往依靠网名或呢称,而这种身份就屏蔽掉了交往主体的现实社会身份。在这个虚拟化的网络世界中,每个人都是虚拟性的数字人,可以自由地设计虚拟人格。当你家的猫在你的键盘上跑来跑去的时候,如果它无意间输入了只言片语,也没有人知道它是一只猫,还是一个人。

(3)自由性。赛博空间中的网络交往具有高度自由的特性,每个人都可以自由地发表言论,虚拟和匿名的环境允许个人释放现实社会中压抑的情绪,分享内心深处隐藏的秘密,更畅所欲言地表达个人观点,更自由地参与公共事务的讨论。这有助于打破中心式的话语垄断,让社会舆论更加多元化。同时,人们借助数字身体摆脱了物理限制,成为赛博空间中自由的数字超人。

(4)平等性。赛博空间中的组织结构是扁平的、去中心化的,最大程度地实现了"权力的分散"。在网络世界中,一切都不再依赖于一个中心点,而是彼此之间自由和无限的连接,现实世界中的权威和中心被解构了,赛博社会呈现出无中心的网状结构。这种组织结构赋予个体更多的自主权利,在这里,每一个人拥有平等的话语权,他们既是信息的接受者,也是信息的制造者和传播者,从而成为了徜徉于赛博空间的数字行者。

(5)交互性。在网络世界中,每一个节点是互相连接的,信息实现了点对点的传播,这就保证了彼此之间的交互性成为可能。每个人都可以对收到的信息迅速做出反应,如同神经元之间的交互感应一般,这种交互性极大地提高了信息传播和政策决策的效率,从而也激发了人们参与公共事务的积极性和创造性。可以说,正是这种交互性消除了现实世界中沟通的障碍,让每个人变得更加聪明,也为人类群体智慧的进化提供了技术的可能性。

(6)无限性。从理论上来说,赛博空间中的信息生产和传播是无限的、连接是无限、空间也是无限的。就此而言,人类已经进入了信息无限丰富的时代,以至于无效信息的过滤和价值信息的选择成为今天人们首先需要考虑的事情。在这个没有疆域的超空间中,空间跳跃成为现实,互联网消除了现实人际交往的时空限制,将每个个体通过网络连接起来。赛博空间中现实的时间、地理概念失去了意义,泛在化和全球化正在将这个地球上的一切紧紧联系在一起。

迈克尔·海姆在其《虚拟现实的形而上学》中说:"全副感官输入装置武

装起来的网络行者坐在我们面前,他们似乎是而且确实是不再属于我们这个世界了。悬浮在计算机空间中,网络行者摆脱了肉体的牢笼,出现在充满数字情感的世界中。"①正是基于此,约翰·P.巴洛在独立宣言中大声宣布:

"你们关于财产、表达、身份、迁徙的法律概念及其情境对我们均不适用。所有的这些概念都基于物质实体,而我们这里并不存在物质实体。"

……

"我们的成员没有躯体,因此,与你们不同,我们不能通过物质强制来获得秩序。我们相信,我们的治理将生成于伦理、开明的利己以及共同福利。我们的成员可能分布各地,跨越你们的不同司法管辖区域。我们内部的文化世界所共同认可的唯一法律就是"黄金规则"。我们希望能够在此基础上构建我们独特的解决办法。但是我们决不接受你们试图强加给我们的解决办法。"②

9.2　信息安全的挑战与管理

因为赛博空间的虚拟性、匿名性、自由性、平等性、交互性和无限性,赛博空间正在改变和冲击着现实世界的结构、规则和秩序,它在改造着我们这个地球的同时,也带了一系列的现实问题。其中,黑客入侵正成为破坏赛博空间秩序最迫切的问题,各国政府、组织和个人的计算机和网络系统,以及由计算机系统控制的物理设备都可能受到损害。现实世界中,各国政府和组织正在积极制定一系列的政策和制度,试图将赛博空间纳入到传统管理体系中来。如何正确处理赛博空间中自由与责任、多元与统一的关系,正成为赛博空间一个新的社会问题。旧的秩序正在崩塌,新的秩序尚未建立,但是相对于瞬息万变的网络世界,相关政策和法规的制定和实施永远都是滞后的。

① [美]迈克尔·海姆.从界面到网络空间:虚拟实在的形而上学[M].金吾伦,刘钢译.上海:上海科技教育出版社,2000:91.
② 约翰·P.巴洛.网络/赛博空间独立宣言[M]//高鸿钧.清华法治论衡(第四辑),北京:清华大学出版社,2004.

9.2.1 国家安全

当前,互联网已经与我们的生活紧密联系在一起,从能源、交通、金融到商贸、军事、教育等等,由计算机和互联网技术所构筑的网络已经渗透进人类社会的各个领域,网络系统成为人类社会正常运转不可或缺的神经系统。一旦网络受到攻击,许多事关国计民生的系统和基础设施都可能陷于瘫痪。事实上,网络战——这种具有战略意义的攻击行为已经在现实被付诸实施,发生在赛博空间的战争对于现实空间造成了巨大的危害。

2007 年 4 月,爱沙尼亚将首都中心广场纪念二战阵亡苏军的一尊青铜塑像移走,这引起俄罗斯方面的强烈不满。4 月底开始,整个爱沙尼亚的互联网络遭到了有组织的大规模网络攻击。全球超过一百万台计算机瞬间集中登录爱沙尼亚,这次"拒绝式服务"的攻击模式导致爱沙尼亚的公共生活全面瘫痪。爱沙尼亚政府不得不切断国际互联网,将本国隔离于全球网络之外,以至于许多媒体惊呼:"一个国家消失了!"

2009 年 1 月,法国海军内部计算机系统的一台电脑遭受病毒入侵,迅速扩散到整个网络,所有计算机无法启动,海军全部战斗机因无法"下载飞行指令"而停飞两天。仅仅因为法国海军内部计算机系统的时钟停摆,法国的国家安全瞬间失去了反应能力。假如此事发生在战争期间,后果可想而知。在 1991 年的海湾战争中,美国特工在伊拉克购买的打印机中嵌入病毒芯片,在战略空袭前激活了病毒,致使伊防空体系中的预警和 C3I 系统彻底瘫痪。

需要补充的是,无形的网络攻击不仅能损害网络系统,也可会造成现实的物理损伤。2010 年 7 月,伊朗境内包括布什尔核电站在内的 5 个工业基础设施遭到网络攻击,核电站里 8000 台离心机突然出现故障,电脑数据大面积丢失,上千台被物理性损毁,伊朗核工业受到重大损失。这个看不见的袭击者就是后来被命名为"震网"的网络病毒。这次针对伊朗核电站的攻击成为运用网络手段攻击国家能源等重要关键基础设施的先例。

事实上,以上所举的例子仅仅是冰山一角。来自国家互联网应急中心(CNCERT)的数据显示,中国遭受境外网络攻击的情况日趋严重。CNCERT 抽样监测发现,2013 年 1 月 1 日至 2 月 28 日不足 60 天的时间里,境外 6747 台木马或僵尸网络控制服务器控制了中国境内 190 万余台主机;其中位于美国的 2194 台控制服务器控制了中国境内 128.7 万台主机。

在这个看不见的赛博空间里,每一分每一秒都在发生着网络攻击与反攻击的战争,只不过相对于硝烟弥漫的战场和震耳欲聋的炮声而言,我们感觉不到而已。公开数据显示,美国国防部为了应对黑客攻击,每年要付出 300 多亿美元的代价,这比当年制造原子弹的曼哈顿工程花费还要多。毫不夸张地说,在今天这个信息时代,网络战争所造成的灾难可能比海啸更严重!因此,如何维护赛博空间这个看不见的疆域的安全,已经成为一个全球性话题。

2009 年 5 月,美国政府率先公布了《赛博空间政策评估:确保可信和具有恢复能力的信息与通信基础设施》,确立了核、太空、赛博空间"三位一体"的国家安全战略;组建了战略层面的网络电磁空间司令部;制定了《赛博空间作战能力构想》路线图;建设"国家网络靶场";策划"网络风暴"系列演习。为维护各自的网络主权和赛博边疆,世界各主要国家纷纷成立相关的国家网络安全部门,大力建设网络作战部队,以应对可能的网络攻击。

毫无疑问,赛博疆域的边界不可侵犯,网络安全已经成为国家安全的基石。到现在为止,已有 40 多个国家颁布了网络空间国家安全战略。仅在美国,颁布与网络安全有关的文件达 40 多份。2013 年,日本出台网络安全战略,明确提出"网络安全立国"。同年,印度出台国家网络安全策略,将目标定为"安全可信的计算机环境"。棱镜门事件之后,2014 年 2 月 19 日,德国总理默克尔与法国总统奥朗德探讨建立"欧洲独立互联网",计划从战略层面绕开美国。2014 年 2 月 27 日,中国宣布中央网络安全和信息化领导小组成立,从顶层设计上宏观规划国家网络安全战略和信息化建设。

鉴于当前网络攻击对于平民生活可能造成的巨大危害,国际电信联盟组织建议世界各国制定一个国际性条约,保护自己的公民及其访问信息的权利,承诺不给网络恐怖分子容身之地,保证不首先攻击其他国家,阻止网络攻击演变成全面战争。俄罗斯也主张削减网络攻击性武器,强调各国应通过签订某种条约,禁止向他国电脑或网络系统中秘密植入恶意代码,以用于未来战争。各国应承诺不袭击网络上的非军事目标,不通过伪装手段发动网络袭击。

毫无疑问,互联网的迅猛发展对国家主权、安全、发展利益提出了新的挑战,正如中国国家主席习近平所说:

"虽然互联网具有高度全球化的特征,但每一个国家在信息领域的主权权益都不应受到侵犯,互联网技术再发展也不能侵犯他国的信息主权。在信息领域没有双重标准,各国都有权维护自己的信息安全,不能一个国家安全而其他国家不安全,一部分国家安全而另一部分国家不安全,更不能牺牲别国安全谋求自身所谓绝对安全。国际社会要本着相互尊重和相互信任的原则,通过积极有效的国际合作,共同构建和平、安全、开放、合作的网络空间,建立多边、民主、透明的国际互联网治理体系。"①

9.2.2　组织安全

从理论和技术上来说,无论是国家、组织还是个人都无法避免黑客的攻击。目前,黑客问题已经成为一个普遍性的世界性难题,并且呈现愈演愈烈之势。美国政府公布的数据显示,每年美国政府的计算机系统遭受非法入侵的次数达 30 万次之多,造成的损失有 15 亿美元之多,而且入侵的频次在逐年上升,所影响和波及的人员数量也逐年上升。

以 2015 年为例:

2015 年 10 月,美国知名新闻媒体《华尔街日报》后台系统目遭到黑客攻击,导致大量订户和读者的信息被盗取,其中包括姓名、住址、电子邮箱和其他信息,大约有 3500 个订户的信用卡账号信息也被盗取。

2015 年 7 月,美国著名的连锁药店 CVS 将颇受欢迎的在线照片冲印服务下线,只因其检测到一次黑客攻击。据称这次黑客攻击导致用户的信用卡数据、电子邮件、邮箱地址、电话号码、密码等关键信息泄露。

2015 年 6 月,美国联邦人事管理局网站被黑客攻击后,有约 2150 万美国人的包括社会安全号在内的敏感信息遭到泄露。受影响者包括 1970 万涉及背景调查的政府雇员,以及 180 万上述政府雇员的家庭成员。

2015 年 5 月,美国国税局的安保系统被黑客攻破,超过 10 万名纳税人的网上资料泄露。这次黑客攻击事件发生在报税季,黑客通过获取纳税人的信息制造假退税申请,最终申请到 5000 万美元的退税金额。

2015 年 4 月,美国马塞诸塞州特克斯伯里警察局的计算机系统遭受黑客攻击,黑客在电脑屏幕上显示"你们的个人档案都已被我加密,解密费用

---

① 2014 年 7 月 16 日,中国国家主席习近平在巴西国会发表《弘扬传统友好 共谱合作新篇》的演讲。

是 500 美元。"该警局连续五天努力都未能解密,无奈支付了 500 美元赎金,才解锁了自己的计算机系统。

随着中国网络化进程的加速,中国目前的网络安全状况也非常不乐观,国内也频频爆出企业用户隐私数据泄漏事故。2016 年 1 月,由 360 互联网安全中心出品了国内第一份网站安全报告——《2015 年度中国网站安全报告》(下称《安全报告》)。《安全报告》显示,在被调查的网站中 43.9% 存在安全漏洞,一年或有 55 亿条信息因这些网站漏洞而泄露,而这些漏洞的修复率竟不足一成,对个人及社会造成极大的威胁。

以 2015 年为例:

2015 年 10 月,网易的用户数据库疑似泄露,影响数量总共数亿条,泄露信息包括用户名、MD5 密码、密码提示问题/答案(hash)、注册 IP、生日等。网易 163/126 邮箱过亿数据泄漏(涉及邮箱账号/密码/用户密保等)。

2015 年 9 月,内蒙古自治区 192 211 名高考考生信息遭到泄露,这些信息中包括考生的姓名、身份证号码及其父母姓名、电话,名单覆盖了内蒙古自治区的 12 个盟市,数量最多的地方达 4 万多条。

2015 年 5 月,中国人寿广东分公司系统存在高危漏洞,10 万客户信息存在随时大面积泄露的可能性。保单信息、微信支付信息、客户姓名、电话、身份证、住址、收入、职业等敏感信息一览无余。

2015 年 4 月,重庆、上海、山西、沈阳、贵州、河南等超 30 个省市卫生和社保系统出现大量高危漏洞,社保类信息安全漏洞统计就达到 5 279.4 万条,涉及人员数量达数千万,其中包括个人身份证、社保参保信息、财务、薪酬、房屋等敏感信息。

2015 年 2 月,知名连锁酒店桔子、锦江之星、速八、布丁;高端酒店万豪(丽思卡尔顿酒店等)、喜达屋(喜来登、艾美酒店等)、洲际(假日酒店等)网站存在高危漏洞,包括顾客姓名、身份证、手机号、房间号、房型、开房时间、退房时间、家庭住址、信用卡号后四位、信用卡截止日期、邮件等大量敏感信息被泄漏。

如今,世界上各国企业和政府的组织运作已经基本实现了信息化,这些系统中存有大量的隐私信息、商业机密、财产安全等数据,这些信息很容易受到黑客攻击。信息安全的威胁触目惊心,网站攻击与漏洞利用正在批量化、规模化出现,黑客将获得数据中的用户信息拿到"黑市"上贩卖,企业和用户隐私和权益遭到侵害。对此,政府部门应该加强网络立法,对法规进行完善,加强入刑、量刑方面的条例,以增加法律威慑力及实用性。各大网络服务提供商应该加强行业监管和企业自律,提高自身信息技术安全水平。

9.2.3　个人安全

在今天这个几乎人人在线的大数据时代,互联网已经成为大多数人生活不可或缺的一部分,个人信息的泄漏和保护几乎已经成为一个普遍性的问题。你在新媒体网络上的一切行踪都将被记录下来。你在线交流的所有痕迹,都不再是你自己的了,你在互联网和社交平台上的每一个足迹,都不会被时间消弭,将清晰地成为善意或恶意的他人通向你的路标。如果被不坏好意的黑客组织所利用,你的个人自由、私人财产甚至是生命都将会受到威胁。

2014 年 8 月,苹果公司 iCloud 服务系统被黑客攻破,数百家喻户晓的名人私密照片被盗,其中包括主演影片《饥饿游戏》的明星詹妮弗·劳伦斯,还有知名影星斯嘉丽·约翰逊和金·卡戴珊的裸照。黑客利用"寻找丢失 iPhone"(Find me iPhone)功能漏洞盗取用户信息,获取了她们相机里面的私人照片以及其他明星的邮件地址。如今的智能手机都会自动备份文件到云服务器,这一起事件也为云服务的安全性敲响了警钟。

360 互联网安全中心发布的《2015 年度中国网站安全报告》显示,2015 年,国内网民人均有 8 条个人隐私被盗。导致大量数据泄露的最主要来源是互联网网站、游戏以及录入了大量身份信息的政府系统。根据公开信息显示,2011 年至今,已有 11.27 亿用户隐私信息被泄漏。另据中国互联网协会发布的《中国网民权益保护调查报告》显示,近一年来,网民因个人信息泄露、垃圾信息、诈骗信息等现象,导致总体损失约 805 亿元。

在"大数据"的网络时代的收集和储存能力面前,未来的每一个人,在执意的搜索和网络监控面前,都无所遁形。更为关键的是,这一切的发生,普通的个人用户都是无能为力的。

2013 年以来爆出的"棱镜门"事件让人们对于大互联网企业和政府组织失去了信心。美国国家安全局(NSA)和联邦调查局(FBI)在 2007 年启动了一个代号为"棱镜"的秘密监控项目,电邮、即时消息、视频、照片、存储数据、语音聊天、文件传输、视频会议、登录时间和社交网络资料的细节都被政府监控。通过该项目,国安局可以直接进入美国网际网路公司的中心服务器里挖掘数据、收集情报,甚至可以实时监控一个人正在进行的网络搜索内容,而包括微软、雅虎、谷歌、苹果等在内的9家国际网络巨头皆参与其中。

仅在2013年3月,美国政府就在全球搜集了970亿条用户数据,监控范围覆盖全球70亿人。巴西总统迪尔玛·罗塞夫、德国总理默克尔、墨西哥总统潘尼亚尼托等35个国家的政要被监听。20国集团首脑峰会位于纽约的联合国总部等重要机构都在美国的监听监视之中,美国政府的霸权意识在全世界引起震怒和谴责。

迪尔玛·罗塞夫(巴西总统):

"我们面临的威胁很严峻,巴西公民权利和自由都遭到威胁。巴西公司机密被窃取,这是对我们主权的亵渎。"

克里斯蒂安·福克斯(英国威斯敏斯特大学教授):

"政府机构荒唐地认为他们可以通过监控公民来解决世界范围内的犯罪和恐怖主义问题,实际上这已经演变成一种国家暴力和恐怖暴力之间的恶性循环。"

米切尔·卡普尔(美国电子前沿基金会联合创始人):

"情况已经坏到政府秘密采取行动,政府看起来付出了持久的、大范围的、难以置信的努力,来让每个人的安全感和隐私荡然无存。美国政府以前有能力,现在仍有能力看到任何想看的东西。"

政府和企业本该是网络保护计划的制定者和执行者,普通人对此也是给予了充分的信任,可是美国政府和微软、谷歌等大企业的行为却令人震惊。为了阻击黑客侵犯我们的隐私,寄望于政府和企业来保护我们的隐私,可是在这些强势的政府和企业面前,普通人的隐私却被彻底剥夺了。

英国伦敦政治经济学院教授理查德·桑内特说:

"像Google和Facebook这样的公司,它们唯一能够赚钱的方式,就是披露人们的个性,更多挖掘人们的个人信息,及时找到与他们个人信息相关的邮件或者短信信息。"

"棱镜门"事件让所有人惊醒,那我们选择留在互联网上,享受网络给我们带来的新生活,还是选择转身,决绝地离开呢!?事实是,"棱镜门"事件一年之后,人们就选择了忘却,因为人类已经离不开互联网了,我们的身体和大脑都被互联网时代的新媒体同构了。也许,这就是互联网时代的悖论,正如美国哈佛大学互联网研究中心高级研究员戴维·温伯格所言：

"一方面,互联网给了我们巨大的自由,任何人都能够畅所欲言,并被全世界知道,我们获得比历史上任何时候更大的自由,同时数字技术的进步,也同样意味着万事万物都能被追踪,经过追踪,个人信息和行为将显露无疑。"

事实上,即便是选择离开互联网,在今天这个到处都是"眼睛"的时代,我们的隐私也无法遁形。2012 年,台湾花莲市一栋二层的住宅,一位女子裸体在她的居室中活动,不小心来到窗户边,正在马路上作业的谷歌街景车,将这一瞬清晰而永远地留在了人类的视线里。即便是人们躺在自己住宅的最高处,在屋顶上晒日光浴,似乎周围所有的视线都不可能触及,但是当"谷歌地球"的取景卫星从上空飞过的时候,他们惬意的裸体生活就向全球直播了。

2013 年 12 月 18 日,联合国大会通过了一项《数字时代隐私权》的决议。决议强调,隐私权是民主社会的基础之一,非法或任意监控通信以及收集个人数据,是侵犯隐私权和言论自由权利的行为,背离了民主社会的信念。决议要求各国建立有效的国内监督机制,确保涉及通信监控和截取、以及对个人数据收集的透明度,并接受问责。这项决议并没有强制效力,但是却在政治和道德层面体现了国际社会对保护网络和电子通讯使用者隐私权的态度,表达了人类对越界情报行动以及对个人数据大规模搜集的批评与忧虑。

9.2.4　网络霸权

赛博空间的一个重要特征就是其平等性,互联网之父们在设计互联网的时候采取的是分布式的连接方式,即没有一个中心,所有连接在网络上的计算机都是平等的,没有高低贵贱之分,这就保证了每台计算机(每个人)的平等性和话语权。但是,实际上因为不同国家之间信息技术水平的差异和综合国力的差异性,在发达国家与不发达国家之间横亘着一条巨大的数字鸿沟。

国际电信联盟发布的《2015 年世界信息通信技术现状与数字》报告显示,到 2015 年末,发达国家家庭接入互联网的比例将超过 80%,发展中国家的这一比例将达 34%,而最不发达国家预计仅有 7% 的家庭接入互联网。在移动宽带覆盖率最高的欧美地区,每百名居民中约有 78 个有效移动宽带用户,而非洲仍是移动宽带覆盖率低于 20％的地区。数字鸿沟的存在直接导致了发达国家对于赛博空间中信息生产和传播的掌控,弱小国家的话语权被严重削弱了,这就导致了赛博空间中网络霸权的出现。

我们知道,互联网的雏形就是美国国防部高级研究计划局(DARPA)发起的 ARPANET 项目,所以作为互联网技术的发明国,美国实际上一直持有全球互联网的管理权,掌握着互联网的主动脉。目前,全球共有 13 台根逻辑域名服务器①,其中主根服务器 1 个,放置在美国;其余 12 个为辅根服务器,其中 9 个放置在美国,2 个放置在欧洲(1 个位于英国,1 个位于瑞典),1 个放置在亚洲(位于日本)。根服务器是互联网的核心基础设施,相当于互联网运行的大脑和中枢神经。作为互联网运行的"总开关",根服务器的运行和管理对于国际互联网的正常运行至关重要。

2014 年 1 月 21 日 15 时许,国内部分用户无法访问.com 域名网站,腾讯、百度、京东、优酷等大批网站无法正常访问。后经多方证实,此次事件系全球顶级根域名服务器针对国内域名的解析异常所致,也就是 DNS(Domain Name System,域名系统)故障导致的大面积断网。这次故障导致国内三分之二网站的 DNS 服务器解析失败,全国多达数千万网友无法正常访问网站。360 网站卫士团队通过对 DNS 跟踪测试分析,全球 13 台根域名服务器中,至少有两个根服务器(C 和 E)遭到污染,由此导致国内大量网站无法正常访问。

理论上来说,美国通过控制根服务器就可以控制整个互联网,这对于其他国家的网络安全构成了潜在的重大威胁。只要在根服务器上屏蔽特定国家的域名,这个国家就可能被删除在网络世界之外,在今天这个全球化的信息时代,将意味着这个国家将彻底失去与世界的联系。2003 年伊拉克战争期间,伊拉克顶级域名". iq"的申请和解析工作被美国终止,顷刻间所有以". iq"为后缀的网站从互联网蒸发,伊拉克从赛博空间中消失了。美国政府的这一举动令全球各国忧心忡忡,如何抑制美国的网络霸权成为一个迫切问题。

---

① 根服务器主要用来管理互联网的主目录。所有根服务器均由美国政府授权的互联网域名与号码分配机构 ICANN 统一管理,负责全球互联网域名根服务器、域名体系和 IP 地址等的管理。这 13 个逻辑根服务器可以指挥 Firefox 或 Internet Explorer 这样的 Web 浏览器和电子邮件程序控制互联网通信。

　　由此可见,赛博空间中的政治权力格局并不是乌托邦主义者们一厢情愿的自由和平等,在权力分布上依然是典型的"金字塔"层级结构,在这个"金字塔"顶端的就是网络综合实力超强和国家综合实力超强的美国。

　　基于国家网络安全的考虑,世界各国先后对美国独自主导根服务器管理权提出异议,希望这一垄断性的局面能够得到改变,但是却一直悬而未决。然而,"棱镜门"事件的曝光证实了一个人们一直担忧的问题——即全球的网络、电子通讯,正处在向来标榜"坚决捍卫公民隐私和人权"的美国政府的监控之下。迫于外界压力,2014 年 3 月 14 日,美国政府宣布移交互联网名称与数字地址分配机构(ICANN)的管理权,但强调不会把权力移交给联合国,而是移交给"全球利益攸关体"。有专家指出,美国移交的并不是管理权,而是 ICANN 管理的互联网号码分配机构(IANA)的监督权。

　　但是,打破现有互联网世界的单边主义格局势在必行! 2015 年 6 月 23 日,在阿根廷首都布宜诺斯艾利斯举行的国际互联网名称与数字地址分配机构(ICANN)第 53 届会议上,正式发布了基于全新技术架构的全球下一代互联网(IPv6)根服务器测试和运营实验项目——"雪人计划(Yeti DNS Project)"[①]。该技术方案将打破现有根服务器困局,为下一代互联网提供更具扩展性和安全性的根服务器体系,真正实现赛博空间的多边共治和自由平等。

9.3　网络犯罪的挑战与管理

9.3.1　网络犯罪的定义

　　网络犯罪是随着计算机与通信技术的发展而出现的新的犯罪形态,是针对网络和利用网络进行的犯罪行为,因此,网络犯罪是与信息紧密联系在

---

① "雪人计划"由我国下一代互联网工程中心(BII)领衔发起,联合 WIDE 机构、国际互联网名人堂入选者保罗·维克西(Paul Vixie)博士、互联网域名工程中心(ZDNS)等全球组织和个人共同创立,我国下一代互联网工程中心主任刘东担任"雪人计划"首任执行主席。"雪人计划"基于第六版互联网协议(IPv6)等全新技术框架,旨在打破现有国际互联网 13 个根服务器的数量限制,克服根服务器在拓展性、安全性等技术方面的缺陷,制定更完善的下一代互联网根服务器运营规则,为在全球部署下一代互联网根服务器做准备。

一起的,其本质是危害网络安全与秩序的信息犯罪。其具体表现是删除、修改、增加、干扰相关信息,以及制作和传播非法信息(如病毒、谣言等),随着新媒体时代信息技术迅速发展,网络犯罪的类型和案例日趋复杂。2015年,英国因网络犯罪而蒙受210亿英镑损失,网络犯罪数量较2014年飙升20%。移动终端上的App、微信等成为滋生侵犯版权的新土壤,基于大数据开展的各种模式的运营更是使得个人信息安全问题和隐私侵权行为再度升级。

9.3.2 网络犯罪的特点

(1)犯罪手段的高科技性。网络犯罪是一种高智能犯罪,其犯罪主体多是掌握了计算机技术和网络技术的专业人士,他们善于发现网络安全系统的缺陷与漏洞,然后对网络系统及各种电子数据、资料等信息进行攻击,如植入病毒和木马程序等。网络犯罪作案时间短,可在瞬间完成,且往往不留痕迹,具有隐蔽性,给网络犯罪案件的侦破和审理带来了极大困难。

(2)犯罪行为的高隐蔽性。网络空间自身的开放性、虚拟性和超时空性决定了网络犯罪的隐蔽性,因为网络犯罪的直接对象也通常是那些无形的电子数据和信息,而信息数据本身是看不见、摸不着的。同时,网络犯罪通常在弹指间即可进行,具有瞬时性的特点,很难留下蛛丝马迹,具有很高的隐蔽性,从而增加了网络犯罪案件的侦破难度。

(3)犯罪结果的高危害性。目前,网络已深入到我们的经济、政治、军事、医疗、教育以及日常生活的各个领域,现代社会对数字网络产生了高度的依赖性。网络的普及程度越高,网络犯罪的危害也就越大。一旦这些部门遭到破坏,对国民经济发展和社会稳定都将产生巨大的影响,后果不堪设想。

(4)犯罪空间的超空间性。虚拟网络空间(赛博空间)的无国界性为网络犯罪跨国界、跨地域作案提供了可能。从理论上说,只要拥有一台可以联网的终端设备,就可以在全球网络范围内任何一个站点实施犯罪活动。这种跨国界、跨地区的网络犯罪隐蔽性很强,对犯罪事实的取证和认证相当困难,不易侦破,而且网络犯罪中的量刑与执法也比较困难。

(5)犯罪成本的低投入性。网络犯罪的成本非常低廉,且传播迅速,传播范围广。只需要一台能够上网的数字终端,就可以实施网络犯罪行为,操作起来极为方便快捷。就网络谣言而言,其传播方式成本几近于零,只要敲一下键盘,从理论上来说就可以传播给所有人,危害极大。

9.3.3　网络犯罪的类型及特征

目前,新媒体环境下的网络犯罪大致可归纳为三种类型:第一类是利用网络系统进行各种犯罪活动;第二类是以网络系统为目标的犯罪活动;第三类是将网络作为获利来源的犯罪活动。

具体来说,网络犯罪主要包括以下几种类型:

(1)侵犯个人隐私、商业秘密或国家秘密。新媒体时代,人们对网络的依赖性越来越强,数字化的生存方式令个人隐私直接暴露于公众面前,隐私被侵犯的可能性大大增加。在移动传播时代,移动应用程序正在成为新的数据泄露主体。2014 年国家信息安全漏洞共享平台收录 1710 个涉及移动互联网终端设备或软件产品的漏洞,都可能成为不法分子获取用户信息的入口,各类订票、社交、浏览器、论坛等 App 都曾发生过数据泄露现象。需要着重指出的是,各类互联网金融应用成为信息泄露的主要渠道,互联网金融涉及资金较多,容易被不法分子盯上,系统漏洞一旦被不法分子利用,将造成不可挽回的损失。事实上,斯诺登事件已经给我们提出了严重警告,上至国家,下至个人,信息安全正在遇到越来越多的挑战。

(2)制造或传播计算机病毒。数字化时代的病毒数量和增长速度同比增长。1994 年,每小时监测到一个新病毒;2006 年,每分钟监测到一个新病毒;2011 年,每秒钟就监测到一个新病毒;现在每天能监测到 20 万个新病毒。据悉,在新增病毒中,弹窗广告因具有很大迷惑性已成电脑病毒的主要类型。据腾讯电脑管家实验室相关数据显示,截至 2014 年 12 月 31 日,2014 年电脑端感染最多的前十位病毒类型分别为:弹窗广告、盗取 QQ 账号及密码、刷流量、Rootkit、篡改或锁定主页、恶意注入、恶意下载器、盗取游戏账号及密码、后门或远程控制、劫持浏览器。随着社交化时代的到来,社会越来越关系化和网络化,网络社会崛起,基于社会关系网等精准化病毒传播方式将越来越成为主流传播渠道。

(3)网上贩卖违禁或管制物品。在网络上贩卖违禁物品、违禁药品、管制物品或者管制药品,这些网络平台多用于武器、毒品交易,非法劳务交易和数据间谍活动。在这些非法交易平台上,最典型的是暗网,暗网是不能被标准的搜索引擎索引得到的网络,信息量庞大。其独特之处在于用户可以完全匿名,不会被发现真实身份。暗网上充斥着各种毒品交易、军火交易、走私、器官买卖、人口贩卖、杀手、黑客、邪教、恐怖组织、色情、性变态、金融犯罪、洗黑钱等。2013年被FBI打掉的"丝绸之路"(Silk Road)在暗网上贩卖各种毒品、枪支和违禁品,自创建以来向全世界近一百万顾客销售了价值12亿美元的违禁品。

(4)网络诈骗。网络诈骗是指以非法占有为目的,利用互联网采用虚构事实或者隐瞒真相的方法,骗取数额较大的公私财物的行为。在网络犯罪中,网络欺诈是造成损失较多、表现形式最为丰富的一种类型,概括而言,主要有网络传销诈骗、网络购物诈骗、网络中奖诈骗、网络钓鱼诈骗、海外网络私募基金骗局、"股神"网上传授炒股经验、盗取社交账号诈骗、二维码诈骗等等。随着网络的飞速发展,网络诈骗犯罪日益严重,其方法手段也在不断更新。据媒体统计,2015年第二季度,全国网络诈骗举报6919起,较第一季度增长了40.6%。值得注意的是,网友遭遇手机端诈骗时的人均损失约接近PC端诈骗人均损失的3倍,手机短信和手机QQ正在成为诈骗信息传播的重要渠道。

(5)网络色情。网络色情主要以传播色情内容和散布性交易信息为主,网络时代的传播更加隐蔽和快捷,传播面也更广。网络色情犯罪的主体一般以低龄男性为主,文化程度相对较高,大多都有正当职业。网络色情信息一般通过服务器传播,可以在异地甚至异国作案,2004年8月,中国司法部门破获了中国网络史上最大的色情传播案,其幕后操作人王勇是一位华裔美国人,居住在纽约市法拉盛皇后区。近些年来,我国在打击网络涉黄方面取得了重大成果,如今网上"赤裸裸"的淫秽信息已不多见。但是,在某些网站的弹窗、侧栏以及二三级网页,隐晦但挑逗性的"淡黄"信息却随处可见,为了提高点击率,这些游走在色情边缘的"擦边球"行为在网上非常普遍。同时,某些网络直播平台、云盘、社交平台等也出现了传播低俗信息和色情表演的情况。

(6)网络敲诈。网络敲诈主要是指以在互联网上发布、删除等方式处理负面信息为由,威胁、恐吓、要挟他人,索取公私财物的行为,其最常见的表现形式是"不给钱就发稿上帖"、"给钱就撤稿删帖"。2014年9月,财经媒体21世纪网包括主编、副主编在内的相关人员,因涉嫌特大新闻敲诈案被上海公安机关依法采取强制措施。涉案人员以 21 世纪网为主要平台,采取公关公司招揽介绍、业内人员物色筛选等方式,寻找具有"上市""拟上市""重组""转型"等题材的上市公司或知名企业作为"目标"对象进行非法活动。对于愿意"合作"的企业,在收取高额费用后,通过夸大正面事实或掩盖负面问题进行"正面报道";对不与之合作的企业,在 21 世纪网等平台发布负面报道,以此要挟企业投放广告或签订合作协议,单位和个人从中获取高额广告费或好处费。据警方查证,21 世纪网先后迫使 100 多家 IPO 企业、上市公司建立了合作关系,收取每家企业 20 万至 30 万费用,累计数亿元。

(7)网络诽谤。网络诽谤是指在网络上发表不实言论,辱骂、威胁他人、侵犯他人权益、妨害他人名誉的行为,基于互联网的特性,网络诽谤的危害性要比传统诽谤的危害性更广更大。在新媒体迅速发展的背景下,网络诽谤事件日益增多,严重扰乱了正常网络秩序。2013 年,中国最新司法《关于办理利用信息网络实施诽谤等刑事案件适用法律若干问题的解释》规定,利用信息网络诽谤他人,同一诽谤信息实际被点击、浏览次数达到 5000 次以上,或者被转发次数达到 500 次以上的,应当认定为刑法第 246 条第 1 款规定的"情节严重",可构成诽谤罪。2014 年 4 月 17 日,秦志晖(网名"秦火火")以寻衅滋事罪被判处其有期徒刑一年零六个月,决定执行有期徒刑三年,该案是新司法《解释》出台以来第一起依法公开审理的典型案件。

(8)网络谣言。网络谣言是指通过社交平台、网络论坛、邮箱、聊天软件等新媒体传播的没有事实依据的话语,主要涉及突发事件、公共领域、名人要员、颠覆传统、离经叛道等内容。谣言传播具有突发性,且流传速度极快,网络造谣成本很小,但极容易诱发群体性事件,严重扰乱社会管理秩序,造成的恶劣影响难以估量。从 2011 年 7 月到 2013 年 8 月,秦火火共制造了超过 3000 条谣言,其中发布的"动车事故 2 亿元天价赔偿"、"红十字会强行募捐"、"李双江之子非亲生"、"杨澜从股市骗钱诈捐逃税"等内容社会影响巨大。他在微博发布的"动车事故天价赔偿"不到两小时内就有 1.2 万人转发微博,最后铁道部不得不出面澄清。在今天的移动互联网时代,网络谣言的传播渠道呈现多样化趋势。微信、微博、论坛等成为网络谣言传播的"重灾区"。

(9)网络赌博。在《关于办理网络赌博犯罪案件适用法律若干问题的意见》中,将利用互联网、移动通讯终端等传输赌博视频、数据,组织赌博活动,建立赌博网站并接受投注或供给他人组织赌博的,为赌博网站担任代理并接受投注的,参与赌博网站利润分成的,均被认为是违法行为。近些年来,网络赌博的案件规模、涉案范围不断增加,对社会危害性极大,如北京"宝盈"网络赌博案、深圳成都"永利高"赌博集团案、广东特大跨境网络赌博案、南京借"银商"为掩护的新型网络赌博案等多起案件告破。其中,在广东省侦破的案件中,50多万人参赌,有的月平均投注近10亿笔、月总投注额逾4000亿元,其参与人数和参赌资金均创出全国查处此类赌博案之最。

(10)网络恐怖主义。所谓"网络恐怖主义"是"网络"与"恐怖主义"相结合的产物,通常被认为是非政府组织或个人有预谋地利用网络,并以网络为攻击目标,以破坏目标所属国的政治稳定、经济安全的恐怖活动,其目的是扰乱社会秩序,制造轰动效应,以此来胁迫或威胁某国政府或其民众达到某种政治或社会目的,是恐怖主义向信息技术领域扩张的产物。近些年来,网络战也日益成为恐怖主义利用的手段,随着"基地"等恐怖组织利用互联网招兵买马、策划恐怖袭击,网络恐怖主义引起了各方重视。2015年2月10日,一个自称是"网络哈里发"的黑客团伙盗取了美国《新闻周刊》的推特账号,并利用该账号发送了一系列支持极端恐怖组织"伊斯兰国"的言论。与此同时,美国中央司令部以及其他组织的推特账号也遭该黑客团伙攻击。该黑客团伙在《新闻周刊》推特账号发布的一条信息这样写道:"血腥情人节!米歇尔·奥巴马,我们看着你呢,还有你的女儿们,你的丈夫!"

(11)网络知识产权犯罪。侵犯知识产权罪是指违反知识产权保护法规,未经知识产权所有人许可,非法利用其知识产权,侵犯国家对知识产权的管理秩序和知识产权所有人的合法权益的行为。在互联网时代,人们可以轻易地获取和拷贝信息,包括软件、图片、视频、书籍等等,可以通过网络无限制地向其他用户发送数字化作品,也可以放到互联网上供人浏览、下载,互联网从而成为侵犯知识产权的"重灾区"。2011年3月15日,贾平凹、韩寒等50位作家公开发布《中国作家声讨百度书》,指责百度文库"偷走了我们的作品,偷走了我们的权利,偷走了我们的财物,把百度文库变成了一个贼赃市场"。在舆论压力下,百度删除了百度文库内未获授权的作品,推出了一个版权合作平台。当下,网络环境下的知识产权侵权行为涉及制作、储存、传输、服务器架设、线上线下推广、广告加盟等多个环节,容易形成犯罪产业链。2013年11月,肖某与陈某为牟取非法利益,由肖某制作、升级和维护针对热门网络游戏《征途 2》的"外挂"软件,陈某则通过网络对外销售,短短半年多就牟利 180 万余元。"外挂"软件破坏了游戏的正常操作流程和正常运行方式,两人均被判处有期徒刑五年零六个月,并处罚金 5 万元。

9.3.4　网络犯罪的管理对策

在新媒体迅猛发展的今天,信息的沟通更加便利,普通民众拥有了越来越多的话语权,但自由意味着更多的责任和义务,然而有一些人却无视社会责任,滥用新媒体之便从事危及公众安全的活动,这也让社交网络的规范管理显得尤为迫切。互联网构建的虚拟空间不是法外之地,它既不是自由主义的乐园,也不是现实法律的真空地带,更不是互联网犯罪的天堂,世界各国政府正逐步将赛博空间纳入到政府管理体系中来。依法管理互联网已成国际惯例,只有明确互联网法律保护什么,禁止什么,明确互联网主体参与者的权利和义务,才能保障互联网健康、有序、快速地发展;只有依法管理好互联网,才能让网民安全使用互联网,共享互联网科技进步带来的硕大成果。

1. 立法管理

在经历了互联网发展的草莽时期之后,新媒体监管的政策和法规正在试图发挥作用。以美国为例,作为互联网的诞生地,美国非常重视建立健全互联网管理的法律法规,在 1996 年出台的《电信法》中,美国政府就将互联网定性为"与真实世界一样需要管控"的领域。按美国相关法律规定,凡利用网络危害社会稳定和国家安全、煽动和诱导犯罪、损毁他人名誉、欺诈侵权、黑客攻击、传播色情信息等都要追究刑事责任。自 1978 年以来,美国政府各部门先后出台了 130 多项法律法规,现已成为互联网管理的主要法律依据。

在保护未成年人方面,美国国会自 1996 年以来先后通过了《通信内容端正法》《儿童在线保护法》《儿童互联网保护法》等法律,对色情网站加以限制。根据《儿童互联网保护法》,公共图书馆必须给联网计算机安装色情过滤系统,政府对建立网络过滤技术系统提供资金支持,以防止未成年人上网接触"淫秽、儿童色情和伤害未成年人的露骨描述"。法案还规定,任何因商业目的在互联网交流中导致未成年人接触有害信息者,将处以 5 万美元以下的罚款或被判 6 个月以内的拘禁。

在确保国家安全方面,美国国会在"9·11事件"后通过了《爱国者法案》,授权国家安全和司法部门对涉及化学武器等恐怖行为、计算机欺诈及滥用等行为进行电话和电子通信监听,并要求电子通信和远程计算机服务商,在紧急情况下必须向政府提供用户的通信内容。另一部《国土安全法》则对互联网的监控更为严密,该法案增加了有关监控互联网和惩治黑客的条款。有了这两部法案,网络服务商的信誉和网络用户的隐私与机密只能让位于国家安全,而这也是"棱镜门"事件最初的起因。

在互联网版权问题上,美国国会在1998年通过了《数字千年版权法》,对网上作品的临时复制、网络上文件的传输、数字出版发行、作品合理使用范围及数据库的保护等重新定义,规定未经允许在网上下载音乐、电影、游戏、软件等行为系非法,网络著作权保护期为70年。这一法律对版权的拥有者和网络服务商给予保护,包括图书馆员、教育机构、网站拥有者、网络用户、网上广播者等在内的所有人。

在反垃圾信息方面,美国国会在2003年通过了《反垃圾邮件法》。该法规定,任何人未经授权向多人(24小时发100条、30天发1000条或1年发1万条)发送含虚假商业信息的电子邮件均为违法,可受到罚款或关押不超过5年的处罚,或同时并罚。美国有些州还对使用互联网和电子邮件等方式蓄意伤害他人情感的事件定为刑事骚扰犯罪,可判处最高2年半刑期或不超过1000美元罚款。佛罗里达州规定,使用电子邮件和互联网对他人骚扰的,构成一级轻罪;如利用互联网对16周岁以下青少年进行骚扰的,将构成三级重罪。

中国也在大力推进互联网方面的立法监管,目前,中国已经制定和颁布了《全国人大常委会关于维护互联网安全的决定》《关于加强网络信息保护的决定》《互联网新闻信息服务管理规定》《互联网信息服务管理办法》《关于办理网络赌博犯罪案件适用法律若干问题的意见》《关于办理危害计算机信息系统安全刑事案件应用法律若干问题的解释》《关于办理利用互联网、移动通讯终端、声讯台制作、复制、出版、贩卖、传播淫秽电子信息刑事案件具体应用若干问题的解释》《关于办理利用信息网络实施诽谤等刑事案件适用法律若干问题的解释》《审理编造、故意传播虚假恐怖信息刑事案件适用法律若干问题的解释》等多部针对互联网的法律、行政法规、司法解释和部门规章,建立了互联网法律制度,这些法律法规的颁布为依法管理互联网提供了基本依据,为维护网络信息安全发挥了重要作用。

但是,相比较于新媒体科技的发展速度,赛博空间内相关政策和法规的建立和规制永远是滞后的,而且因为互联网信息化的特性,在政策监管和执行上存在着相当的难度。同时,如何把握政府监管和信息自由的平衡,都是国内外政府在新媒体监管中遇到的需要辩证处理的棘手问题,"棱镜门"事件的曝光就凸显了政府在互联网监管上对公民权利自由的践踏,这是值得警醒的。

2. 技术监控

因为互联网自身的技术特性,在互联网的监管上,世界各国政府针对不同的网络内容,借助高科技的手段来保护、规范、限制或禁止。目前,对于在互联网上的非法信息、不良信息和有害信息,在技术层面主要采取安全技术手段,及时修补安全漏洞,防止黑客入侵,阻隔病毒攻击,并对网络上的海量信息进行分级和过滤,从而构建有效的信息防护机制。当前,普遍运用的主要技术措施有:运用防火墙技术来判断数据包的合法性,从而决定接受、丢弃或拒绝;运用数据加密技术减小信息泄漏的可能;通过改进通信协议增加网络安全功能;运用指纹扫描技术保护系统的安全性;等等。

目前,美国网络舆论控制最常见的技术手段是对内容进行分级与过滤。麻省理工学院所属的 W3C 组织(World Wide Web Consortium)推动了PICS(Platform for Internet Content Selection)技术标准协议,它设立网络分级制度标准,完整定义了网络分级所采用的检索方式。以 PICS 为发展核心的 RSAC 研发例如 RSACi(RSAC on the Internet)分级系统,主要以网页呈现内容中的性、暴力、不雅言论或裸体表现程度等四个项目作为依据进行分级。SafeSurf 也是美国一个著名的分级服务商,建设让孩童及网络使用者免受成人与色情等网络内容伤害的自我分级系统。

CyberPatrol 是美国过滤软件的一个代表,分为家庭版和教育版,通过对 CyberLISTS 进行更新,用户可以对自己的名单进行添加或删除。对不良信息的过滤,政府通常制定一个封堵用户访问的"互联网网址清单",对网络信息进行过滤和筛选。对隐私权的保护也有专门的软件,在消费者进入网站之前,保护隐私的技术软件会自动提醒消费者哪些信息将要被收集,然后由消费者决定是否继续浏览该网站,或者让消费者在软件中先行设定只允许收集的特定信息,除此以外的信息则不能收集。

"9.11"事件以后,美国政府秘密展开了庞大的技术监控计划,以至于国家安全局的服务器已无法装填搜集到的海量数据,为此他们在犹他州布拉夫代尔小镇建立了一个数据储存中心,足够储存这个世界100年的有价值的电子通信。时至今日,美国政府对公共信息的搜集和监控已扩大到全球70亿人。但是,这种技术性监控在可能保证美国国家安全的同时,也极大损害了美国公民和世界上其他国家的合法权益,因此,引起了人们对于美国政府警察化的恐惧!

美国电子前沿基金会法律主管辛迪·柯恩:

"我们知道他们收集了美国的电话记录,他们收集监控了深海电缆,我们知道他们从国外复制了人们的通讯记录,这些都是非法的,全球所有公民需要站起来,呼吁我们在交流时应有的隐私,这是人类尊严的一部分。"

国外街头戴面具的游行示威者:

"我们被当作可疑的人对待,国家安全局监控着我们一切行为,通话、邮件信息,追踪我们的行踪,还有间谍或私人公司,通过电脑和浏览的网页监控我们,他们拿我们的信息做了什么。"

今天,新媒体时代的国家安全问题已经成为当今世界都面临的共同问题,安全性的强度通常取决于安全部门尽可能掌握更多动态的信息!

正如英国牛津大学互联网研究所教授卢哈诺·弗洛里迪所说:

"如果我们想要保护,我们就需要预测,如果要预测,就要获得信息,这就意味着要监控,每个政府都具有保护公民的职能和保护公民不受侵犯的职能,但这两项职能是相违背的,那么安全性和隐私性之间的平衡,是每个国家都面临的困难抉择!"

3. 道德自律

当前,国际互联网管理上遵循的共同思路是"少干预,重自律"——以行业自律为主,以行政管理导航,同时加强技术管理,辅以必要的法制管理。在国际范围内,英国在互联网的自律管理这一方面比较典型,英国对于互联网进行管理时主要采用"监督而非监控"的理念,即最低限度的管制,基于事实的管制,与市场竞争状况相称的管制。在互联网管理上,主要通过行业自律组织——英国互联网监视基金会①来进行行业自律,其基本宗旨就是要和网上的刑事犯罪内容作斗争,消灭儿童色情和种族仇恨等内容。它的主要任务是搜寻网上的非法信息(主要是儿童色情资料),并将这些非法信息、发布这些信息的网站通知给服务商,以便服务商阻止网民访问问题网站,最终能使网络服务商避免被指控故意传播非法信息而招致法律制裁。

1996 年 9 月 23 日,为鼓励互联网从业者自律,英国互联网监视基金会与网络服务商(ISP)协会、伦敦网络协会共同颁布了《3R 安全规则》(R3 Safety-Net)文件,亦即《安全网络:分级、检举、责任》②。这是国际上第一个网络监管的行业性法规,3R 分别代表分级认定、举报告发、承担责任。该法规的宗旨是消除网络儿童色情内容和其他有害信息,对提供网络服务的机构、终端用户和编发信息的网络新闻组,尤其对网络提供者进行了明确的职责分工。

此外,美国计算机伦理协会的“计算机伦理十诫”也可以借鉴,该伦理戒律是参照“摩西十诫”提出的,即:

你不应用计算机去伤害别人;你不应干扰别人的计算机工作;你不应窥探别人的文件;你不应用计算机进行偷窃;你不应用计算机作伪证;你不应使用或拷贝没有付钱的软件;你不应未经许可而使用别人的计算机资源;你不应盗用别人的智力成果;你应该考虑你所编制的程序的社会后果;你应该以深思熟虑和慎重的方式来使用计算机。

同时,该协会还提出了伦理与职业行为的八条准则,即:

---

① IWF,全称互联网监视基金会(Internet Watch Foundation),成立于 1996 年,是政府倡导下由英国的网络中介服务提供商们自发设立的一个行业自律组织,以实现互联网行业的自我管制和自我保护。IWF 是英国目前唯一被批准的网上“热线”,它提供的是免费服务。这个行业组织现在是由 50 多个国际机构加盟投资的,包括欧洲和英国的互联网产业,它在英国的互联网管理中起着举足轻重的作用,并积极参与了国际合作。

② 其主要内容是:第一,由网络服务商和用户共同组成一个独立组织——互联网监视基金会,负责接收和处理举报的网上儿童色情内容和其他有害信息,同时支持对网上内容进行分级认定和系统开发;第二,IWF 将给网上的每一个新闻组发送的正常内容提供一个合法的标识;第三,IWF 设立热线举报电话,提供 24 小时服务,供公众举报网上非法内容;第四,如果经查实网上非法内容的原发地在英国,即会按英国法律通报输入有害信息的当事人,责令其清除有害信息。如不配合,IWF 则会要求网络服务商采取行动,并通报给负责处理全国刑事犯罪案件的警察服务中心处理。如果网上非法内容的原发地不在英国,则通报给有关机构处理;第五,网络服务商必须以负责的态度和办法提供服务,采取合理的、可操作的相应措施阻止非法使用网络,并能提供一套具有高灵敏度的检测装置来鉴定非法的内容与行为。

为社会和人类做出贡献;避免伤害他人;要诚实可靠;要公正并且不采取歧视性行为;尊重包括版权和专利在内的财产权;尊重知识产权;尊重他人的隐私;保守秘密。

因为互联网犯罪独有的特点和互联网法律法规的滞后性,同时考虑到技术性防范的被动性,以及由此可能带来的对于公民信息自由和公民权益的潜在的损害性,互联网管理方面的道德自律就成为了一个必要的选项。互联网上交往的虚拟性和匿名性,淡化了人们的道德观念,削弱了人们的道德意识。要对互联网实施有效控制,应依靠立法监管,辅以技术安全控制,加强行业和个人伦理道德的自我约束,自觉地遵守有关网络法律规范,以此作为提高业界和用户的媒介素养,并规范自己的网上行为的自觉手段。而只有互联网行业实行自我监管,由互联网的各服务商按照行业协约进行自我管理,才可能有效控制由网络引发的一系列问题。

思考题:

1. 赛博空间的特征是什么?
2. 你认为对互联网的监管上有哪些对策?
3. 对于政府监管与网络自由之间的矛盾,你怎么看?
4. 何谓网络犯罪?其特点是什么?
5. 网络犯罪主要有哪些类型?其特点和危害是什么?
6. 从个人角度出发来谈谈个人信息的安全问题。

第 10 章 ┃ 新媒体的发展趋势

近些年来,新媒体传播的迅猛发展,使得社会的方方面面都受到影响。不管是政治、法律、军事,还是教育、宗教、医疗,都被新媒体传播的强大力量改变着。目前,新媒体的发展会有一个冲破自身局限、分流传统媒体影响力的过程。默多克说,未来的读者和观众年轻而富有朝气,对新技术极其敏感,不愿意被领导,并且知道在这个媒体充满竞争的世界里,他们可以随时、随地、随心所欲地用任何他们喜欢的方式获得任何他们想要得到的资讯。当前,世界的权利和资源正在发生转移,这些年轻的受众必将左右未来媒体的发展。如果不正视这一现实,我们最后将很有可能会独守一个荒芜的家园。

10.1 全媒体的融合

当下,新媒体已经实现"多媒体融合"(Media Convergence,又译为"多媒体汇流"),并日趋社会化、移动化、平台化。所谓"多媒体融合"主要包含几个方面的意义:一是技术的融合,数码化技术使文字、图片、音频、视频图像融为一体,在共同的媒体平台上传输信息;二是技能的融合,未来的媒体工作者将掌握多种媒体操作技能,也就是不仅会写稿,还要会摄影、摄像、掌握电脑和其他新媒体制作的技能;三是传媒机构和产业资本的多媒体融合,即传统媒体的产业价值链在多媒体的平台上延伸,实行集团化整合化的经营和管理;四是媒体平台与自媒体平台相融合,传统媒体在打造自己的数字媒体平台的同时,越来越多地在影响力巨大的自媒体平台(如今日头条号、微信公众号等)上发布信息;五是媒体内容与社交和服务相融合,从门户网站到社交平台,从 PC 端到移动端,从微博到微信,从原来的内容集成平台和信息发布平台,新媒体逐步进化成为综合的服务平台。

10.1.1　传统媒体和新媒体融合

新媒体的出现并未改变内容需求本身,它只是改变了内容的表现形式和传播方式,而传统媒体和新媒体的融合才将是大势所趋。新旧媒体之间存在着交替、互补和整合的关系。2008年12月,长江文艺出版社和中文在线宣布,冯小刚的首部长篇小说《非诚勿扰》将以传统图书、互联网、手持阅读器、手机阅读等四种形式同步出版,再加上当时正在上映的同名贺岁电影,可以算是五路同时出版。2009年3月26日,英国电影《贫民窟的百万富翁》携八项奥斯卡大奖登陆中国,其同名原著也以全球全媒体出版方式与电影同步首发。该书同时依托传统图书、互联网、手持阅读器、手机阅读平台等形式,实现多渠道全媒体同步出版。

在数字化时代,网络数码产品快速融入了普通人的日常生活,"界面"阅读开始替代"纸面"阅读,阅读大环境也随之发生了巨大的变化。在海量资讯、数字化平台和市场化运营的大背景下,出现了快速浏览、消费式阅读、实用型阅读、精读等多种状态并存的局面。阅读已远远不是只有青灯烛影里捧书静读的一种场景,它可以在家中、在途中、在任一有暇的时段;捧在手里的也可以不是书,而是一款数码终端——它容量巨大,且能不断接收到新的篇章。数字化平台可以是互动的,是低成本的,是快捷且易于刷新的,是便于读者的,这一切意味着丰富的成长可能性和令人意想不到的空间。

应当看到,新媒体传播的新意在于,它不仅仅是阅读平台的变化,更会引起"作者——创作——作品——出版/传播——读者"这一链条的深刻变革,它将赢得大批增量读者群,迅速增加阅读人口。在全媒体出版模式下,"任何人可以在任何时间、任何地点、以任何方式获得任何内容"。鉴于长期以来形成的阅读习惯,新媒体阅读平台出现后,一般并不会出现原来读纸质书的人改为界面阅读的局面,倒是会互补互惠,相得益彰,吸引进而培育通过网络和数码产品阅读的新的阅读人口。

2016年4月18日,中国新闻出版研究院发布的《第十三次全国国民阅读调查》数据显示,2015年我国成年国民图书阅读率为58.4%,同比上升0.4个百分点;数字化阅读方式的接触率为64.0%,首次明显超过纸质阅读。其中,成年国民网络在线阅读率首次过半,达到51.3%,同比增长1.9%;成年国民手机阅读率最高,达到 60.0%,同比上升高达 8.2% 个百分点,电子阅读器阅读、Pad 阅读及光盘阅读等都呈增长态势。在数字阅读中,微信阅读最为普及,据统计,有 51.9% 的成年国民在 2015 年进行过微信阅读,同比增长 17.5 个百分点,增幅超过 50%。

短短几年时间,互联网的新技术、新应用层出不穷。从电子邮件到新闻信息发布,到检索、搜索,到论坛、BBS,到即时通讯,到聊天室,到网络游戏、网络音乐、网络电视,到新闻聚合,到博客、播客、维客、掘客,从个人空间到微博,再到微信,等等。有人问网络媒体和传统媒体最大的区别在哪里?最大区别就在于后者是有边沿的,前者是无边沿的。报纸版面就是边沿,无论你有多少块版,总有一个限;广播时段就是边沿,无论你有多少频道,总有一个限制;电视也一样。唯有互联网,你永远看不到它的边,找不到它的沿,它是无限的。一条新闻,做起来可以是无限的,一个频道,做起来可以是无限的,整个网站更是无限的。从更大范围看,文化、教育、商务、行政等等,没有一项不能在互联网上做到无边无沿的发展。

早在 2000 年,传媒大亨默多克就梦想通过狂烧 20 亿美元整合新闻集团的平面媒体、卫星、有线、互联网资源。数年之后,默多克再次高调向媒体宣布将 2006 年定义为新闻集团"开展全球媒体网络营销年","新闻集团必须采用多媒体战略,接受手机、iPod 播放器甚至掌上游戏机作为新闻的新载体,新闻的优势是内容服务,而网络的核心是个性化选择,通过对两者的整合,新闻集团将重新定义媒体传播的意义"。

另据路透社报道,2006 年 11 月,路透社集团已经开始投资美国博客科技公司 Pluck Corp,并表示将在路透社的新媒体战略中在全球范围内推广博客。Pluck 公司经营着世界上最大的博客联合网络媒体 BlogBurst,BlogBurst 选择了大约 2800 个博客,并介绍给许多报纸和媒体网站,使得这些传统媒体可以从博客中得到他们需要的文章观点和多重信息。路透社媒体公司总裁 Chris Ahearn 说:"这项计划是要将全世界范围内的博客中发生的事情提炼、编辑,并为我们所用"。

以百度、阿里巴巴、腾讯为代表的互联网公司,更是纷纷加大了对传统媒体业务的渗透。2015 年,阿里巴巴对传媒业进行了一系列参股投资行为,先后投资《北青社区报》、第一财经传媒,收购香港及东南亚地区最重要的英文报纸《南华早报》。腾讯则借助自身庞大的用户基础,积极实施区域化媒体合作战略,除了入股财新传媒,还间接参股了《成都商报》及其旗下的《每日经济新闻》。此外,百度、奇虎360和小米等互联网企业也纷纷布局媒体。

10.1.2　大众传播与社交传播融合

在《什么是社会化媒体》的一书中,作者安东尼·梅菲尔德将其定义为一种允许人们撰写、分享、评价、讨论、相互沟通的网站和技术,是一种给予用户极大参与空间的新兴在线媒体,是网民自发贡献、提取、创造新闻资讯然后传播的过程。概括来说,社交化媒体具有以下几个特征:参与、公开、交流、对话、社区化、连通性。

微博、微信、Twitter、Facebook等社交媒体的广泛应用,将人际传播和大众传播无缝连接起来。每个人都可以生产信息,通过社交媒体发布信息,与此同时别人的评论、转发等行为又造成该信息在社交媒介上广泛传播,社交媒体传播的信息已成为人们获取信息的重要渠道。社交传播属于直接传播,拥有社交账号的个人、组织或国家,都可以直接面向自己的粉丝群体发出信息。

所谓的"推特外交"(Twiplomacy),就是将"推特"等社交网络作为外交活动的平台。2007年,美国总统奥巴马成为第一个加入社交网络的领导人,此后,各国领导人和政府机构越来越多地投身社交网络,以发布消息、沟通民意甚至个人营销。2013年7月,博雅公关发布的一份报告显示,全球有77.7%的国家领导人或政府机构拥有社交网络账号,涉及了全世界153个国家。最有人气的领导人是美国总统奥巴马,他有3300万粉丝,拥有Facbook、Google plus等社交工具,其次是天主教教宗方济各,回复粉丝讯息最勤快的则是乌干达总理。

以互联网和手机为代表的新媒体的普及宣告了新媒体时代的来临,比如电子商务内容的升级开发,多种消费体验和内容。比如手机模式,可以充分利用手机的随身性,使得人们只用一部手机就能进行所有的生活消费。还有手机报、手机电视、手机上网、手机写博,这些都是手机与媒体的结合形式。新媒体将不仅仅作为新技术所带来的新介质,同时也会对媒介产业的每一个环节、每一个链条、每一个组成部分产生影响,最终会影响到整个上游的生产组织形态和资源的分配,媒体的运作方式和运作理念也必将产生质的变化。

近些年来,随着移动网络的普及,WiFi 和 4G 网络的覆盖率不断扩大,以及智能移动终端设备价格的降低和销量的增加,尤其是智能手机、平板电脑、智能可穿戴设备的持续热销,每一个智能终端都可以轻松连接移动网络。最新数据显示,截至 2016 年 6 月,我国手机网民规模达 6.56 亿。网民中使用手机上网的比例由 2015 年底的 90.1% 提升至 92.5%,手机在上网设备中占据主导地位。其中,仅通过手机上网的网民占整体网民规模的近四分之一。在这种情况下,微信、微博等移动社交类媒介的普及运用对移动互联网的发展也起到了具有明显促进作用,移动互联的发展将人们从有线羁绊的网络终端中解放出来,实现了真正的网络"泛在化"状态。

2015 年,中国移动互联网市场规模达到 30 794.6 亿元人民币,增长 129.2%。预计到 2018 年,中国移动互联网市场规模有望达到 76 547 亿元人民币。移动生活服务是市场份额增长最快的大类,移动旅游、移动团购和移动出行领域是移动生活服务增长的主要来源,同时也成为信息传播的主要平台。媒体不再是网络新闻获取的唯一渠道,移动社交网络和移动服务平台开始衍生出媒体属性,成为资讯分发的主渠道之一,对于内容源的影响能力加大。

以人民日报、新华社、中央电视台为代表的主流传统媒体,大胆探索"中央厨房"、"全媒体平台"和"智慧融媒体"①等新媒体发展模式,深度介入媒介融合发展格局。截止目前,人民日报社已拥有 44 家网站、118 个微博机构账号,142 个微信公众账号和 31 个手机客户端,用户总计扩展到 3 亿个。中央电视台新闻微博、微信、微视频及客户端"三微一端"用户达到 2.3 亿个,央视网月度独立访问用户 5.15 亿个。

10.1.3　媒体与非媒体融合

传统媒体努力向新媒体转型,新媒体努力向全媒体转型。今天,媒体的传统"边界"正在消失,越来越多传统意义上的"非媒体"进入到媒体领地,每个单独的个人,只要能够接入互联网络,都可以成为信息的生产者和传播

---

① "融媒体"是指充分利用媒介载体,把广播、电视、网络等既有共同点,又存在互补性的不同媒体,在人力、内容、宣传等方面进行全面整合,实现"资源通融、内容兼融、宣传互融、利益共融"的新型媒体。

者,而更多的以厂商和个人品牌为代表的服务提供者,如 Facebook、Google 等非媒体科技公司,开始从传统的商品提供转向基于社交媒体平台的内容自传播模式。基于其强大的社交网络或产品生态影响力,这些非媒体开始在媒体内容传播甚至生产上进行媒体化操作,媒体的专业界限日趋模糊。

早在 2010 年的上海世博会,4G 技术已经预示了一个全新通信时代——即摄即传时代(私媒体时代)的到来。被称为准 4G 的 TD-LTE (Long Term Evolution,一种专门为移动高宽带应用而设计的无线通信标准)即摄即传技术等一系列国际先进信息服务技术在世博中的运用,使个人直播变得更加便捷,媒介和个人的界线也越来越模糊。2010 年 10 月 1 日上午,中国国家馆日现场,盛大的庆祝活动正在进行,而采用 TD-LTE 即摄即传业务进行的活动直播也在同步进行。凭借最高传输速率可以达到下行 100 Mb/s、上行 50 Mb/s 的技术支持,二者之间的延时只在 1 秒之内。如果你有一部可以支持即摄即传业务的手机,这样的直播做起来也不会逊色于专业媒体。事实上,一些专业人士也开始使用手机做新闻。比如一些技术比较领先的电视台,做直播已经不再使用转播系统,只需要一部手机,通过目前最先进的高清视频传输系统,即"城市光网",通过畅行的宽带传输管道即可输送信息。

在世博信息传递上,第一来源可能不是官方,不是新闻机构,而是自己在网络上关注的某人的分享。依靠强大的网络,普通的世博观众在分享和互动中,开启了一个以个人视角传递信息的"自媒体"时代。"观者"边走边"织围脖",边看边在 SNS 社交网站上晒心情,用手机即时"推"送所见所感;另一端,则是在粉丝、好友关系中通过评价、转帖不断叠加并扩大的群落。网名"指尖岁月"的李颖虹是一位香港观众,她用手机拍照片,上传微博,并附上图片说明:"我在阿联酋馆看全息电影"。随后看一下"粉丝"留言,并做了 3 条回复。当踏出展馆大门时,10 来分钟的时间里,她已经完成了 1 篇微型新闻报道,处理了 3 笔业务,与在香港办公室里的效率并无二致,并且都是通过手指操纵手机完成的。

北京大学新闻与传播学院副教授胡泳表示:"在世博会这样的大型公共事件中,新媒体的浸入让发布的通道和信息都变得更丰富、立体、多元。观者通过个人视角捕捉个人感兴趣的点,在多个个体的多层次信息传递中,勾勒出一个更加全面的图景"。"原本被认定的一些受众成为了发布者,众声喧哗中展示着一个'自媒体'时代"。人民网舆情监测室分析师单学刚介绍，据统计，世博会期间人民网"我的世博日记"共有网民微博留言 3700 余条。仅新浪一家，博客中与"世博"相关的博文就有 87 万余篇，微博上，关于"世博"的条目更是达到了 117 万多条。胡泳说："新技术不仅让受众成为发布者，还能对发布者形成有效的道德约束"。"由于群落中充分的互动和分享，如果有人发布了假消息，很容易被拆穿"。

　　对于强调个性化的自媒体来说，不缺少整合能力，但缺少原创内容，特别是今后"内容"作为知识产权的理念进一步明晰后，新媒体的先天劣势会进一步放大。所以作为新媒体，一方面应该加强从业人员自身获取信息创造信息的能力，另一方面应当充分利用新媒体互动性强的优势，鼓励自媒体用户参与原创的积极性，引导用户提高原创的水平，使得新媒体上的内容更加丰富多彩，既有健康多样的"下里巴人"，也不乏能够放下身段面向大众的"阳春白雪"，以此争取更多的、各个层次的人群。

10.2　万物媒介化

　　当前，随着物联网（The Internet of Things）技术的发展，物联网和信息传播的结合已经产生了下一代的新媒体（如智能媒体、智慧媒体），物联网为新媒体的内涵注入了新的维度。物联网的概念是在 1999 年提出的，又被称之为传感网，这是继计算机、互联网与移动通信网之后的又一次信息产业浪潮。物联网是指把所有物品通过射频识别等信息传感设备与互联网连接起来，实现智能化识别和管理。小到手表、钥匙、牙刷，大到汽车、楼房、道路，只要嵌入一个微型感应芯片，实现智能化，这个物体就可以自主地发送或接收信息。借助智能感知、识别技术与普适计算、泛在网络的融合应用，人与人、人与物、物与物之间可以实现智能的连接与互动，人类的生存方式或将在各个层面发生改变。就此而言，人类世界真正进入万物皆媒时代。

　　物联网把新一代的 IT 技术充分运用在各行各业之中，具体地说，就是把传感器嵌入和装备到人体、电网、铁路、桥梁、隧道、公路、建筑、供水系统、大坝、油气管道等现实世界中的各种物体中，钢筋混凝土、深海电缆将与芯片、宽带整合为统一的基础设施，实现人类社会与物理系统的整合，整合网络上所有的人员、机器、设备和基础设施，并进行实时的管理和控制。就此而言,此前所言的"智慧地球"①开始苏醒,信息传播畅通无阻。

事实上,物联网这一代新媒体已经在不知不觉中融入社会,以智能家居、可穿戴、虚拟现实为代表的智能硬件正在推动物联网的发展,改变着我们的生活。从智能手机开始,手机能发短信、上网,能遥控电视、叫车、付钱……,到各种智能硬件应用,如智能手环、智能手表、智能家具、智能汽车……,再到各国政府与企业打造的智慧城市、智慧社区、智慧住宅等等,都是物联网的典型体现,越来越多的东西正在连接到这个迅速增大的互联网络上,这改变了传统互联网的概念,也拓宽了新媒体的内涵和维度。

让我们来描绘下"物联网"时代的媒介景观:

在不远的未来,基于物联网的服务将是无缝连接的,比如你的运动手环、智能手表记录的运动信息可以直接发送至医疗机构;城市中智能传感器所收集的数据,也能够与你的智能设备、汽车交互;当司机出现操作失误时,智能汽车会自动报警;也许有一天当你走进咖啡厅,机器人服务员就会自动为你制作适合你口味的咖啡;公文包会提醒主人忘带了什么东西;衣服会"告诉"洗衣机对颜色和水温的要求……

依靠纳米机器人、传感器和大数据技术,我们可以对身体实现更有效的管理。据报道,为了能够实时掌握美国大兵的身体状况,美国国防部先进研究项目局(DARPA)与美国陆军研究办公室(U. S. Army Research Office)共同研发了能够植入人体组织的智能生物传感器,这个植入体名为"智能水凝胶",与隐形眼镜所用材料比较类似,能够克服身体天生的排异反应。它的体积非常小,长度仅为 3～5 毫米,直径约为 500 微米,将植入皮下 2～4 毫米的位置,而且材质较为柔软灵活,使用寿命约为 2 年。通过这个项目,能够科学快速地掌握自己的实时身体状况,以便灵活安排任务行动,提升效率。

欧洲智能系统集成技术平台(European Platform on Smart systems,EPoSS)在其 2008 年的物联网研究报告——"Internet of Things in 2020"中曾经预测了物联网发展的 4 个阶段:

---

① 2009 年 1 月 28 日,奥巴马就任美国总统后,与美国工商业领袖举行了一次"圆桌会议",作为仅有的两名代表之一,IBM 首席执行官彭明盛首次提出"智慧地球"这一概念,建议新政府投资新一代的智慧型基础设施。当年,美国将新能源和物联网列为振兴经济的两大重点。如今,"智慧地球"战略被不少美国人认为与当年的"信息高速公路"有许多相似之处,同样被他们认为是振兴经济、确立竞争优势的关键战略。

(1)2010 年前,基于 RFID 技术实现低功耗、低成本的单个物体间的互联,并在物流、零售、制药等领域进行局部应用。

(2)2010—2015 年,利用传感器网络及无所不在的 RF1D 标签实现物与物之间的广泛互联,针对特定产业制定技术标准,并完成部分网络融合。

(3)2015—2020 年,具有可执行指令的标签被广泛应用,物体进入半智能化,完成网间交互标准制定,网络具有超高速传输能力。

(4)2020 年后,物体具有完全智能的响应行为,异质系统能够协同交互,强调产业整合,实现人、物、服务网络的深度融合。同时各个国家和地区都出台了对物联网的规划。

当前,物联网发展极为迅速,Gartner 的市场调研报告显示,全球每秒接入物联网的设备将达 63 台,预计 2015—2020 年间物联网市场规模将达到千亿美元量级。物联网 PaaS 平台 Xively 分析显示,截至 2020 年,全球将有 400～800 亿台设备接入物联网,其中政府设备至少占 77 亿,总金额约 21 亿美元,预计投资回报为 47 亿美元,人均拥有的物联网设备将有 10 台。在国内,从智能家具到物流配送,从基础建设到国防建设,物联网的应用范围正不断扩大。浙商证券的研报显示,2015 年中国物联网产业规模已经达到 7500 亿元人民币,同比增长 29.3%,预计到 2020 年,中国物联网的整体规模将超过 1.8 万亿元。

10.3 媒介人性化

媒介的最大价值在于帮助人类摆脱束缚、满足人们自由、平等交流的内在需求,人的需求引领着媒体的发展方向,这决定了其终极的进化方向——从"媒介化的人"到"人性化的媒介"。社会的发展进程,就是人类逐步摆脱自身的、自然的、社会的各种束缚与压迫,实现最大自由与平等的过程。作为人的感觉延伸工具的媒介,其最大价值也在于帮助人们不断摆脱时空束缚,打破信息制造者、传播者和接受者的身份界限,帮助所有的人,通过传播媒介随时、随地、随心、随意地收发信息,实现无障碍沟通和交流,最大限度地满足受众在信息、知识、情感等方面自由、平等交流的需求。

在互联网兴起初期,网络很大程度上还是"精英"的"专利"。早期中国互联网络信息中心(CNNIC)公布的《中国互联网络发展状况统计报告》显示,早期"网络受众"群体的特征为信息需求大、年龄小、教育程度高、收入高、以男性和白领为主。但是,随着社会的进步,网络技术不断发展,网络环境不断改善,新媒体用户的总体结构和特征已经发生了根本性的变化。近些年来,我国网民数量的发展是十分惊人的。2016 年 8 月 3 日,由中国互联网络信息中心(CNNIC)发布的第 38 次《中国互联网络发展状况统计报告》显示,截至 2016 年 6 月,中国网民规模达 7.1 亿,农村网民 1.91 亿,手机网民规模 6.56 亿,人均周上网时长 26.5 小时。

在网络环境下,用户不仅可以摆脱对媒介的依赖,主动、自由地从媒介中获取信息,而且可以适时地由接受者身份转换为传播者身份,实现用户在传播过程中应有的参与权和话语权。这就要求网络媒介必须树立以用户为中心的观点,强化用户意识。尊重用户的自主、平等、参与的权利,充分满足用户的沟通交流和传播的要求,维护用户权益,变"传者本位"为"受者本位",使网络媒介传播的出发点与落脚点都真正放在用户身上。

10.3.1 信息的个性化定制

网络用户的现状和发展趋势是数量庞大、结构复杂、需求多样,如何才能有效地吸引他们的注意力,关键在于"信息"的合拍与共鸣,在于充分利用用户的注意力资源,建立起有效的媒介对用户信息需求的信息支持系统。信息与用户注意力存在着内在联系。信息的定制服务是受众需求个性化的充分展现。传统媒体多是批量传播,导致某一特定信息总是与其他信息混杂在一起,人们为获得某一特定信息所支付的时间成本很高,且与报偿未必成正比。受众需求的多样化和受众市场的细分化,呼唤着出现为特定的用户群提供个性化、专业化信息服务的分众化媒体。

目前,新媒体的搜索功能已经比较完备,既有专业的搜索引擎如"百度",又有一些门户网站如雅虎中国、搜狐、新浪等支持搜索业务,让受众可以自主选择所需的"某一个信息",以满足个体需要。但是,世界始终处于变动之中,让受众自己去搜索每一条他需要知道的信息又是不现实的,因此完善信息的定制服务,让受众可以预约他所需要的"某一类信息"的意义就凸显了出来。从理论上来讲,"搜索"属于受众"拉"信息的范畴,而"定制"仍属于媒体"推"信息的范畴。但这一状态下的"推"又和传统媒体的"推出"信息不同,定制服务让受众拥有更多权利,可以直接选择他所需要的那一类信息,而不必为此支付多余的成本。定制服务对"第五媒体"具有更为重要的意义,因为手机用户上网享受搜索业务还会受到流量限制,而有针对性地定制信息、随时随地地接收信息,不但可以避免流量限制的被动,且更符合人们的现代生活需要,具有更为广阔的发展前景。

搜索引擎就是顺应网络受众需求趋向多元化,面向网民对信息和新知识的需求而开发的。搜索引擎能够使广大受众不需专门学习就能"各取所需",简单、快速、高效。目前,搜索引擎已不再是简单的搜索工具。百度作为新媒体,主要的优势就是对无限多用户的搜索到达率,然后是更多的社区化产品。以谷歌为例,通过 Google Plus、Google Authorship 等服务功能,谷歌一直致力于为用户提供更多的个性化搜索结果。鉴于这一发展趋势,在参考了用户的搜索记录、社交活动及地理位置等各类信息后,搜索界面有望在未来为用户"私人定制"一套引擎界面,以供用户在查询信息之前就能参考。

大数据技术的运用,较为精确地抓取网民的相关资料,甚至包括用户号码所对应的消费者的性别、年龄、消费额、消费行为等相关特征数据,因此可以为用户量身定制推送用户需要的信息,从而实现了"从人找信息到信息找人"的转变。通过对消费者行为进行精确分析,可以为用户提供其所需要的广告内容,对用户来说,这时的广告就不再是广告了,而是有用的信息;根据用户的消费行为特征,在合适的时段通过恰当的方式发布信息,对用户来说既不会形成打扰,又可以帮助用户打发时间,增加乐趣。同时,借助于新媒体渠道,如微信朋友圈、百度贴吧、公众号,用户也可以开辟属于自己的信息乐园,可以聊天、交友、记录自己的成长历程,还可以和朋友进行分享,等等。

10.3.2　网络经济的场景化

传统的网络经济功能,如网络购物、网络教育、网络银行、网络求职,以及健康体检、保险、旅游、教育培训、美容、健身、休闲等服务类领域等,是将其在现实社会的应用转移到互联网上。以淘宝网为例,在其成立后的第四年(2007 年)交易总额实现 433.1 亿人民币,而全球第一连锁零售企业沃尔玛为此花费了 29 年时间。2010 年兴起的团购网同样是网络经济功能的表现形式之一。团购网就是团购的网络组织平台,互不认识的消费者,借助互联网的"网聚人的力量"来聚集资金,加大与商家的谈判能力,求得最优的价格。网络团购目前已在上海、北京、广州等大型城市流行起来,并逐渐发展成为一种新型的消费模式。现在,在团购网站和团购帖子的"省钱才是硬道理"的号召之下,小到图书、软件、玩具、家电、数码、手机、电脑、体育器材、健身器材、运动休闲服装、体育用品等小商品,大到家居、建材、房产等价格不很透明的商品,都有消费者因网络聚集成团购买,以网络为载体开展的经济活动蕴含着巨大的发展空间。

进入移动互联时代以后,人们的上网需求和上网形式发生了很大变化,美国知名科技媒体记者罗伯特·斯考伯所言的场景时代已经到来。借助移动设备、社交媒体、大数据、传感器和定位系统这五种技术力量,我们日常生活的衣、食、住、行、工作、学习、社交、娱乐等都可以从场景化切入。当然,场景并不只是与"地理位置"相关,具体而言,构成场景的基本要素包括空间与环境、用户实时状态、用户生活习惯、社交氛围等。同时,场景还需要区分共性化场景和个性化场景两个不同层面。共性化场景是在一般人群中具有普遍性、普适性的场景要素,对共性化场景的理解与运用,是移动服务的标配。个性化场景则是在特定时空下与个人特征相关的场景要素,对个性化场景的定位与利用能力,是未来的移动互联网竞争的方向。

作为一种典型的场景化经济,分享经济是移动互联信息技术高速发展的产物,陌生人之间"点对点"的信息低成本共享已经实现,如滴滴、优步、Airbnb[1]。以滴滴为例,"滴滴出行"的 App 改变了传统打车方式,相对于传统的电话召车与路边招车来说,滴滴打车改变了传统打车市场的格局,颠覆了旧有的路边拦车概念,通过个性化的场景,将线上与线下相融合,从打车初始阶段到下车使用线上支付车费,优化了乘客的打车体验,改变了传统出租司机的等客方式,司机可以根据乘客目的地按意愿"接单",降低了出租车的空驶率,极大地节省了司机与乘客双方的资源与时间。

信息的共享可以在需求与服务或资源之间提供实时的、高效率的匹配

---

[1] Airbnb 成立于 2008 年 8 月,总部设在美国加州旧金山市。Airbnb 是一个旅行房屋租赁社区,用户可通过网络或手机应用程序发布、搜索度假房屋租赁信息并完成在线预定程序。Airbnb 是 AirBed and Breakfast ("Airbnb")的缩写,中文名:空中食宿。空中食宿是一家联系旅游人士和家有空房出租的房主的服务型网站,它可以为用户提供多样的住宿信息。Airbnb 用户遍布 190 个国家近 34 000 个城市,发布的房屋租赁信息达到 5 万条。AirBnB 被时代周刊称为"住房中的 EBay"。2011 年,Airbnb 服务难以置信地增长了 800%。

和连接,从而让资源获得更有效的利用。在今天这样一个万物互联的时代,获取一个用户的场景信息已经比较容易。未来,房屋、汽车、礼物等多种私有物品可能都会以共享模式存在,物品的固定持有成本将大幅下降,让更多人能够享用这些资源。分享的理念将极大地改变我们的衣食住行习惯:租房代替买房、打车代替买车、厨艺可以分享、宠物可以共养、礼物可以二次赠送等等。

分享经济大幅降低人类对自然的索求,最大化地提升现有资源的利用效率。但是,"分享"经济的理念也会对传统行业产生冲击,《纽约时报》报道称,优步进入纽约市场后,当地出租车牌照的价格下降了约 25%,而 Airbnb 进入德克萨斯州后,对当地酒店收入产生了负面影响。可见,在美国这样一个高度市场化的国家,分享经济对传统经济形态的冲击也是巨大的。实际上,分享经济迈入大类家庭资产,比如房屋和汽车,其产生的作用不仅仅是物质的使用效率的提升,还将提升社会平等带来的社会和谐。

思考题:

1. 对于"全媒体融合"这个概念,你怎么理解?
2. 为什么说社交传播也是一种大众传播?
3. "推特外交"的媒介背景是什么?请举例说明。
4. 何谓万物媒介化?其技术背景是什么?
5. 为什么说我们今天已经进入了场景时代?
6. 你如何理解"信息找人"这个概念?

第 11 章 新媒体的批判与反思

2008 年,美国技术专家尼古拉斯·卡尔(Nicholas G. Carr)在《大西洋》月刊撰文,以《谷歌是否让我们变得愚蠢》为题,深入剖析了互联网一代的大脑退化历程,卡尔的论文现在已经扩展成了一本具有挑衅性的书,书名就叫《网络也有黑暗一面》。2010 年 8 月,《科技日报》记者冯卫东也发表了一篇反思互联网的文章——《你还能全神贯注于一本书吗?》,文章称,在大多数情况下,互联网的出现被视为是一件好事,但也并非每个人都这么认为,那就是数字终端正在让我们停止学习和思考。同时,作为一个虚拟化的数字空间,一方面,网络世界需要受一定制度的规范和约束,才能正常运行,网络社会一旦失控,其结果不亚于现实社会失去约束可能带来的危害;另一方面,所谓的"人工智能"加"专家制度",很可能是一个"对民主具有重要影响的深刻过程"。由此,21 世纪的人类再次走到一个十字路口,最终的前景取决于人类使用技术的水准能不能与发明技术的水准一样的高明和理性。因此,新媒体的发展虽然令人目眩神迷,但是我们也要对网络文化本身建构批判性思维,努力探究网络知识权力结构的真相,促使网络知识权力结构改进其宰制方式,以减少网络知识权力结构对微观生活的压制,为微观生活的政治展开铺平道路。

11.1 "电子公共牧场"的悲哀

毋庸讳言,新媒体在对人们的日常生活、生产方式以及商业与社会管理等产生积极、广泛而深刻影响的同时,也对现实社会产生了一些负面影响,如网络欺诈、淫秽色情、恐怖暴力、黑客攻击、信息泄漏、数据做伪,甚至还有危害国家安全和利益的内容,等等。大量的恶意信息的传播,冲击着人们早已形成的价值观、道德观与历史观,频繁挑战着大众的心理底线,甚至造成了较大的社会影响。此外,由于各国、各地区和个人间信息获取与应用的不平衡,产生了新的信息贫富的差距,即所谓的"数据鸿沟"。

　　很显然,若任由这些不良信息传播,势必会对现实社会造成消极影响乃至危害。作为一个虚拟社会,网络世界必须受到某种制度的约束,才能得以正常运行。传播学者拉扎斯菲尔德①曾说过:"大众媒介是一种可以为善服务,也可以为恶服务的强大工具。总的来说,如果不加以适当控制,它为恶的可能性则更大"。鉴于上述原因,互联网监管问题逐渐引起了相关政府部门的注意。我国开展了一系列的活动,如原信息产业部开展的"阳光绿色网络工程",颁布了相关的管理规定,如 2007 年底颁布的《互联网视听节目服务管理规定》等等。2008 年 6 月 20 日,胡锦涛总书记在人民日报社考察工作时指出,"互联网已成为思想文化信息的集散地和社会舆论的放大器","要把提高舆论引导能力放在突出位置"②。

　　当然,在上网门槛越来越低的今天,提高网民的素质以及鉴别能力,才有可能逐步地从根本上解决网络中出现的各种问题。但是,在复杂的网络用户结构的背景下,净化网络环境是一个复杂的心理和行为过程,网络媒介不可能把用户"拽向"设定的方向和目标,只能通过引导,让用户自己一步步去提高。网民素质的提高,大浪淘沙,更上层楼,这是一个渐进的过程,也会是一个必然的过程。若讲社会责任,则首先在于媒体。"网络媒体,责任第一"。如今网络功能发展得丰富强大,信息获取、人际沟通、休闲娱乐和生活助手四大网络功能的应用,使网络几乎渗透到社会生活的方方面面,网络越来越成为人们日常生活中不可或缺的工具。一方面,网络媒介需要以用户为中心,"尽其所需"地为用户提供服务;另一方面,也不能忽视作为媒介的社会责任。网络媒介应充分发挥引导的功能,积极提升用户的鉴赏能力和精神境界,通过有效地引导社会舆论和网民舆论,不断增强网络媒介的净化力。

---

① 拉扎斯菲尔德(Lazarsfeld,Paul Felix,1901—1976),美国社会学家。他认为绝大多数广播电视节目、电影、杂志和相当一部分书籍和报纸以消遣为目的,对大众的鉴赏能力造成了影响。受众的平均审美水品和鉴赏力下降了,这对精英文化而言是一种堕落。

② 胡锦涛 2008 年 6 月 20 日在人民日报社考察工作时的讲话 [EB/OL]. (2008 – 06 – 20). http://politics. people.com.cn/GB/1024/7408514.html.

在信息传播过程中,信息的完整性与信息量的大小以及信息消除事物不确定性的功能成正比。信息量越大,信息消除事物不确定性的功能越强,信息就越完整。传统媒体仅以喉舌和宣传为己任,它对信息的筛选自然是高强度的,传播的信息也是不完整的。新媒体对信息的筛选是低强度的,它囊括方方面面,不仅包括国内外的政治、经济、文化、社会等各种领域的信息,更重要的还在于它所提供的是尽可能反映事物原貌的完整的信息。由此,我们都不得不面对一个事实,那就是传媒,包括整个文化乃至社会,在迎来难得的历史发展机遇的同时,也经受着巨大的挑战,面临着许多新的问题和多种的可能。

与传统媒体相比,由于新媒体传播的全球化、全方位、多视角、多元化、信息来源的不可控性等特征,使得新媒体的信息监管工作难度很大。跟国外媒体的运营模式相比,中国媒体运营环节中没有设置专门的管理机构,媒体运营机构在负责运营的同时,也负责信息的管理和监督。政府本着"鼓励守法经营、严惩违规经营"的原则,要求各个媒体经营机构负责信息的安全。对于新媒体而言,为网民提供的内容与服务自然是其生存和立足的根本,可在考虑经济利益的同时,绝不能忽视甚至漠视其社会责任。所以,针对网络中各种新型信息传播模式和问题的出现,要积极制定应对策略。

首先,要不断健全和完善相关政策法规。要深入分析不同的信息传播方式对社会产生的不同影响,引导人们正确使用网络,以使中国的互联网络更加健康蓬勃地发展。早期的信息传播以文本方式为主,对转播的信息基于关键字的过滤技术已经基本成熟。因此,对于恶意信息,可以最大程度上减小其传播范围。但是,新型的信息传播模式已经发展到以声音、图片、动画、影像等为主体的信息传播。目前,因为这些领域的识别技术有限,防范和约束能力自然也有限。更有甚者,利用网络进行的犯罪活动,如银行账号盗用、诈骗财产、散播非法言论、洗钱等有时还防不胜防。技术本身并没有对错,但是用在不同人那里会产生不同的社会效应。面对海量的互联网信息,如何作出有效的区分和鉴别,防范恶意信息对社会的袭扰,这一问题仍然有待解决。

其次,要走出"电子公共牧场"的悲哀。"公共牧场"这个典故可以追溯到 19 世纪的英国。那时,大多数村庄的边缘都有一片"公共牧场",附近的村民可以在上面放牧。如果他们能够明智地使用这些共有地,就可以逐渐增加自己的财富。但是,人口增加以后,出现了过度放牧的现象。虽然这种行为对大家都不利,但因为公共牧场缺乏管理,人们仅从自己的立场出发,只知道谁能增加牛的数量,谁就多得一份利益,而只须分担公共利益的一部分损害,结果每个人都在追求自己最大利益的同时,毁掉了自己的长远利益。最终,群体在公共牧场的行动自由使群体利益遭到了毁灭性破坏。网络的"公共牧场"现象,则是指流行的消费性网络文化在社会信任、信息内容和交往方式等方面所具有的某种腐蚀与破坏。网络空间中的"公共牧场"现象是一种常见现象,这种"电子公共牧场"势必影响和侵蚀网络空间的文化氛围①。

再次,需要在虚拟和真实之间保持适度的张力。当下,我们必须接受的一个事实是,数字化的虚拟生活已成为我们生活中的重要组成部分。虚拟生活中存在着失范现象,于是有人就认为应该以真实世界的伦理规范来制约虚拟生活,但这实际上是不可能的,具有不确定性的虚拟生活自有其价值和意义,重要的是如何建构一种网络文化氛围,使人们在虚拟与真实之间保持必要的张力。要在虚拟和真实之间保持适度的张力,首先应该消除虚拟生活的神秘性,鼓励网际探索。信息浏览能力和对虚拟生活的了解,已经成为人们理解当代世界的一个重要方面,应该允许人们依据个人的兴趣在网际浏览信息和选择各种形式的虚拟生活。所以,对于虚拟生活,我们更应该持一种开放立场。当然,这种开放的立场应该是审慎的。我们应该看到,在对于赛博空间的自由和权利的过度渲染上,存在着一种乌托邦式的网络文化自我中心主义。

作为一种计算机通信网络,互联网由结构层面、功能层面和意识层面构成。结构层面主要包括各种传输控制协议、接口程序以及操作系统接口,功能层面主要包括各种通信工具、娱乐工具和学习工具,而意识层面属于互联网的上层结构,在形式上是数字化的各种信息,内容上属于人类的思想、观点和情感表达。20世纪80年代以后,互联网从计算机通信网演变为一种社会信息的传播网络,经历了结构层面、功能层面的两次治理高潮。进入21世纪后,意识层面的治理任务进一步凸显出来。互联网的"匿名性"、"无中

① 段伟文. 网络空间的伦理反思[M]. 南京:江苏人民出版社,2002.

心化"①、"交互性"、"载体的复杂性"②等特点,使言论的力量得到前所未有的放大,也极大促进了言论自由的价值发挥,但同时,这些特点也给互联网意识层面的治理带来了前所未有的困难。互联网意识层面治理所面临的最大难点还不是这些"技术性因素",而是更深层面的法理困境,在现行的由各国宪法确立的言论和表达自由的保护性框架下,对公民的互联网表达权如何建立起具有延续性的保护和限制机制,这可能是我们面临的更大难题。

11.2　被损害的自由

新媒体时代是网络"泛在化"的时代,主要包括时间泛在、空间泛在与主体泛在。时间泛在,是指即时网络,可以在任何时间发布信息,可以在网上被人即时获取,如微博、微信就是移动互联网、社区互联网和博客之间的结合体;空间泛在,是指移动互联,如手机报、便携浏览器;主体泛在,主要指万物互联等。在这种情况下,新媒体时代成了"客家文化"的盛宴,所谓的博客、播客、黑客、晒客、维客、换客、品客、挖客、闪客等等,无不显示着从"受众中心"到"用户中心"的转向,显示着传播对象的内涵在主动化、个性化和体验性上的扩张趋势。最为重要的是,它显示了人们在网络环境中才能拥有的真正的话语权。

公民的互联网表达权是指公民在法律和伦理规范之下,利用网络作为传播媒介,表明、显示或公开传递思想、意见、观点、主张、情感或信息、知识等内容,而不受他人干涉、约束或惩罚的自主性状态。这种表达自由还有一层含义,就是自主选择载体的权利,即通过个人网站、博客、BBS、个人网页、网络聊天室、电子邮件等各种载体发送各种信息的自由。互联网表达自由具有"公开性"和"自主性",与此紧密联系的是其"平等性"和"匿名性"。相较于传统媒体,互联网上的传播主体享有更大自由,其受到政府控制和事前

---

① "无中心化"是指每个互联网用户都是信息的使用者和提供者,他们使互联网上的信息源趋于无限,使网络上信息的多样性达到最大化,互联网上不存在超越用户的权力中心。

② "载体的复杂性"是指用户可以通过个人网站、博客、BBS、个人主页、网络聊天室、电子邮件等多种平台发送各种信息。网络言论表达的载体的复杂性决定了网络言论法律界限的复杂性,以往的法律对出版、广播、电视等领域的言论自由所实行的限制的严格程度是不一样的,因此,不能将以前的法律界限机械套用于网络表达。

规制的情况较少,传播者和接收者在话语权上享有平等的地位,网络言论多数情况下是匿名的,这就为人们的表达提供了更多的机会和自由,对社会民主的促进作用也十分明显。在网络环境中,人们掩去了真实世界中的角色和身份,因而,网络为建立一种确保人人都有话语权的机制提供了可能,并且,这种环境和机制能够保证每一个个体都能真正平等地接受和传播信息。换言之,人们在网络中不仅拥有说话的权利,而且话语机制和话语环境也保证了话语表达的效果和力量,因而人们在网络环境中拥的是"真正的话语权"。

不过,话语权的拥有者是否可以持续自由地拥有话语载体呢?国人在2010 年产生了新的疑惑。2010 年发生的腾讯与奇虎 360 的一场旷世之战引起了全国人民的关注。腾讯 QQ 和奇虎 360 是当时国内最大的两个客户端软件。前者是基于即时通讯的社交网络,后者主推互联网安全服务。根据官方数据,腾讯即时通讯服务的活跃账户数达 6.125 亿之多,凭借庞大的用户规模和天然的客户端资源,腾讯逐步将业务延伸到互联网的诸多领域,如网络游戏、新闻门户、电子商务、电子邮件、影音、播放等等,是名副其实的网络霸主。奇虎 360 于 2006 年 7 月推出主打互联网安全的"360 安全卫士"软件,凭借其永久免费策略,不到一年即成为国内最大的安全软件。据官方数据,其用户数量已经超过 3 亿,覆盖了 75% 以上的中国互联网用户,成为国内第二大桌面客户端软件。以该客户端为基础,360 延伸出免费杀毒软件、浏览器等产品,均获得了成功。随着 360 的发展壮大,腾讯开始将其视作最重要的竞争对手,并开始布局对阵,两强最终为了各自的利益,展开了前所未有的互联网战。

这场 3Q 竞争战分为九个阶段:

第一阶段:腾讯推出 QQ 医生 1.0 Beta 版本,随后 QQ 医生 3.2 推出,界面及功能酷似 360。之后 QQ 医生利用春节期间强行推广。敏感的 360 很快意识到 QQ 医生的威胁,一些正在休假的员工被紧急召回以应对这起突发事件。360 快速反应,加上 QQ 医生本身产品并不成熟就匆忙上阵,其市场份额快速降至 10% 以下。360 成为此次交锋的胜利者。

第二阶段:2010 年 5 月 31 日,腾讯将 QQ 医生悄然升级至 4.0 版并更名为"QQ 电脑管家"。新版软件将 QQ 医生和 QQ 软件管理合二为一,增加了云查杀木马、清理插件等功能,模仿、涵盖了 360 安全卫士所有主流功能。腾讯的出手让 360 措手不及。

第三阶段:中秋节期间,"QQ 软件管理"和"QQ 医生"自动升级为"QQ 电脑管家",凭借着 QQ 庞大的用户基础,QQ 电脑管家将直接威胁 360 在安全领域的生存地位。9 月 27 日,360 发布直接针对 QQ 的"隐私保护器"工具,宣称其能实时监测曝光 QQ 的行为,并提示用户"某聊天软件"在未经用户许可的情况下偷窥用户个人隐私文件和数据,这引起了网民对于 QQ 客户端的担忧和恐慌。

第四阶段:10 月 14 日,针对 360 隐私保护器曝光 QQ 偷窥用户隐私事件,腾讯正式宣布起诉 360 不正当竞争,要求奇虎及其关联公司停止侵权、公开道歉并作出赔偿。针对腾讯起诉,360 随即回应三点,表示将提起反诉。

第五阶段:10 月 27 日,腾讯刊登了《反对 360 不正当竞争及加强行业自律的联合声明》。声明由腾讯、金山、百度、傲游、可牛等公司联合发布,要求主管机构对 360 不正当的商业竞争行为进行坚决制止,对 360 恶意对用户进行恫吓、欺骗的行为进行彻底调查。10 月 29 日,360 公司推出一款名为"360 扣扣保镖"的安全工具。360 称该工具全面保护 QQ 用户的安全,包括阻止 QQ 查看用户隐私文件、防止木马盗取 QQ 以及给 QQ 加速,过滤广告等功能。72 小时内下载量突破 2000 万,并且不断迅速增加。腾讯称 360 扣扣保镖是"外挂"行为。

第六阶段:11 月 3 日傍晚 6 点,腾讯公开信宣称,将在装有 360 软件的电脑上停止运行 QQ 软件,必须卸载 360 软件才可登陆 QQ。此举引发业界震动,网友愤怒,业内认为腾讯这是逼迫用户作出二选一的选择。据 360 首席执行官周鸿祎称,被迫卸载 360 软件的用户达到 6000 万。晚上 9 点左右,360 公司对此发表回应"保证 360 和 QQ 同时运行",随后,360 公司"扣扣保镖"软件在其官网悄然下线。4 日,360 发表公开信称:愿搁置争议,让网络恢复平静,360 扣扣保镖正式下线。在国家相关部门的强力干预下,QQ 已与 360 开始恢复兼容。

第七阶段:11 月 4 日,工信部通信保障局和公安部介入此事,分别找到两家公司问询。11 月 5 日上午,工信部、互联网协会等部门开会讨论此事的应对方案,用行政命令的方式要求双方不再纷争。

第八阶段:奇虎 360 于 11 月 10 日宣布 QQ 和 360 已经恢复兼容,并在官方网站发布名为《QQ 和 360 已经恢复兼容,感谢有您!》的公告。

第九阶段:11 日下午,新浪公司与 MSN 中国召开新闻发布会联合宣布,新浪与 MSN 中国完成战略合作协议签署,正式达成战略合作伙伴关系。根据合作协议,新浪与 MSN 将在诸多领域开展全方位战略合作,涵盖微博、博客、即时通讯、资讯内容、无线等方面。无论是腾讯还是 360 同时感受到了鹬蚌相争渔翁得利的痛感。

这场缠斗不仅是一只"奇虎"跟一只"企鹅"的战争,不是两强相争谁胜谁负,更为关键的是用户的话语权问题。一场看似维护用户隐私的争斗,实际上,是一场挟用户以遏制对方的利益之争。与之相似的是,2014 年 11 月 25 日,新浪微博发布了一则消息,禁止进行微信公众账号推广,违者将面临禁言和封号的可能。神仙打架,百姓遭殃,在涉及利益的问题上,草根的权利被彻底无视。公众不再是由自己自主选择,而是被选择,这证明在虚拟的网络世界不一定能有真正的公民自由。由此,引发了关于网络道德维护、反垄断、反强权和秩序重建的思考,搜狐首席执行官张朝阳在微博中写道:"在没有有效司法约束的中国互联网丛林,需要一种像自然界所存在的制衡力量,来把垄断公司作恶的行为限制在一定的可以忍受的范围。360 对腾讯的检测就是这样一种制衡,让腾讯知道不可以仗势为所欲为"。互联网企业的利益博弈不能建立在公众利益损失的基础之上,在超级互联网公司的媒介平台垄断下,我们的话语权是真实自由的吗,如果有一天,我们的声音在新媒体上被技术性屏蔽,我们该怎么办? 这也许是我们应该重新思考的问题!

光明网专栏评论作者刘巽达有过多次被删帖的经历,他有几篇评论文章到了转发率激增的当口就被删除了,可是他认为"没有任何敏感词语,也没有任何过激言辞"。为了避免自己的评论文章再被删除,他先将最新撰写的《"交警冒雨半夜贴罚单"之我见》这篇文章发给了中共中央党报《光明日报》的编辑,待光明网时评频道在首页刊发之后,才在自己的微信公众号里发出来,然而到了下午,这篇中央党报时评频道首页发表的文章又被删除了! 为此,刘巽达在其博文《如果删帖者敢删中央党报的网文,怎么办?》回应:

这究竟是"机器的自动行为",还是"人为的专门行为"? 我想来想去,认为是后者。如果是"机器所为",它得搜索敏感词,可是找不到一个啊! 难道是被批评的上海交警,用"警方"无远弗届的威力,出手屏蔽批评的声音?可惜他们没有能力把手伸得太长,伸到北京的皇城根下,伸到中央党报《光明日报》的网络里。如果能够,可能也想伸手的吧?

还有一种可能,并非警方的插手,而是"删帖专业户"的"自觉革命"。如果是,那么咱们必须掰扯一下:任何"执法行为"都是要有法可依、有据可查的,你的删帖,究竟根据哪条章法?有相关部门的"禁令"吗?有相关人员的"请求"吗?请拿出来拿出来拿出来——重要的事情说三遍,三遍过后,我就要"动员"和"号召"网友们把你这个"具体的人"搜出来,咱们不用那个"人啦肉啦"什么的词,又怕被你"合理屏蔽",咱就用这个"搜"字,把你这个"反党"(以其人之道还治其人之身,既然明目张胆与党报对着干,不妨冠以"反党")的删帖者搜出来,让你知道躲在阴暗角落里"做反动事"的恶果。

……

不能再让删帖者这样疯狂地肆意作为了,他们不分青红皂白,凡是批评的声音一概封杀,这样的社会,还有健康声音的存在空间吗?当丑恶和错误无法批评和抵制,社会的疮疤只会越来越大,总有一天,会烂到无法收拾。粗暴无理的删帖者们,你们会有报应的!

在自媒体时代,每个人都可以发出自己的声音,但是我们也发现,有时候我们的声音突然被屏蔽了,微博上的博文被删了,天涯百度上的帖子被删了,知乎上的问题和答案被删了,甚至我们的微博或微信公众号被封了,而且此类事情的发生频率很高,很多人都曾遇到过这样的事情。那些被删的帖子和博文,一方面可能因为存在敏感词汇被过滤软件删除,还有一个普遍的原因就是被"职业删帖"。近些年来,随着互联网新闻的发展,删除网络负面信息已经成为一个潜在的业务,"收费删帖"公司甚至对处理过的链接实行"终生负责制",而删帖的范围则包括门户、论坛社区、视频网站、知识问答平台、博客、搜索引擎等。收费删帖、下沉负面信息在搜索引擎的排名等,甚至是无提示警告,直接禁言,强封个人账号,这些行为都已经侵害公民的知情权,损害了公民的信息自由。如果有一天你一觉醒来,发现自己的帖子被删,微博或微信号无法登录,不是被盗而是被封了,而且无处申诉!在今天这样一个时代,你的声音突然在社交平台上消失了,这无异于被胶带封住了嘴巴!假如只存在一个垄断性的社交平台,一个有可能被资本、技术和强权意识形态所垄断的新媒体,细究起来,你会发现这是一件非常可怕的事情!

11.3　技术政治的隐忧

对于媒介世界而言,任何一种重大媒介技术的形成和发展都意味着媒介利益、媒介关系和传播格局在很大程度上的重构与再造。而且,如丁末先生在《网络空间的民主与自由》中所言:"数字革命在它的深层核心,是与权力相关的",其实任何一种新媒介的出现,都会成为政治、经济权力的争夺中心。不仅原有的社会强权要插手其中,新的社会势力也会借势而入。新媒体所具有的广泛性、即时性、开放性、共享性、互动性等优势,决定了它势必日益成为意识形态和利益调整的重要阵地。有人坚信,互联网天生就是促进民主化的技术,对于国家威权必然会造成危害,这种新媒体带来的观念和形象会不利于威权国家的政府统治,而更有利于普通人的政治和社会变化。

美国前总统里根曾说,"技术变革会让政府控制民众获取的资讯变得日益困难,微电子晶片将推倒集权巨人"。所以,当美国前国务卿鲍威尔在国会称"技术进步和民主的兴起将互相促进"时,对互联网可以带来西方民主化的期望又再次高涨起来。不过,要在互联网的扩展和西方式民主之间发现因果关系并不容易。媒体研究学者卡拉希尔和鲍尔斯在给卡内基基金会(Carnegie Corporation of New York)的研究报告中明确指出,并没有有分量的学术成果证实互联网会对威权统治造成破坏。民主化与互联网的普及率存在关联关系,不过在这种关联关系中,是互联网的普及率取决于政治变化,而不是相反。

新媒体技术可能衍生出形形色色、变相而隐秘的政治控制手段。新媒体时代,民主社会所面临的最大政治危机,应该是以操纵信息为基础的权力游戏和权谋。依靠传播技术获得的自由和以同等的技术予以的控制,是一种身影关系。政府可以采用技术手段对互联网言论进行控制,比如根据网络技术的有效性、可及性和外部性,发展以阻止进入技术和过滤技术为主的技术控制体系。一方面,通过在互联网国际主出口设定对访问某些 IP 地址的限制,使得网民无法直接登录这些国外网站获取信息,发表言论;另一方面,通过在搜索引擎中设定关键词对言论进行过滤,达到"纯洁"网络的目的。另外,随着信息技术的发展,超级计算机的并行处理能力足以记录人们所有的网上行为。人们的每一笔电子消费,每一封电子邮件,每一次信息查询甚至私人电话,都能被电脑忠实记录,这使得相关政府机构监视和控制社会的能力空前强化。

美国中情局前职员斯诺登爆料的"棱镜"窃听计划就是一个明证,这一计划始于 2007 年的小布什时期,美国情报机构一直在 9 家美国互联网公司中进行数据挖掘工作,从音视频、图片、邮件、文档以及连接信息中分析个人的联系方式与行动。监控的类型有 10 类:信息电邮、即时消息、视频、照片、存储数据、语音聊天、文件传输、视频会议、登录时间、社交网络资料的细节。其中,有两个秘密监视项目,一是监视、监听民众电话的通话记录,二是监视民众的网络活动。"棱镜门"事件的曝光坐实了人们一直以来对网络监控的担忧,公民的个人权利受到了权利机关粗暴的侵犯。

目前,绝大多数国家已制定了一系列的网络管理条例,对组织或个人入网进行严格的资格审查,对信息的流通实施技术上的监管。有的国家还对网上言论实行了较为严厉的管制。尤其对各种电子论坛,政府往往会通过多种公开或隐蔽的技术手段加以限制。常见的手法有注册登记制、敏感词过滤、预审制、警告、删贴、封 ID、查 IP 地址,以及改为只读文本,等等。有了这些技术手段的监控和保障,网上的言论自由度仍掌握在政府和具体管理人员(如站长、版主等)的手中。

可见,言论控制和集权主义并不会随着科学技术的进步而消失,再精密的机器,再完美的程序,其背后的操作者也永远是人。而且机器越精密,操作难度越大,权力也就越集中,控制手法也就越隐秘。有人预言,在网络时代,一种由技术人员和技术专家产生的更为隐蔽的权力集中现象已悄然降临[①]。荷兰技术哲学家 E・舒尔曼(Egbert Schuurman)在其《科技文明与人类未来》中文本序中指出,"现代技术在相当大程度上控制和决定了西方文化及其未来……在今天,技术已成为一种无所不在、动荡不居的力量,影响着人类的未来"[②]。说技术有可能成为一种超越人类主导的自主的力量,并不是说技术本身会成为有生命的东西,而是说技术的发展和应用,甚或滥用,在某些时候会导致人类自身难以完全掌控的结果。托夫勒(Alvin Toffler,世界著名未来学家)曾指出,计算机时代的信息、数据库、统计模式都控

---

① 丁未. 网络空间的民主与自由[J]. 北京广播学院学报,2005(06).

② [荷]E. 舒尔曼. 科技文明与人类未来——在哲学深层的挑战[M]。北京:东方出版社,1997;76－143.

制在专业技术人员和专家的手中,政府上层所作的几乎每一个决定都来自
"计算机专家操纵过的'真实'",而且其操纵手段比起保密、泄密这类传统的
信息手法来,显得"更加微妙而隐蔽"。因此,托夫勒担心,所谓的"人工智
能"加"专家制度",很可能是一个"对民主具有重要影响的深刻过程"。

在信息超载现象日益严重和技术日益复杂的网络时代,政府部门或许
会衍生出这样一个新的权力阶层——既手握行政权又熟悉计算机技术的专
业行政人员。他们凭借这双重优势,可以发挥巨大的政治能量。E·舒尔曼
说:"利用计算机的给予和结果,计算机专家们(如果他们卷入政治决策之中
的话)就可以为政治家们制定法律,因为后者并不控制所需的信息。民主制
在这样一种计算机统治中就变成了一种怪物"①。当未来电脑网络更加普及
时,通过网络的国情普查、民意调查甚至投票选举必将得到广泛应用,于是,
决定国计民生的政治决策权也就轻易地落到了技术专家的手中。一旦如
此,任何一个信息、数据、统计模式、操作程序的改动,或对信息、数据的过
滤,都可能产生极其严重的政治后果。技术专家在政治上的"专权",有可能
是未来民主不得不面临的一大难题。

就此而言,人们对信息的获取不是容易了,而是更困难了,正因如此,
"维基解密"②创始人朱利安·阿桑奇的存在从开始就受到了民间的欢迎,被
称为"黑客罗宾汉",他认为人类最关键的斗争,并不是左派与右派之争或信
仰与理性之争,而是个体与机构之争。他说,"我成长于昆士兰州的一个乡
下小镇,那里的人们从来都是直言不讳。他们不信任'大政府',因为他们认
为如果监管不得当,大政府很容易出现腐败"。正是这些想法催生出了以揭
露政府及企业的腐败行为为目的的"维基解密"网站。因为"维基解密"的泄
密行为,朱利安·阿桑奇于 2010 年 12 月 7 日被伦敦警方逮捕。与此相反,
全球约 60 万维基解密网站支持者在网上签名请愿,呼吁"尊重信息自由、新
闻自由"。

---

① E. 舒尔曼. 科技文明与人类未来——在哲学深层的挑战[M]. 北京:东方出版社,1997:37.
② 维基解密(WikiLeaks)是一个国际性非营利的媒体组织,专门公开来自匿名来源和网络泄露的文档,澳
大利亚人朱利安·保罗·阿桑奇通常被视为维基解密的创建者、主编和总监。关塔那摩虐囚事件,科学
家操纵数据支持气候变暖的"气候门"事件,以及一段曝光美军士兵在伊拉克杀戮无辜的视频,这些令政
府、军队、科学家们颜面尽失的绝密材料,都是由"维基解密"网最先发布的。这家以发布绝密和敏感材
料为己任的揭秘网站被称为"大众的情报局",而其创始人朱利安·阿桑奇则被称为"黑客罗宾汉"。

事实上,就在朱利安·阿桑奇被捕前一天,美国著名科技博客网站Gigaom发表署名马修·英格拉姆的文章《不管人们喜欢与否,维基解密就是家新闻媒体》,称保护维基解密就是保护新闻自由。文章说,维基解密与《纽约时报》有什么不同?公众为什么会急于保护这么一个组织?维基解密声明它致力于使政治进程透明化,并揭露不法行为,这不正是《纽约时报》正在做的事吗?其他媒体可以自由发表作品,维基解密却被政府通缉,政府还强迫亚马逊和Paypal停止相关服务。如果《纽约时报》将数据存储在亚马逊服务器上,使用Paypal账号转账,会遭受同样待遇吗?文章强调,新闻自由和公众的言论自由一样,是一个自由社会的重要组成部分。侵害这些自由都是社会的损失和退步。不管维基解密的方式是否被人认同,都和"新闻自由"有关。

思考题:

1. 互联网是令我们变得愚蠢了还是聪明了?为什么?
2. 人工智能和专家制度会否带来危害?为什么?
3. 数字革命是否与政治有着密切关系?为什么?
4. 何谓"电子的公共牧场"?对这一现象,你怎么看?
5. 对于"斯诺登事件",你怎么看?
6. "维基解密"是否是一家新闻媒体?为什么?

参考文献

[1] [美]Cral Shapiro Hal Varian. 信息——网络经济与当代社会 [M]. 北京:清华大学出版社,2002.

[2] [美]戴维·希尔曼. 数字媒体:技术与应用[M]. 北京:清华大学出版社,2002.

[3] [美]帕夫利克(Pavlik. V.). 新媒体技术:文化和商业前景[M]. 北京:清华大学出版社,2005.

[4] [美]曼纽尔·卡斯特. 信息时代三部曲:经济、社会与文化[M]. 北京:社会科学文献出版社,2006.

[5] [美]杰克·富勒. 信息时代的新闻价值观[M]. 北京:新华出版社,1999.

[6] [美]尼葛洛庞帝. 数字化生存[M]. 胡冰,范海燕,译. 海口:海南出版社,1997.

[7] [美]阿尔温·托夫勒. 第三次浪潮[M]. 北京:中信出版社,2006.

[8] [美]比尔·盖茨. 未来之路[M]. 北京:北京大学出版社,1996.

[9] [美]G. 多西. 技术进步与经济理论[M]. 北京:经济科学出版社,1992.

[10] [美]约瑟夫·斯特劳巴哈,罗伯特·拉罗斯. 今日媒介——经济时代的传播媒介[M]. 北京:清华大学出版社,2002.

[11] [美]萨尔曼·可汗. 翻转课堂的可汗学院:互联时代的教育革命[M]. 刘昱含编,刘婧,译. 杭州:浙江人民出版社.2014.

[12] [美]爱德华·A. 卡瓦佐,加菲诺·莫林. 赛博空间和法律:网上生活的权利和义务[M]. 王月瑞,译. 南昌:江西教育出版社,1999.

[13] [美]戴维·温伯格. 知识的边界[M]. 胡泳,高美,译. 太原:山西人

民出版社,2014.

[14] [荷]E. 舒尔曼. 科技文明与人类未来——在哲学深层的挑战[M]. 北京:东方出版社,1997.

[15] [美]杰里米·里夫金. 零边际成本社会[M]. 赛迪研究院专家组,译. 北京:中信出版社,2014.

[16] [美]迈克尔·海姆. 从界面到网络空间:虚拟实在的形而上学[M]. 金吾伦,刘钢,译. 上海:上海科技教育出版社,2000.

[17] [美]菲斯克. 解读大众文化[M]. 江苏:南京大学出版社,2001.

[18] [美]保罗·莱文森. 新新媒介[M]. 何道宽,译. 上海:复旦大学出版社,2010.

[19] 高鸿钧. 清华法治论衡(第四辑)[M]. 北京:清华大学出版社,2004.

[20] 王一川. 大众文化导论[M]. 北京:高等教育出版社,2004.

[21] 陆晓华. 激活传媒[M]. 北京:中信出版社,2004.

[22] 陈晓宁. 论新媒体[M]. 北京:中国广播电视出版社,2001

[23] 郭庆光. 传播学教程[M]. 北京:中国人民大学出版社,2002.

[24] 张国良. 现代大众传播学[M]. 成都:四川人民出版社,1998.

[25] 林刚. 新媒体概论[M]. 北京:中国传媒大学出版社,2014.

[26] 匡文波. 新媒体概论[M]. 北京:中国人民大学出版社,2012.

[27] 周艳. 新媒体理论与实务[M]. 北京:中国传媒大学出版社,2014.

[28] 王松,李志坚,赵磊. 信息传播大变局[M]. 上海:上海交通大学出版社,2013.

[29] 石磊. 新媒体概论[M]. 北京:中国传媒大学出版社,2009.

[30] 郑素侠. 网络与新媒体实务[M]. 郑州:郑州大学出版社,2013.

[31] 宫承波. 新媒体概论[M]. 北京:中国广播电视出版社,2007.

[32] 黄传武. 新媒体概论[M]. 北京:中国传媒大学出版社,2013.

[33] 龙其林. 大众狂新媒体时代网络文化透析[M]. 杭州:浙江古籍出版社,2014.

[34] 谭天. 新媒体茶座[M]. 广州:暨南大学出版社,2014.

[35] 苟瀚心. 准点放送——新媒体时代电视栏目盘点[M]. 杭州:浙江古籍出版社,2014.

[36] 周笑. 新媒体产业格局及发展趋势解析[J]. 电视研究,2011(1):13

－16.

[37] 宫承波,翁立伟. 新媒体产业论[M]. 北京:中国广播电视出版社,2010.

[38] 潘晓慧,金盟. 基于社会网络视角的新媒体产业合作关系及影响因素分析——以深圳新媒体产业为例[J]. 东北农业大学学报(社会科学版),2013,11(5):92－96.

[39] 李宏梅. 数字经济时代的新媒体产业[J]. 国际学术动态,2009(1):47－48.

[40] 新梅. 中国新媒体报告发布 从"跨行业"走向"全产业"[J]. 新闻采编,2015(4):47－48.

[41] 杨状振. 美国视听新媒体产业发展现状[J]. 视听界,2015(1):91－97.

[42] 鞠立新. 中外新媒体产业发展现状的比较研究[C] 中国传媒大学全国新闻学与传播学博士生学术研讨会,2012.

[43] 黄传武. 我国新媒体产业市场分析[J]. 通信企业管理,2009(3):82－83.

[44] 郭全中,郭凤娟. 2014 年新媒体产业发展研究[J]. 新闻前哨,2015(8):42－48.

[45] 施晶晶. 新媒体产业的盛大文学模式——兼谈文化与科技融合创新的规律[J]. 文化艺术研究,2012(2):10－18.

[46] 卢迪,吴晓莉,赵敬. 2014 年新媒体影视业发展特征及产业链分析[J]. 中国电视,2015(6):52－58.

[47] 宫承波,翁立伟. 我国新媒体产业模式创新思路探析[J]. 当代传播,2012(3):56－59.

[48] 唐绪军,黄楚新,王丹. 互联网＋下的中国新媒体发展特色[J]. 新闻战线,2016(11).

[49] [美]罗伯特·G. 皮卡德. 美国报纸产业[M]. 北京:中国人民大学出版社,2004.

[50] 王君超."报纸消亡论":十年论争与思考——兼论报业转型与媒介融合的研究成果[J]. 新闻与写作,2014(3):29－33.

[51] 韦文杰. 报业集团数字化转型的路径、特征及风险规避[J]. 传媒,

2014(8):32-34.

[52] 张涛甫. 新一轮传媒改革时代的开启——"澎湃"新媒体解读[J]. 新闻记者,2014(11):40-45.

[53] 辜晓进. 西方报业数字化转型的三种路径[J]. 新闻与写作,2015(11):22-28.

[54] 马锋,王毓. "多王共存"用户为大——《华尔街日报》数字化转型路径[J]. 中国出版,2015(4):62-65.

[55] 梁亚宁. 我国数字电视产业的挑战与出路[J]. 传媒,2014(6):40-41.

[56] 石长顺,梁媛媛. 现代视听新媒体产业模式创新研究[J]. 现代传播:中国传媒大学学报,2016,38(2):118-124.

[57] 赵曙光. 从"广播网络化"到"网络化广播":广播媒体的数字化转型[J]. 传媒,2014(11):45-47.

[58] 蔡骐. 媒介融合时代的电视媒体转型之路——以湖南广电的新媒体转型为例[J]. 现代传播:中国传媒大学学报,2015,37(11):124-128.

[59] 唐绪军,黄楚新,王丹. 互联网+下的中国新媒体发展特色[J]. 新闻战线,2016(11).

[60] 李岩,陈杰,李晓坤. 从网易公开课到基础教育的开放教育资源[J]. 中小学信息技术教育,2012(12):82-84.

[61] 徐丽遐,倪闽景,陈玉琨. 慕课,能否翻转课堂[J]. 上海教育,2013(34):73.

[62] 金兼斌. 现代技术:集权,民主及其他[J]. 现代传播,2000(1):45-46.

[63] 丁未. 网络空间的民主与自由[J]. 北京广播学院学报,2005(6).

┃后 记┃

　　为适应新媒体环境的迅速发展,我们对原书的知识内容和分析案例进行了更新和修订,一是增加了新技术的介绍,如 VR、沉浸式新闻等;二是增加了新业态的介绍,如新媒体产业化、传统媒体转型等;三是增加了新理论的介绍和分析。

　　疏漏差误之处恳请批评指正。

李淮芝

2019 年 5 月 8 日